地域防災力を高める

「やった」といえるシンポジウムを！

NHK解説委員　山﨑 登

近代消防社　刊

はじめに

地域の防災力がキーワード

　私が地震や火山の噴火、台風や集中豪雨による洪水や土砂災害、それに大きな火災などの現場を取材するようになってから25年近くになる。それぞれの現場で、被害を減らしていくためにはどうしたらいいのかを考えてきたが、最近、強く思っていることは「地域の防災力を高める」ことが、今後の防災対策にとって欠かせないということだ。

　防災にとって大切なことは、時代と共に変わっていく部分がある。

　水害を例に考えてみよう。河川の関係者の間には「戦後は台風で始まった」という言葉がある。第2次世界大戦で日本の多くの都市が焦土と化し、多くのインフラが空襲と戦時中の維持管理不足の状況にあった時期に巨大台風が次々に襲ってきた。

　敗戦から1か月余り経った1945年（昭和20年）の9月17日には、鹿児島県に「枕崎台風」が上陸し、西日本を中心に猛威を振るい、死者・行方不明者は3,756人にのぼった。その2年後の1947年（昭和22年）9月には、「カスリーン台風」が上陸し、荒川と利根川の堤防が決壊し、埼玉県の東部から東京で多くの家屋が浸水した。

　その後も、1954年（昭和29年）の9月には「洞爺丸台風」によって青函連絡船「洞爺丸」が沈没し1,139人が犠牲になり、世界有数の海難事故となった。また1958年（昭和33年）9月の「狩野川台風」は、静岡県の狩野川流域を中心に大きな被害を出し、1959年（昭和34年）9月には、過去国内で最大の高潮が伊勢

湾周辺を襲って、名古屋市などを中心に死者・行方不明者5,098人という戦後最悪の台風災害となった「伊勢湾台風」がやってきた。

まさに、日本の戦後は台風災害との戦いで始まったといえる状況で、その時代にとって必要だったのは、公共事業を中心としたダムや堤防など施設の整備を進めることだった。

ダム技術の進展もあって、1950年代から60年代にかけて、日本の社会と経済を支える基盤としての治水事業や水力発電事業を進めるために、大きなダムが次々に建設された。1956年（昭和31年）には、天竜川の佐久間ダムが完成し、秘境と言われた黒部峡谷で黒部ダムの建設工事が開始された。こうした動きは社会からも強く支持され、黒部ダム工事は熊井啓監督、石原裕次郎主演の劇映画「黒部の太陽」となって1968年（昭和43年）に公開され、多くの観客を集めた。私は、黒部ダム工事の資機材を輸送する重要な拠点となった長野県大町市の出身で、人口3万人ほどの町の商店街や飲食店が工事関係者でにぎわっていた当時の活気や高揚感をよく覚えている。

こうしたダムや堤防など施設を中心とした洪水対策は、高度経済成長の時代も引き継がれ、最近は、戦後のような大きな台風被害がでることはなくなった。

平成に入ってから最も多くの犠牲者を出した台風は、2004年（平成16年）の台風23号で、全国で100人近い犠牲者が出た。もしこの台風が戦後の荒れ果てた国土を襲ったのであれば、数千人規模の犠牲者がでていたかもしれない。

その意味で、戦後の公共事業を中心に進められた洪水対策は大きな成果をあげたといっていい。数千人規模の台風被害を100人規模にするために、公共事業の果たした役割は大きかった。しかしこの先、100人規模の犠牲者をさらに減らしていく

ために大切なことは公共事業だけでないように思える。

これからは、一人ひとりが防災意識を高め、地域の力を結集して、きめ細かい防災対策を進めていくことが大切だ。最初に述べたように、「地域の防災力を高める」ことが大切な時代がやってきている。

災害情報の役割も大きい

もう1つ、最近の防災にとって重要なのは「災害情報を防災に生かす」という視点だ。

水害でいえば、最近のテレビやラジオなどの放送では「はん濫危険水位」とか「避難判断水位」といった言葉を耳にすることが多い。これは河川の洪水情報を具体的な防災行動につなげようと、2007年（平成19年）から洪水用語が改められたことによっている。

それまでは「指定水位」や「計画高水位」などといった河川管理者が使う専門用語が使われていたが、自治体の防災担当者や一般の人が理解できないとして、わかりやすい用語に改められた。また土砂災害についても、2008年（平成20年）の3月までに、土砂災害の切迫性を伝える「土砂災害警戒情報」が全国で発表されるようになった。

さらに地震では、2007年（平成19年）の10月1日から「緊急地震速報」が広く一般に発表されるようになった。また火山の噴火災害でも、2007年（平成19年）11月に、火山活動に応じて自治体や住民がとるべき防災対応を明示した「噴火警報」を盛り込んだ気象業務法の改正案が成立した。

このほかにも2008年（平成20年）から、積乱雲の下で発生する竜巻やダウンバーストなどによる激しい突風に注意を呼び

かける「竜巻注意情報」と今後の気温が平年と大きく違うと予測された場合に「異常天候早期警戒情報」が発表されるようになった。

こうして現在の防災対策は、災害の危険性が高まっている地域とそこに住む人たちに的確に情報を伝えて、早めの避難に結びつけようという方向に比重が移ってきている。

そこで考えなくてはいけないのが、防災に生かせる災害情報とはどういうものかということだ。

どんな場合でも、情報は「なにを」「どう」伝えるかが大きな課題だが、災害情報にはその先がある。伝わった情報が「きちんと生かされた」のかどうかということだ。

その点からみると課題が残っている。最近の住民の避難状況を調べると、避難率は多いときでも30％ほどで、多くの場合10％程度にとどまっているのが現状だ。

わかりやすいように変えたつもりでも、まだ被災地の住民からは「専門用語や数字の情報はわかりにくい」とか「防災行政無線」の音声は、家の中にいると聞き取りにくいなどといった声を聞くことがある。また被災地の自治体からは「防災機関から届く情報が多くて、どれが重要な情報かわかりにくい」とか「住民は、なかなか避難してくれない」などといった反応を耳にする。

こうした反応からは、2つの問題がみえてくる。1つは情報そのもののわかりにくさ、もう1つは伝達の不徹底という問題だ。

災害情報は、命にかかわる情報だ。したがって、情報を出す側はわかりやすい情報を発表しなくてはいけない。また多様な生活をしている人たちにもれなく伝わる伝達方法を準備する必要もある。さらに伝えた情報がきちんと生かされたかどうかを、検証する責任もあると考えるべきだろう。

むろん、情報を受ける側にも「自分の命は自分で守る」という覚悟が求められる。防災はすべて行政の責任だというものではないし、問題があればすべて行政がなんとかしてくれるわけでもない。情報を受け取る住民や地域は、情報に応じた避難や地域の協力体制を考えていく必要がある。つまり災害情報を防災に生かすために、地域の防災力を日頃から高めておくことが必要なのだ。

地域の防災力と災害情報の生かし方がキーワード

　以上のような視点で、これから「地域の防災力」と「災害情報」にこだわって、最近の災害取材で見たり、聞いたり、考えたりしたことを書いてみたい。

　第1章は「地域の防災力を高めるために」で、私が考える地域の防災力とは何かを具体的に書いてみたい。

　第2章は「地域の防災力」を高めるために必要な「災害情報のあり方や受け止め方」について、洪水、地震、津波、土砂災害、火山の噴火、それに地域の防災力の要の組織ともいうべき消防団を含む消防や火災の話にパートを分けて書いている。

　そして第3章は、最近、あちこちで実施され、私もたびたび参加を求められる防災をテーマにしたシンポジウムの構成の仕方や進め方についての私見である。シンポジウムは、災害や防災に関わるさまざまな立場の人の見方や意見をぶつけあうことによって、それぞれの地域が抱える問題を浮き彫りにし、それを乗り越えていく方策を探りながら地域の防災力を高めていく狙いがあるが、長年テレビやラジオの番組に関わった目からみると、効果的なシンポジウムにするためには工夫の余地が多いように思える。

防災のことを書いた本と聞くと、かわりばえのしないことの繰り返しではないかと思われる人がいるかもしれないが、読んでいただければ、ここ数年のそれぞれの災害の状況や行政から出される情報の変化に驚かれるのではないだろうか。そうした事柄を具体的に、わかりやすく書いたつもりだ。

　また、時間のない方には必要な箇所だけ読んでもらえるように、小見出しを多くし、それぞれの項目についても短くまとめるように工夫してみた。どこから読んで、どこで止めてもらってもいいようにしたので、思いついた時や気になった時に、それぞれの項目を読んでもらえればと思う。

　国や都道府県の防災担当者や災害や防災の専門家には、わかりやすく災害や防災を語ることの大切さを理解してもらえればと思っているし、自治体の担当者や地域の防災リーダー、それに消防団や水防団などの人たち、それに災害と防災に関心のある多くの人たちには、少しでも実際に役立ててもらえるようにつとめた。

　自然災害の発生を防ぐことはできないが、被害を少なくすることは可能だ。こうした本を通して、少しでも災害の被害が少なくなることを願っている。

　2009年（平成21年）10月

山﨑　登

地域防災力を高める

「やった」といえるシンポジウムを！

目　次

はじめに

第1章　地域の防災力を高めるために

1	地域の防災力の大切さ ………………………………………	*1*
2	なぜ、地域の防災力を高めるのか …………………………	*2*
3	進む高齢化にどう対応するか ………………………………	*11*
4	都市の防災力をどう高めるか ………………………………	*14*
5	始まった都会での取り組み …………………………………	*19*
6	高齢化時代に向けて …………………………………………	*25*
7	住宅の耐震化を進めよう ……………………………………	*28*
8	公共施設の耐震化 ……………………………………………	*29*
9	防災教育を進める ……………………………………………	*37*
10	大震災を語り継ぐ ……………………………………………	*44*

コラム　新型インフルエンザと危機管理 … *6*
　　　　災害時の連絡手段　電話の活用術 … *16*
　　　　首都の機能を守れ … *22*
　　　　文化財を地震から守る … *33*

第2章-1　増える豪雨と洪水対策

1　地域の力で被害を防ぐ …… *53*
2　地元に行動を促すための情報 …… *54*
3　雨の降り方が変わった …… *58*
4　防災対策の変化と変わってきた都市 …… *61*
5　水害の被害の状況 …… *65*
6　情報をどう受け取るか …… *70*
7　逃げたくない心理を超える情報提供 …… *75*
8　洪水対策には地球温暖化対策の観点も …… *79*
9　求められる対策 …… *82*
10　教訓を生かす …… *88*

コラム　わかりやすくなった台風情報 … *56*
　　　　都会に自然を取り戻したい … *63*
　　　　顕著な被害の台風には特別な名前を … *67*
　　　　必要なのは複数の伝達手段 … *74*
　　　　"ゲリラ豪雨"に備える … *84*

第2章-2　地震の被害を防ぐ

1　地震の防災対策 …… *93*
2　2007年、緊急地震速報始まる …… *94*
3　速報が威力を発揮する地震とは …… *98*
4　緊急地震速報の仕組みと特徴 …… *100*
5　夢を可能にした観測技術と解析技術の進歩 …… *105*
6　緊急地震速報を防災に生かす …… *106*
7　緊急地震速報を聞いたら …… *108*
8　緊急地震速報を聞いたら（続き） …… *115*

9 課題はみんなが知ること、知らせること ……………… *120*
10 情報は社会の中で育つ ……………………… *122*
11 科学の進歩を社会が生かす ……………………… *124*

コラム 緊急地震速報までの長い道のり … *102*
　　　 墨田区のモデルハウスの公開 … *113*
　　　 家具の固定で被害を防ぐ … *117*
　　　 65年ぶりの震度6と東海地震 … *125*

第2章−3　津波の被害を防ぐ

1 津波警報とはどういうものか ……………………… *133*
2 インド洋大津波にみる津波の恐ろしさ ……………… *134*
3 津波の破壊力 ……………………………… *139*
4 太平洋側は津波の危険地帯 ……………………… *141*
5 北日本を襲う巨大津波 ……………………… *147*
6 一刻も早い津波警報を ……………………… *150*
7 防災意識が被害を減らす ……………………… *156*
8 地域が主体の津波対策 ……………………… *158*
9 災害に弱いアジア ……………………………… *160*
10 津波防災での国際貢献 ……………………… *165*
11 津波対策は素早い避難が一番 ……………………… *168*

コラム 稲むらの火　その実像を知る … *136*
　　　 訓練が生きる津波対策 … *146*
　　　 津波予報の放送の迅速化 … *155*
　　　 太平洋津波警報システム … *163*

第2章-4　土砂災害の被害を防ぐ

- *1* 対策が困難な土砂災害 ･････････････････････････ *171*
- *2* 新しくなった土砂災害の情報 ････････････････････ *174*
- *3* 土砂災害の3つの種類 ･･････････････････････････ *176*
- *4* 増える土砂災害 ････････････････････････････････ *178*
- *5* 岩手・宮城内陸地震と土砂災害 ････････････････ *182*
- *6* 岩手・宮城内陸地震からみえた課題 ････････････ *186*
- *7* 大雨洪水警報の基準が変わった ････････････････ *191*
- *8* 土砂災害の被害を減らすために ････････････････ *197*
- *9* 避難情報を早めに出すために ･･････････････････ *199*
- *10* 土砂災害警戒情報を生かす防災 ････････････････ *206*

コラム　災害弱者の施設を土砂が襲う … *180*
　　　　都市から始まるサクラ前線 … *189*
　　　　雨の降り方と土砂災害 … *194*
　　　　前兆を土砂災害の避難に生かす … *201*
　　　　専門家と一般のズレ … *205*

第2章-5　火山の噴火被害を防ぐ地域の力

- *1* 予知された噴火 ････････････････････････････････ *209*
- *2* 火山の情報が変わった ･･････････････････････････ *210*
- *3* 火山情報の変遷 ････････････････････････････････ *213*
- *4* 噴火を予知する ････････････････････････････････ *217*
- *5* 噴火の予知を生かす地域の防災力 ･･････････････ *221*
- *6* 予測が難しかった2000年の三宅島噴火 ･･････････ *225*
- *7* 噴火警報を生かすために ････････････････････････ *232*

コ	火山とともに生きるまちづくり … *215*
ラ	9,400年ぶりの噴火 … *224*
ム	登山者への新しい情報提供 … *231*

第2章－6　地域の防災に消防の力を生かす

1　地域の防災と消防 …………………………………………… *235*
2　高齢化社会の陰で ……………………………………………… *236*
3　高齢者を火災から守る ………………………………………… *239*
4　雑居ビル火災を防ぐ …………………………………………… *242*
5　大規模建築物の安全確保 ……………………………………… *251*
6　東京都渋谷区の温泉施設の爆発 ……………………………… *256*
7　消防団の活性化を図る ………………………………………… *263*
8　世界に学ぶ消防団の将来像 …………………………………… *271*
9　地域の防災力と消防 …………………………………………… *273*

コ	高齢者を守るための工夫 … *241*
ラ	救急トリアージが問いかけるもの … *248*
ム	子どもたちの事故を防げ … *259*
	時代に合った消防団を … *268*

第3章　シンポジウムの作り方、進め方

1　シンポジウムについて書いてみたい ………………………… *275*
2　なんといってもテーマが大事 ………………………………… *276*
3　様々な立場の人に参加してもらう …………………………… *278*
4　取材が説得力を生む …………………………………………… *280*
5　全体の構成を考える …………………………………………… *282*

6	構成表の作り方 ……………………………………… *283*
7	自己紹介の大切さ ……………………………………… *286*
8	議論は簡略に、話は整理して ………………………… *287*
9	結論までの筋道 ………………………………………… *290*
10	会場からの質問は参加感を育てる …………………… *292*
11	防災シンポジウムの実例 ……………………………… *296*
12	ささやかなまとめ ……………………………………… *322*

コラム わかりやすく話す … *279*
 シンポジウムに入る様々な要素 … *295*
 パネリストが注意したほうがいいこと … *324*

現場に鍛えられて 〜あとがきにかえて〜 ……………………… *325*

索　引 ……………………………………………………………… *328*

第1章

地域の防災力を高めるために

1 地域の防災力の大切さ

自分の命は自分で守る

"自分の命は自分で守る"のは、防災の基本だ。その背景には『自助・共助・公助』という3つの力を組み合わせていくことが防災にとって欠かせないという考え方がある。『自助』は自分の安全を他人任せにしない、つまりは自分の命は自分で守ること、『共助』は地域の安全を近隣社会が助け合って守ることである。そして、自助や共助では解決できない大がかりな組織的仕事をしたり、個人や地域の取り組みを支援するのが国や自治体など行政が進める『公助』だということだ。一人ひとりが防災意識を高め、自らの安全対策を講じた上で、地域の一員として地域の安全を守る力を高め、さらには行政機関と力を合わせて防災対策を進め、地域全体から災害の被害を少なくしようというものだ。

確かに最近、災害の現場や防災対策を取材していて、災害の被害を減らすためには「地域の防災力を高める」ことが大切だと痛感することが多い。

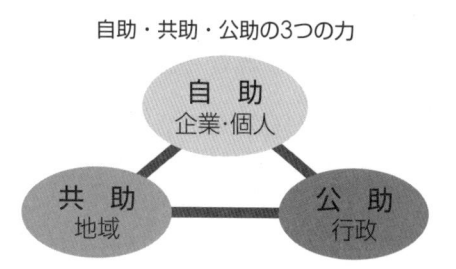

自助・共助・公助の3つの力

過疎化や高齢化の進展、さらにはかつてのような近所付き合いが減ってきたことも影響しているのだろう。

昔からの共同体の原理

『自助・共助・公助』は、かつてはどんな共同体にもあった行動原理で、決して新しい考え方ではない。江戸時代に疲弊した藩財政を立て直したことで知られる米沢藩の藩主上杉鷹山(うえすぎようざん)が藩運営の基本に据えたのも『自助・互助（共助）・扶助（公助）』だったという。

防災対策には、災害が発生する前の予防対策、発生した時点の応急対策、さらには災害後の復旧や復興対策の三段階の取り組みがあるが、そのいずれでも『自助・共助・公助』の3つの力が必要で、どこに弱点があっても十分な効果をあげることができない。私は最近の防災対策が力を入れている災害情報を生かす面からも、とりわけ『共助』＝地域の防災力を高めておくことが重要だと考えている。

これから、地域の防災がなぜ大切なのか、またその力を高めるにはどうしたらいいのか考えてみたい。

2 なぜ、地域の防災力を高めるのか

戦後の防災は工事から始まった

日本の戦後は台風とともに始まったといえるほど台風による災害が続いた。そして、被害を防ぐために主に公共事業による防災への取り組みが始まった。

1945年（昭和20年）の敗戦から1か月余り経った9月17日、

鹿児島県に上陸した「枕崎台風」は、西日本を中心に猛威を振るい、死者・行方不明者は3,756人に達した。

2年後の1947年（昭和22年）9月にやってきた「カスリーン台風」の大雨では、利根川の堤防が決壊し東京都の東部が水没するなどして、死者・行方不明者は1,930人にのぼった。

その後も、1954年（昭和29年）の「洞爺丸台風」（死者・行方不明者1,761人）、1958年（昭和33年）の「狩野川台風」（死者・行方不明者1,269人）、1959年（昭和34年）の「伊勢湾台風」（死者・行方不明者5,098人）などと続く。

そうした台風災害の対策として、国は、荒れ果てた国土に堤防やダムなどの建設を進めた。

公共事業では防ぎきれない災害

最近、災害対策において行政の果たす役割に限界があるということがわかってきた。例えば、全国にある土砂災害の危険箇所のすべてで、砂防ダム（砂防えん堤）などの工事を実施することはできないし、どれだけの降水量があっても絶対に溢れたり、壊れたりしない堤防を作ることもできない。また、どのような津波が襲ってきても被害をくい止められる堤防で、全国の海岸を囲うこともできようはずがない。

戦後、本格的に始まった治水ダムや河川や海岸の堤防の整備が目標どおりに終わったわけではないが、ある程度進んだと言える状況になった。また、国や自治体の財政状況が厳しくなって、高度経済成長の時期のように公共事業を進めることは難しくなっている。

しかも、災害は大きくなればなるほど消防や警察など防災機関だけでは対応できなくなる。

その良い例が、1995年（平成7年）の阪神・淡路大震災だった。京都大学の河田惠昭教授（現・関西大学教授）の調査によると、瓦礫の中から救助された人は3万5,000人いたが、消防や警察などの防災機関が救助したのは8,000人だった。全体の80％にあたる、2万7,000人は家族や近所の人たちに救助された。

　私が取材した中にも、近所の人たちが壊れた家のどのあたりが寝室かを知っていたので、取り残された人を救助できたという地域の防災力を実感させられるケースがあった。

阪神・淡路大震災の被災状況（神戸市）

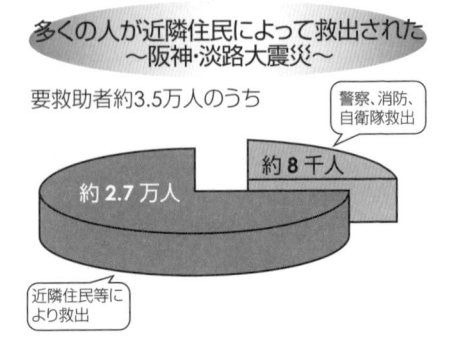

多くの人が近隣住民によって救出された
～阪神・淡路大震災～

要救助者約3.5万人のうち

警察、消防、自衛隊救出　約8千人

約2.7万人　近隣住民等により救出

河田惠昭（阪神・淡路大震災教訓情報資料集）

防災力を高める取り組み

　各地で「地域の防災力」を高めようという取り組みに力を注ぐようになってきている。

　名古屋市では、2006年（平成18年）に、新しい防災について

の考え方に基づき、当時は全国でも珍しい防災条例を作った。それは一言で言えば、自分や地域の安全を他人任せにしないことが、防災にとって大切だという考え方を盛り込んだ条例で、その年の10月に公布された。

　条例といっても、これによって具体的な施策が行われるわけではない。ただ今後の防災対策の進むべき方向を明確にしてあり、市民、地域、行政それぞれが今後どんなことをすべきかが明文化されている。

　例えば、市民は防災訓練に参加することや避難所、避難経路を確認しておくことなどが求められ、地域の事業所は従業員や客の安全確保や必要な物資の備蓄などを進めることなどが重要だとされた。また行政の役割は、災害に強い町作りの推進や災害で自宅に帰れなくなった人たちへの支援を行うことなどだ。

　名古屋市は、東海地震の強化地域に指定されているほか、過去には、伊勢湾台風や2000年（平成12年）の東海豪雨で大きな被害も出している。そこで、地震や風水害の対策を強化していきたいとして条例を作ったが、同じような条例は横浜市や川崎市なども作っている。

　むろん、条例を作ろうが作るまいが、自治体にとって、災害から住民を守ることが重要なことは言うまでもない。ただ、こうした条例を作ることで、改めて自治体の防災に対する姿勢を、自治体の内外にアピールする狙いがあるのだろうと思われる。

コラム　新型インフルエンザと危機管理

新型インフルエンザの流行

　2009年（平成21年）8月、厚生労働省は「新型インフルエンザが日本で流行に入った」として警戒を呼びかけた。その前の1週間に、医療機関を受診したインフルエンザの患者が、全国で11万人にのぼったことや、定点観測をしている医療機関1箇所あたりの平均の患者数が1.69人となって、全国的な流行の目安とされている1人を大幅に上回ったことがわかったからだ。

　8月29日現在で7人が新型インフルエンザで亡くなった。最初に亡くなったのは、沖縄県宜野湾市の57歳の男性で心筋こうそくを起こしたことがあり、慢性腎不全で人工透析を受けていたという。同じように人工透析の治療を受けていた神戸市の77歳の男性や多発性骨髄腫の持病を持っていた名古屋市の81歳の女性も亡くなった。

　WHO＝世界保健機関は、新型インフルエンザにかかり、症状が重くなる恐れがある人として、心臓や肺の病気、糖尿病、ぜんそくなどの基礎疾患のある患者のほか、妊娠している女性などをあげている。

　8月28日、厚生労働省は、毎年の季節性インフルエンザの流行や海外における感染傾向などをもとに推計した被害想定をまとめた。それによると、2009年（平成21年）の10月をピークに、国民の5人に1人にあたる2,555万人が発症し、0.15％にあたる約3万8,000人が肺炎やインフルエンザ脳症などを引き起こして重症になると推計した。

　この原稿を書いている8月末の段階での新型インフルエンザの流行から危機管理について考えてみたい。

新型インフルエンザの感染拡大

世界的に新型インフルエンザの流行が大きな問題となったのは、2009年（平成21年）の4月末だった。

4月25日、メキシコとアメリカで本来は豚の感染症である豚インフルエンザが人に感染したという症例が相次ぎ、メキシコでは68人が死亡した疑いがあるというニュースが飛び込んできた。その後も感染の拡大が続き、WHO＝世界保健機関は、4月30日には6段階の上から2番目にあたる「フェーズ5」に引き上げた。「フェーズ5」は「人から人への感染が、少なくとも2つの国で確認され、世界的な大流行が差し迫っている段階」とされ、WHOのチャン事務局長は「すべての人類が危険にさらされており、国際社会は対策に知恵を出し合うべきだ」と述べた。

これを受けて、日本でも空港などで海外から帰国する人たちへの検疫体制が強化された。

新型インフルエンザとは

新型インフルエンザは、鳥や豚などの動物が感染したインフルエンザウィルスが人に感染し、人から人へと感染して起きる疾患のことをいう。人は、新型のウィルスに対する免疫を持っていないので、対策をとらないでいると、瞬く間に感染が世界に広がり大流行（パ

過去の新型インフルエンザの世界的流行
（国立感染症研究所　感染症情報センター）

年代	種類	世界の犠牲者
1918年	スペインかぜ	4,000万～5,000万人
1957年	アジアかぜ	200万人以上
1968年	香港かぜ	約100万人

ンデミック）になる恐れがあると心配されている。

　過去にも、新型インフルエンザは10年から40年の間隔で世界的な流行を繰り返してきた。

対策の鍵は初動対応

　新型インフルエンザの感染の拡大を防ぐために、最も重要なことは初動対応を迅速に的確に行うことだ。

　それを証明する歴史的な事実がある。1918年（大正7年）のスペインかぜが大流行した際に、アメリカの各都市の間で感染者の死亡率に大きな差がみられた。東部の港町フィラデルフィアでは、最も死亡率が高まった時には10万人あたり250人にものぼった。一方、中西部のセントルイスでは、はるかに低い死亡率にとどまった。この差は市民に対して外出禁止令を出すタイミングにあったといわれている。フィラデルフィアでは、最初の死者が出てから外出禁止令が出るまで2週間かかったが、セントルイスでは市内で死者が出た2日後には、市長がすべての集会や催し物を禁止したという。この初動対応の差が、犠牲者の数の違いになって表れたとみられている。

1918年のスペインかぜにおけるフィラデルフィアとセントルイスの死亡率比較（米国疾病予防管理センター）

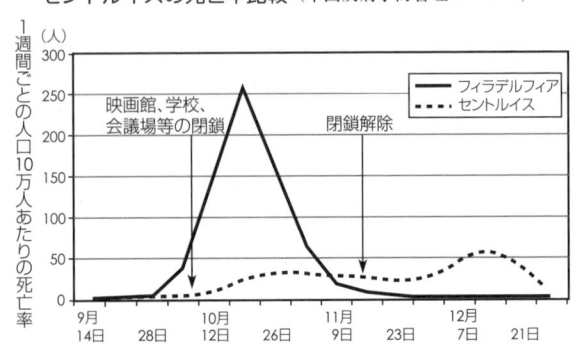

自助・共助・公助

　新型インフルエンザの具体的な対策には５つの柱がある。①感染を水際で防ぐための検疫の強化、②タミフルやリレンザといった抗ウィルス薬の備蓄、③今後の感染を防止するためのワクチン、④手洗いやうがい、マスクの着用といった一人ひとりの防御、⑤不要不急の外出や集会の自粛などの公衆衛生上の対策の５つだ。これらの対策は、１つだけでは決め手にならないものの組み合わせて実施すると、流行の拡大を抑えたり、遅らせたりすることができる。

　この対策の考え方は、「自助・共助・公助」といわれる防災対策の考え方と同じだ。「自助」は自分の命は自分で守ること、「共助」は地域の安全は近隣の人たちが協力して確保すること、そして「公助」は国や自治体が大きな仕組みを作ったり、個人や地域の取り組みが進むように支援することだ。

　そのそれぞれが役割を果たさないと防災の効果は期待できないが、中でも重要なのが共助＝地域の対策だ。急速な高齢化が進む中、最近の自然災害では、一人暮らしの高齢者や高齢者世帯の人が犠牲になっているケースが目立つ。どこに一人で避難することが難しい高齢者が暮らしているかを把握し、普段からそうした人たちの介助や介護の体制を作っておかないと、災害時のスムーズな避難は難しい。

　新型インフルエンザ対策も、一人暮らしの高齢者や障害者を援助できるよう、地域社会や市区町村が把握しておく必要がある。感染症は、自分一人が助かろうとしても助かるものではないからだ。流行した際には、地域全体で感染を防ぎ、孤立した世帯を援助することが、つまりは自分や家族の生命を救うことにつながることになる。この考え方は防災対策と共通するものだ。

求められる企業の対策

　企業の対策が課題だという点も、新型インフルエンザ対策と防災対策は共通している。

　新型インフルエンザ対策で、企業は社内のどの事業を残し、どの事業を休止するのか、その事業継続計画を立てるよう国から求められている。

　すでにBCPと呼ばれる事業継続計画を策定済みの企業は、会社の中にマスクや消毒薬など、感染拡大を防ぐための品物を備蓄しているし、重要部署の担当者は、会社内にしばらく泊まり込む準備をしているところもある。例えば、社会機能を維持する企業であるスーパーマーケットの中には、不特定多数の人が集まって感染が拡大してしまえば、店を開けてお客さんを集める通常の営業形態は難しいとして、店の外の駐車場で、米や餅、麺類、洗剤などの必需品を販売し続ける計画を立てているという。

　地域の安全なくして、企業活動の維持や再開も難しいわけで、企業の対策は重要だ。

今後求められること

　新型インフルエンザ対策では、一人ひとりが常に正確かつ最新の情報を入手して、出来ることをやっておくことが大切だ。長期間保存ができて、簡単な調理で食べられる食料品やミネラルウォーターなどの備蓄は、そのまま災害の際の備えにもなる。

　こうして考えてくると、新型インフルエンザの危機管理にも防災対策と同じような考え方が重要だということがわかってくる。

　今回の新型インフルエンザの感染率や被害がどの程度になるかはわからないし、今後、遺伝子が次々変異を繰り返し、流行が冬に持ち越され、かつてのインフルエンザのように2波、3波の被害がで

る恐れもある。

　危機管理にとって重要なことは、最悪の事態を想定して備えたうえで、実際の被害状況を早めにつかみ、事態の変化に合わせて柔軟に対応することだ。

　今後日本を襲うのは新型インフルエンザだけではない。どのような災害や事態に対しても、「自助・共助・公助」という防災にも通じる考え方を生かすことで、被害を最小限に抑える対応をとっていけることを確認しておきたい。

3 進む高齢化にどう対応するか

高齢化社会の防災対策

　急速な高齢化が進む中、自治体にとって、高齢者など災害時要援護者をどう守るかが大きな課題になっている。

　2009年（平成21年）、厚生労働省が全国の100歳以上の高齢者が過去最高の4万人を上回ったと発表した。元気な高齢者がたくさんいることは社会の豊かさの1つの証だが、一方で、災害時の要援護者対策がますます重要なものになっていることも示している。

　しかも、災害が山あいの集落を襲うと状況はより深刻だ。というのも、そうした地域に共通しているのは、過疎と高齢化が進んでいることだからだ。中には、人口に占める65歳以上の割合である高齢化率が50％を超え、冠婚葬祭など共同体としての機能を維持していくことが難しい、いわゆる"限界集落"と呼ばれるところもある。そのような地域でどう地域の防災力を高めることができるのか。これからの防災は、そうした社会

の変化を抜きに考えることはできない。

　ここで、考えておかなくてはいけないことは、高齢者などの要援護者対策はどのような災害でも重要だということだ。

地震で目立つ高齢者の被害

　地震による高齢者の被害は大きい。2007年（平成19年）7月16日、新潟県柏崎市や刈羽村で震度6強の激しい揺れを観測した「新潟県中越沖地震」が起きた。

　震源は新潟県柏崎市の沖で、3年前の2004年（平成16年）10月の新潟県中越地震の震源と40キロほどしか離れていなかった。新潟県中越地震は陸地で、中越沖地震は海で起き、地震の規模を示すマグニチュードはともに6.8で、最大震度は7と6強だった。これほど近くで、3年も経たないうちに大きな地震がなぜ続けて起きたかはよくわかっていないが、中越地方一体の地盤には東西方向に圧縮される力が加わっていて、複数の断層が走っている。

新潟県中越沖地震で壊れた住宅

　中越沖地震では15人が亡くなったが、このうちの11人までが70歳以上の高齢者だった。そして、その多くが壊れた住宅の下敷きになって亡くなった。

水害の被害者も高齢者

　水害でも、高齢者の被害が目立つようになっている。
　2004年（平成16年）の7月、高齢者が犠牲になることが強く印象に残る洪水が起きた。
　日本海から東北地方南部にのびた梅雨前線の活動が活発になって、7月12日の深夜から13日にかけて、新潟県中越地方や福島県会津地方で激しい雨が降った。新潟県栃尾市では1日の雨量が421ミリに達する記録的な豪雨となり、五十嵐川や刈谷田川などの河川が決壊し、三条市や見附市など広い範囲が水に浸かった。この集中豪雨による犠牲者は16人にのぼったが、このうち13人が70歳以上の高齢者だった。
　私が取材した中で、78歳の男性は足などが悪く寝たきりで、一緒に暮らしていた77歳の奥さんがやっとのことで男性をテーブルの上まで引き上げたが、急激な水位の上昇に追いつかず助けることができなかったという。こうして寝たきりや一人暮らしの高齢者が、逃げ出すいとまもなく濁流に飲み込まれた。また、自宅の裏山が崩れて亡くなった人もいた。
　こうした被害を防ぐために求められるのが「地域の防災力」なのだ。これから、大都市と地方でそれぞれ、どのような課題があり対策が求められるのか考えてみたい。

新潟県の豪雨災害を取材中の筆者
（新潟県旧中之島町）

4 都市の防災力をどう高めるか

都市で起きる地震の怖さ

　国は、最近になって、東京や大阪、名古屋などの大都市直下での地震対策を検討する委員会を次々に作っているが、まず首都直下地震を例に、大都市が大きな地震に見舞われた際の対策を考えてみる。

　東京湾北部を震源に、阪神・淡路大震災と同じマグニチュード7.3の首都直下地震が起きると、都心部を中心に震度6強の激しい揺れに見舞われ、最悪の場合、1万人を超える人が亡くなるほか、85万棟の建物が壊れたり、燃えたりする恐れがあると、政府の中央防災会議は想定している。

　その地震が平日の昼間に起きると、東京、神奈川、埼玉、千葉の1都3県と茨城県南部のいわゆる首都圏と呼ばれる地域には、約1,400万人が勤務先や学校、買い物などで自宅以外の場所にいるとみられる。

　地震でJRや私鉄などが止まって、これらの人たちのほとんどが一斉に自宅に向かって歩き始めた場合、いったいどんな混乱が起きる恐れがあるのか、中央防災会議が2008年（平成20年）に初め

都心からの帰宅時間と混雑具合（中央防災会議）

和光市役所（埼玉県）　15.1時間　9時間　20.8km
横浜市役所（神奈川県）　32km
千葉市役所　40.8km
さいたま市役所　25.2km

混雑度 人/㎡
A 6以上（満員電車状態）
B 5.25〜6
C 4〜5.25
D 2.75〜4
E 1.5〜2.75
F 1.5以下
（中央防災会議）

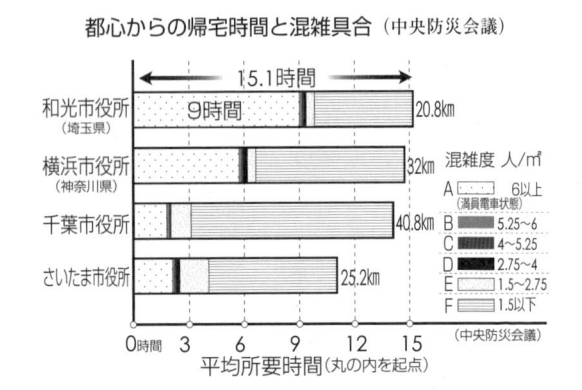

平均所要時間（丸の内を起点）

て詳細なシミュレーションを実施した。

帰りたくても帰れない

　例えば、冬の晴れた平日の正午に首都直下地震が発生した場合のシミュレーションである。一斉に人が移動を開始すると道路に人が溢れるような状況となる。1平方メートルに6人以上がいるとラッシュの時の満員電車の混み具合になり、1時間に400メートルくらいしか歩けない状態となる。これが混雑の限界とみられ、これ以上の混雑になると気分を悪くする人が出たり、なにかの拍子に一人が倒れると群衆なだれが起きる恐れがあるという。

　また、木造住宅が密集して火災が発生し、通行が難しくなっているところもある。シミュレーションの結果、混雑が最もひどくなったのは首都直下地震から3時間後で、都心から周辺に向かう道路は、あちこちで満員電車の混雑状態になった。

　都心（丸の内）からの所用時間と混雑状況をみてみよう。さいたま県の川越方面の和光市までは20キロ余りの距離を歩くのに15時間かかり、このうち満員電車状態が9時間も続く。32キロ離れた横浜市までは15時間で、満員電車状態は6時間。また40キロ余り離れた千葉市までは14時間で、満員電車状態が2時間、25キロほどのさいたま市でも11時間かかり、満員電車状態が2時間余り続くという結果になった。

　この結果はシミュレーションを行った防災の担当者も驚くような混雑で、200万人を超える人が、満員電車状態の道路を3時間以上歩かなくてはいけないという結果になった。

帰宅の混乱をこう防げ

　首都直下地震による帰宅の混雑を解消する3つの視点を紹介しよう。

　1つ目の視点は、一斉に帰らないようにすることだ。帰宅する人に時差を設けたり、翌日帰る人を作ったりすると、混雑は大幅に緩和されることもシミュレーションで確かめられた。3時間の時差を設けると、満員電車状態の道路を3時間以上歩く人は20％減り、6時間の時差だと3分の2に減った。また、半分の人が翌日に帰宅すると4分の1になった。

　2つ目は、家族の安否確認ができるようすることだ。家族に大きなケガ人がいないことがわかると、すぐに帰ろうとする人は、10％から30％も減ることがわかった。

　3つ目は、火災や建物の倒壊を防ぐことだ。通行できる道路が多くなれば選択肢が増え、満員電車状態を3時間以上歩く人を70％も減らせることもわかった。地震によって住宅など建物が倒れないように補強する建物の耐震化は、地震後の道路の混雑を緩和する面からも重要だということになる。

コラム　災害時の連絡手段　電話の活用術

メールや公衆電話を活用しよう

　災害が起こったときに、家族や知人との連絡手段をどう確保するかは大きな課題だが、メールや公衆電話は、一般の電話や携帯電話に比べてつながりやすいという調査がある。

　2004年（平成16年）の新潟県中越地震の時、ＮＴＴドコモモバ

イル研究所が、どの通信手段がつながりやすかったか調査している。

その結果、「全く使えなかった」のはＩＰ電話で、他にも固定電話と携帯電話の音声は使えなかったという答えが多くなった。これは、被災地に多くの電話が殺到し「輻輳」と呼ばれるつながりにくい状態が起きることに加えて、電話会社が通信規制をかけたためだ。

しかし、まったく方法がなかったかというとそうでもない。「すぐつながった」「つながりにくかったが使えた」が多かったのは、携帯電話のメールと公衆電話だった。公衆電話はいざという時の優先電話になっているし、メールはデータを細かく分割して送るパケット通信なのでつながりやすいのだ。

災害時には、家族や知人の安否を確認しようと、被災地に向かって電話が殺到するが、携帯電話のメールでやり取りするようにすれば、もっとスムーズに連絡がとれそうだし、緊急電話の回線を確保することができる。

これをすれば万全という解決策はないが、これだけ多くの人が電話を利用している社会だから、電話を災害の時にも使いやすく工夫する必要があるだろう。

新潟県中越地震の時の連絡手段のつながり具合
（ＮＴＴドコモモバイル研究所）

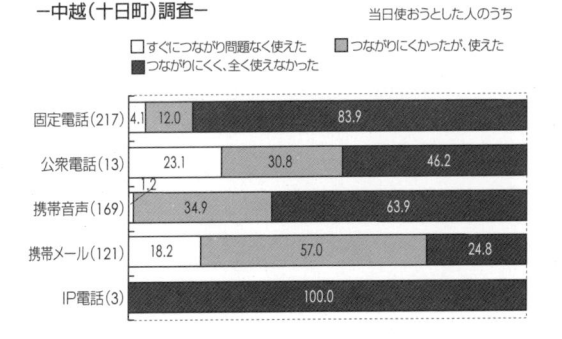

−中越（十日町）調査−　　　　　　　　　　当日使おうとした人のうち

□ すぐにつながり問題なく使えた　■ つながりにくかったが、使えた
■ つながりにくく、全く使えなかった

連絡手段	すぐにつながり問題なく使えた	つながりにくかったが、使えた	つながりにくく、全く使えなかった
固定電話(217)	4.1	12.0	83.9
公衆電話(13)	23.1	30.8	46.2
携帯音声(169)	1.2	34.9	63.9
携帯メール(121)	18.2	57.0	24.8
ＩＰ電話(3)			100.0

災害用伝言ダイヤルを活用しよう

それ以外にも地震のときに活用できる連絡手段がある。

福岡県が2004年(平成16年)に始めた防災メールは、事前に登録しておくと、災害時に安否を知らせたい人5人までに『今は○○にいて無事です』というメールを送ることができる。また、防災の観点からみると、最近台数が少なくなっている公衆電話を一定数確保する必要がある。市町村役場や学校、病院などといった場所の公衆電話は、なるべく残すようにしたほうがいい。例えば、自治体が公衆電話を買い取って、電話会社にメンテナンスをしてもらうような仕組みを検討したらどうだろう。

さらに、電話会社が利用を呼びかけているのは災害用伝言ダイヤル「171」だが、まだまだ知らない人が多い。災害用伝言ダイヤル「171」は、大きな災害が起きた後に「171」をダイヤルし、ガイダンスの音声にしたがって伝言を残すと家族や知人がその伝言を聞くことができるというものだ。

2003年(平成15年)5月の宮城県沖を震源とする地震や、同じ年の7月に起きた宮城県北部の地震の際に被災者に聞いた結果では、「知らない」と答えた人が90％以上もいた。こうした連絡手段のPRももっとしなくてはいけない。

家庭でも普段からこうした非常時の連絡手段の活用について、一度話し合っておくことが大切だ。

5 始まった都会での取り組み

都会の"限界集落"

 防災対策を考える上で、都会ならではの新しい課題が生まれてきている。

 過疎化や高齢化、ましてや高齢化が進んで共同体としての生活機能の維持が困難な"限界集落"の問題は、都会では関係ないと思われるかも知れないが、最近は、東京にも大都会ならではの"限界集落"があると指摘されている。

 例えば、東京の池袋には繁華街を一歩離れると一人暮らしの高齢者が多く住む地域が点在している。かつては多くの人が暮らし近所付き合いも盛んだったが、急速な都市化が進むなか、昔ながらの人たちが亡くなったり子どものところへ移り住んだりして減っていく一方で、若者や外国人が多く住むようになった。地域の高齢化率は全国平均を下回っているが、高齢者の多くが一人暮らしで、若者や外国人との付き合いはない。日常生活を送る上で助け合う関係がないことから、地方の"限界集落"と同じような状況になっているのだ。

 こうした都会ならではの課題に、少しずつ新たな取り組みを始めたところがではじめている。

千代田区の新たな連携の模索

 東京都千代田区では、地域の新しい連携に向けた取り組みが始まっている。夜の人口は4万2,000人だが、昼間は85万人もの人が通勤や通学などでやってくる同区は、企業や大学と地域の連携に取り組んでいる。

最近の東京商工会議所や港区などのアンケート調査によると、企業や事業所の防災対策はあまり進んでいない状況で、全体の60％の企業や事業所が、ほとんど食料や水の備蓄をしていないと答えている。

　そこで、千代田区では東京駅や飯田橋駅、それに四ツ谷駅周辺の3つの地区の企業に地域の協力会を作ってもらい、従業員用の食料や水の備蓄を進めて従業員が一斉に帰宅しなくてもいいようにしたり、普段はあまり付き合いのない企業の従業員と地元の住民が協力して救助や救援にあたれるように、企業と町内会とが一緒になった防災訓練をしたりしている。

　また、区内の11の大学と協定を結んで、大学の施設を帰宅困難者の一時的な避難場所として提供してもらったり、いざというときには学生ボランティアに住民の救助などに協力してもらえるようにしたりしている。

新しい避難者対策

　首都直下地震で家を失った人に対して、疎開など今までにない新しい考え方による対策も始まっている。

　中央防災会議の被害想定では、首都直下地震での避難者は最大で700万人にのぼり、1か月経った段階でも270万人としている。

　こうした人たちのために、これまで行政は仮設住宅を建設してきた。新潟県中越地震で3,500戸、阪神・淡路大震災では5万戸建設されたが、首都直下地震では、一世帯が4人と計算しても37万戸以上が必要な計算だ。しかし、37万戸もの仮設住宅を建設することは、土地の確保の面からも費用の面からもうていできない。被害が膨大すぎて行政の手には負えないのだ。

そこで、全国の商店街の集まりである「全国商店街震災対策連絡協議会」は、2002年（平成14年）から「震災疎開パッケージ」という試みを始めた。「震災疎開パッケージ」は、1人年間5,000円を出して契約し、地震で被災した場合には、受け入れ先として契約している群馬県や長野県など全国22か所に一定期間疎開しようというものだ。つまり地震にあって、住宅に大きな被害が出た場合には、混乱する首都圏を逃れて一時的に地方へ疎開しようという考え方だ。この試みの大きな特徴は、普段から役に立って、楽しい活動でないと長続きしないとして、災害がなかった場合には、毎年、契約している受け入れ先の名産品が送られてきたり、定期的に見学するツアーも行われていることだ。つまりは、防災の取り組みを、商店街の流通や地域間の交流にもつなげようという試みになっているのだ。

課題はコミュニティ作り

こうした防災への取り組みをみると、人間関係が希薄になった都市で、今の時代にふさわしい地域社会の結びつきを再構築しようとする試みだということができる。つまりは、地域の防災力を高めるということは、地域のコミュニティ作りにほかならない。

取材に歩いてみると、地域の防災に熱心に取り組んでいるところは、地区のお祭りも賑やかだったし、地区の学校の運動会や催し物にも多くの人が集まっていた。

いつ襲ってくるかわからない大地震などの災害のためだけに、地域のつながりを高めるというのはおよそ現実的でないし、長続きさせることは難しいように思える。

考えてみれば、地域のコミュニティがしっかりしていて、地

域の監視の目が行き届いているところでは、放火や路上犯罪も少ない傾向にある。

大事なことは、地域の実情に合わせて、日頃から地域の人たちが顔見知りになり、付き合いを深めておくことなのだ。したがって、災害に強い地域の防災力作りは、そのまま地域の活性化や地域起こしの取り組みにつながっているのだと思う。

> **コラム　首都の機能を守れ**
>
> **遅れている国の対策**
>
> 東京には国会や中央省庁があり、日本の政治や行政、経済を動かす様々なデータが蓄積されている。首都直下地震が来てもこうしたデータは守られなくてはいけないが、国の対策はあまり進んでいない。
>
> 2005年（平成17年）のデータだが、中央省庁のうち情報システムを二重化して、万一のときのバックアップ体制が整っているのは33％にとどまっていて、40％の省庁はバックアップシステムがないという状況だ。さらに首都圏が被害を受けた時のことを考えて、地方にバックアップシステムをおいているところは18％しかない。
>
> 中央省庁は阪神・淡路大震災以降、危機管理体制の強化に取り組んできたが、こうした結果をみると、首都を地震が襲って自分自身が被災することを想定していなかったといっていいだろう。国は防災部局の危機感を、霞が関全体の危機感として共有する必要がある。
>
> 対策が急がれるのは、官庁ばかりでなく企業も同じである。

企業防災の大切さ

　東京には大企業や海外の企業の日本支社の半数以上の本社や本店が集まっていて企業の対策は重要だ。

　企業は、いざという時に事業が継続できるように様々な手立てをあらかじめ決めておくＢＣＰと呼ばれる「事業継続計画」を作っておく必要があるのだが、具体的に作っているところはまだ少ないのが現状だ。

　企業や事業所にとって、必要な防災対策は「従業員や顧客の安全確保」「事業活動の継続と社会経済の安定」「地域の防災活動への貢献」だといわれるが、ＢＣＰは、いざという時に、こうした目的を速やかに達成できるようにするために、災害が起こった場合の意思決定やその伝達の仕方などをあらかじめ考えておくものだ。

　アメリカの企業は、2001年９月の同時多発テロ以降熱心に取り組んで、67％が策定しているというが、日本は内閣府のアンケートで、2009年（平成21年）の段階でも40％以下にとどまっている。

　電気・ガス・水道・電話などのライフラインの他にも、銀行や食

世界大都市の震災災害リスク指数（平成16年版防災白書）

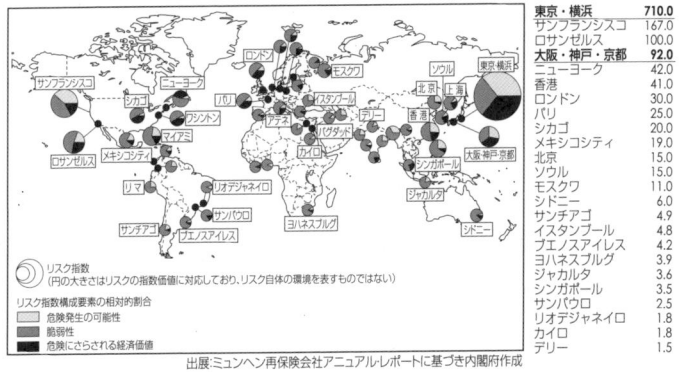

都市	リスク指数
東京・横浜	710.0
サンフランシスコ	167.0
ロサンゼルス	100.0
大阪・神戸・京都	92.0
ニューヨーク	42.0
香港	41.0
ロンドン	30.0
パリ	25.0
シカゴ	20.0
メキシコシティ	19.0
北京	15.0
ソウル	15.0
モスクワ	11.0
シドニー	6.0
サンチアゴ	4.9
イスタンブール	4.8
ブエノスアイレス	4.2
ヨハネスブルグ	3.9
ジャカルタ	3.6
シンガポール	3.5
サンパウロ	2.5
リオデジャネイロ	1.8
カイロ	1.8
デリー	1.5

リスク指数
（円の大きさはリスクの指数価値に対応しており、リスク自体の環境を表すものではない）

リスク指数構成要素の相対的割合
- 危険発生の可能性
- 脆弱性
- 危険にさらされる経済価値

出展：ミュンヘン再保険会社アニュアルレポートに基づき内閣府作成

料品の販売などを扱っていて、日々の社会生活の維持に深く関わっているところがある。

万一、中央省庁や企業が大きな被害を受けて、長期間にわたって機能が止まってしまうと、その影響は国内ばかりか世界にも広がることになる。

ドイツの再保険会社が、世界の50都市の自然災害の危険度指数を公表している。この数字は、地震などの自然災害の発生危険性と住宅の脆弱性や密度、それに経済水準、経済上の影響規模などを基に計算したものだが、「東京・横浜」の危険度は世界の都市の中で群を抜いて高く、ニューヨークの約17倍で、2位のサンフランシスコの4倍以上となる。

世界の見方を変えるためにも、首都機能を守り、維持するための対策を急がなくてはいけない。

企業や事業所も地域の防災の重要な担い手

国の中央防災会議の被害想定によると、首都直下地震が発生すると、最大の場合の避難者は700万人にものぼり、1か月経っても270万人いる。

こうした避難者の多くは住宅が壊れ、ライフラインが止まることによって発生する予測になっている。したがって、住宅の耐震化を進めるとともにライフライン各社や銀行、食料品の流通など日々の社会生活を支えている企業や事業所の復旧が対策の鍵を握っている。

企業の中で、しばらく休止してもいい仕事と人員を集中させて継続しなければいけない仕事を分け、どんな体制でどのように復旧や事業の継続をはかるかをあらかじめ決めて、訓練もしておく必要があるのだ。

地域の安全や社会の安定なくして、円滑な企業活動はありえない。いざという場面で企業の志や体質がみえることが多いが、地域の防

災に関わることは、企業の社会的な責任だといっていい。企業や事業所は、自らの危機管理の面からも防災対策を進める必要があると思う。

6 高齢化時代に向けて

地方の被害を防げ

　今度は、地方での防災の課題を考えてみたい。このところ新潟県中越地震や中越沖地震、能登半島地震、岩手・宮城内陸地震と、過疎と高齢化が進んだ地方の地震災害が続いている。

　そうした被災地を取材して、私は、今の時代状況にあった地域のコミュニティや防災力をどう再構築していけばいいかを、国全体が考える必要があると思っている。

　山あいの地域のことだから、山あいの人たちが考えればいいという問題ではない。2008年（平成20年）6月の岩手・宮城内陸地震の被災地には水田があったし、高原イチゴの栽培も行われていた。酪農をしている人や岩魚の養殖に取り組んでいる人もいた。その生産物の多くが都会に出荷されていた。さらに、そうした地域が都市部の水源林を守っているし、大雨が降った際に、河川が一気に増水しないようにする山の保水力を保ってもいる。

　効率を優先して考え、過疎と高齢化の地域を守ることに疑問の声を上げる人がいるが、地震などの災害が起きるたびに山あいの地域から人がいなくなり、国土が荒廃するのを放置していいわけがない。国土の荒廃は、長い目でみれば、将来の大きな負担になることは明らかだ。

国、自治体、地域の住民や企業や事業所、それに学校や病院などが力を合わせて、高齢化が進んだ地域でも新たな地域のまとまりのかたち、つまりは地域の総合力を高めていく必要があると思う。
　しかも急激な高齢化が進んでいる日本では、いずれは都市部も直面する問題としてとらえる必要があると思うからだ。

輪島市門前地区の取り組み

　2007年（平成19年）3月の能登半島地震で大きな被害を受けた石川県輪島市の門前地区は、人口に占める65歳以上の人の割合である高齢化率が47％もあって、全国平均の実に2倍以上の地域だった。
　地震直後に、門前地区を取材して驚いたのは、災害の時に手助けが必要な要援護者370人の安否確認を、地震発生後わずか4時間で終えていたことだった。
　地震が起きたのは、日曜日の午前9時41分頃で、行政にとっては素早い対応をするには人手の手薄な時間帯だったにもかかわらず、あらかじめ作っておいた連絡網の仕組みが生きたのだ。

能登半島地震の石川県輪島市門前地区の被害

大切なのは情報を活用すること

　門前地区では、阪神・淡路大震災をきっかけに、寝たきりの高齢者や一人暮らしの高齢者、高齢者夫婦といった世帯の情報を色分けした地図を作っていた。そして、民生委員や福祉推進員という名前のボランティアが、日頃からその地図を使って高齢者を確認していた。しかも、その情報は、毎年更新されていた。地震が起きた際に、この仕組みが生かされた。

　一方、同じ年の7月に起きた新潟県中越沖地震で大きな被害を受けた柏崎市では、自力で避難することが難しい高齢者や体の不自由な人の名簿を作っていたが、完成後も担当する課がもっていただけで、その名簿を使って地域で安否確認する仕組みがなかった。このため、せっかくの名簿を生かすことができなかった。

　これら2つのケースをみると、名簿を作るだけでなく実際に活用する手段を考え、機能するようにしておくことがいかに大切かということがわかる。

　さらに、能登半島地震の避難所には、早い段階から、高齢者など要援護者にも使いやすい洋式の仮設トイレが設置されていた。これも事前の準備があったからできた措置だろう。

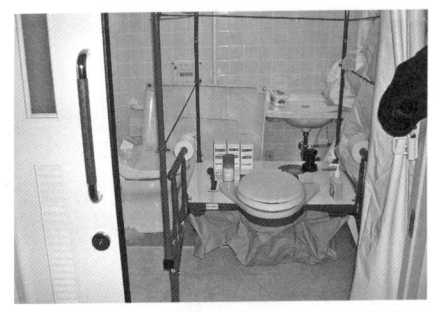

能登半島地震の避難所に設置された要援護者用のトイレ

7 住宅の耐震化を進めよう

阪神・淡路大震災の教訓

　地震による被害を少なくするにはどうしたら良いだろうか。阪神・淡路大震災では、1981年（昭和56年）以前の古い基準で建てられた住宅の多くが壊れて、多くの人が亡くなった。したがって住宅の耐震化は阪神・淡路大震災の最大の教訓の1つだが、今でも、国土交通省の推計では、全国の住宅の4軒に1軒が、現在の耐震基準を満たしていない状況で耐震化はあまり進んでいない。

　しかも、各地の地震の被災地を取材すると、高齢者は古い住宅に暮らしていることが多く、体が思うように動かない人は逃げ出すことも難しい。住宅の耐震化には100万円以上の費用がかかることが多く、年金暮らしなどの高齢者には負担が大きい。これは、地域の防災力を高めるためには避けて通れない課題だ。

地域で進める住宅の耐震化

　高齢者の住宅の耐震化をどう進めるかは、解決が困難な課題の1つだが、実は、この課題に対してもコミュニティの力で対策を進めているところがある。

　東京都墨田区や神奈川県平塚市では、行政と地域の建築士や工務店、それに防災に関心のある住民が一体となって、耐震診断や補強の相談にのったり、住宅全体ではなく普段暮らしていたり寝ている部屋だけを補強して、地震の時には、その部屋に飛び込んでもらうようにするなどの現実的な対策を進めている。そうした地域を取材すると、地域の昔からの工務店や大工

さんたちが相談にのってくれるので、高齢者などもも安心して頼めることから徐々に効果が上がっている。

つまりは個人の住宅の耐震化であっても、それを進める鍵は行政と地域が一体となった

耐震補強をした高齢者の住宅（東京都墨田区）

取り組みにかかっているということだ。地域のコミュニティの力は様々な面で防災力を向上させることがわかる。

8 公共施設の耐震化

中国四川省大地震と学校の被害

2008年（平成20年）5月に起きた中国四川省大地震は、内陸の地震としては最大級のマグニチュード8.0の大地震で、死者・行方不明者8万7,000人をだした。

被災地には、レンガとモルタルで作られた壁や細いコンクリートの柱の地震に弱い建物が多かった。現地に行った緊急援助隊の救助チームの人の話では、前にどんな建物だったのかわからないほど、跡形もなく壊れた建物が多かったという。

とりわけ悲惨だったのは、多くの学校が壊れて、子どもたちが亡くなったことだった。北京の新聞「新京報」によると、四川省内だけで、学校の40％にあたる1万2,000校以上が倒壊し、死亡した児童、生徒、教師の数は6,500人以上にのぼったという。

この地震被害が伝えられ、日本でも学校の耐震化についての

関心が高まった。

学校の耐震化を進めよう

　残念ながら日本の学校も万全というわけにはいかない状況だ。
　日本では1981年（昭和56年）に建築基準法が改正され、それ以降に建てられた建物は震度6強から7の激しい揺れでも、壁にひびなどが入っても、建物が完全に壊れて中にいる人が亡くなることのない強度が求められている。問題は1981年（昭和56年）以前に作られた建物で、強度を調査し、もし強度が不足している場合には補強工事を行っておく必要がある。
　文部科学省がまとめた2008年（平成20年）4月1日現在のデータをみると、全国の公立の小中学校の校舎や体育館などの建物は約12万7,000棟あって、耐震化率は62％にとどまっている。残りの34％は耐震診断の結果、耐震性が十分ではないと判定された。さらに、耐震診断すら終わっていない建物が4％＝4万8,000棟もあった。
　全国の都道府県ごとの学校の耐震化率をみると80％を上回っているのは神奈川県、静岡県、三重県、宮城県など、首都直下地震や東南海地震、それに宮城県沖地震など大きな地震の発生が心配されている地域だ。逆に低いのは北海道、北関東、中国、九州などで40％台のところもある。
　これらの建物のうち、約1万棟が震度6強の揺れで倒壊する危険性があると文部科学省は推定しているが、中国四川省大地震後、学校の耐震化を急ぐべきだという世論が大きくなり、国は補助率をかさ上げして、この約1万棟については、2011年（平成23年）までに改修工事を終えることにした。
　学校の耐震化が進まない大きな理由は、市町村の財政難だ。

第1章 地域の防災力を高めるために

耐震診断には一校あたり数百万円、補強には数千万円から1億円もかかる場合がある。国や都道府県の補助があっても、小さな市町村には複数の学校の耐震診断や補強の負担は大きい。

そうした自治体を取材すると、子どもたちが日常的に使う校舎だけをとりあえず耐震補強したので体育館などの建物は後回しにしているところがあったし、耐震診断をして倒壊の危険性があるとわかると補強工事をしなくてはいけないので、あえて診断を見送っているところもあった。また、少子化や過疎の影響で、将来の廃校を考えていて、診断を先送りしているケースもあった。

しかし、日本では公立の小中学校の94％が災害時の避難所に指定されている実情を考えると、学校の耐震化は児童・生徒の安全を確保するばかりでなく、地域の安心・安全の確保のためにも欠かせない取り組みだということがわかる。

2008年（平成20年）4月1日現在の全国の公立小中学校の耐震化状況
(文部科学省)

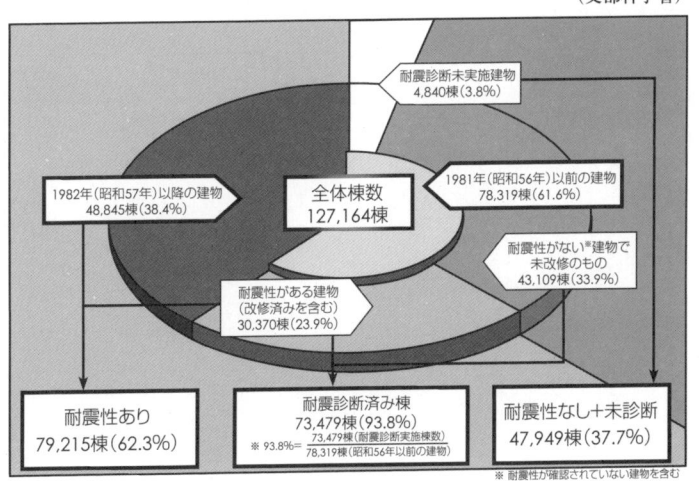

耐震診断未実施建物
4,840棟（3.8%）

1982年（昭和57年）以降の建物
48,845棟（38.4%）

全体棟数
127,164棟

1981年（昭和56年）以前の建物
78,319棟（61.6%）

耐震性がない※建物で未改修のもの
43,109棟（33.9%）

耐震性がある建物
（改修済みを含む）
30,370棟（23.9%）

耐震性あり
79,215棟（62.3%）

耐震診断済み棟
73,479棟（93.8%）
※ 93.8%＝ 73,479棟（耐震診断実施棟数） / 78,319棟（昭和56年以前の建物）

耐震性なし＋未診断
47,949棟（37.7%）

※ 耐震性が確認されていない建物を含む

役場や公民館、病院の耐震化も重要

　耐震化を急ぐ必要がある公共的な建物は、学校だけではない。総務省消防庁が全国の市区町村役場や公民館など災害時に拠点となるような建物19万棟について調べたところ、全国の耐震化率は60％にとどまっていた。

　また新潟県中越地震の後に、厚生労働省が全国の9,000余りの病院を調べたところ、病院内のすべての建物が耐震基準を満たしていたのは36％にすぎず、一部の建物が満たしているが36％、すべての建物が満たしていないが18％という結果だった。

　耐震化率が高かった都道府県は、神奈川県の82％、静岡県の80％、宮城県の77％などで、低かったのは、北海道、北関東、中国、九州などに多く、さきほどの学校の耐震化率の順位と似通っていた。

　こうしたデータをみると、同じ地震に襲われたとしても、被

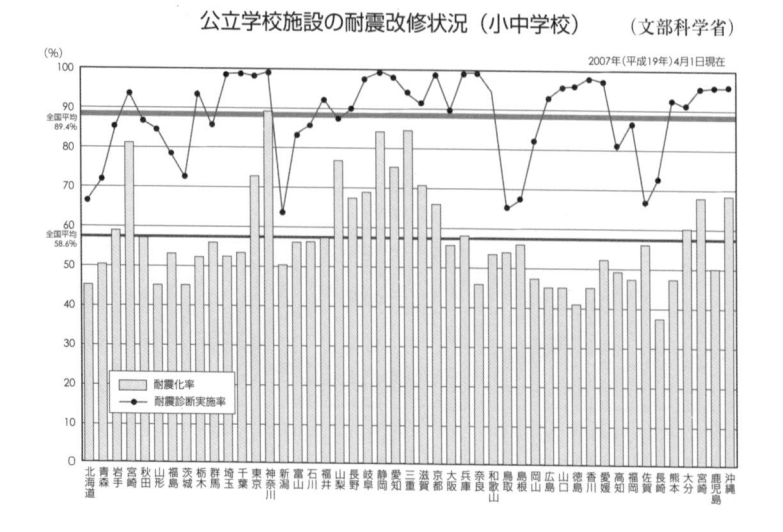

公立学校施設の耐震改修状況（小中学校）　　（文部科学省）

害を小さくしたり、災害後の対応をスムーズに進められそうな都道府県とそうでない都道府県があるといえそうだ。

地震の被害は、地震の規模の大きさとともに、激しく揺れる場所に、どのくらいの数の人がどのように暮らしているかで決まる。地震が起きる場所を変えることはできないが、建物を地震に強くして被害を減らすことはできる。

多くの人が集まる建物が被害を受けると、被害は膨大なものになりかねない。一般の住宅はむろんのこと、学校や病院、役所などの建物の耐震化を急がなくてはいけない。

コラム　文化財を地震から守る

地域の力で文化財を守る

　中学や高校などの修学旅行で、京都や奈良を訪れ、古くからの寺院などの木造の建物に感銘を受けた人は多いと思うが、国宝の寺院など日本の重要文化財建造物の90％以上が木造で占められている。したがって、そうした文化財を守るためには防火対策が欠かせない。

　2009年（平成21年）4月、国の中央防災会議がまとめた「重要文化財建造物及びその周辺地域の総合防災力のあり方」の報告書は、地震とその後の火災の発生に無防備な文化財の実態に警鐘を鳴らした。これは、2008年（平成20年）2月に、中央防災会議の「東南海、南海地震等に関する専門調査会」が、中部圏・近畿圏直下の地震による文化財の被災の可能性について公表した結果を受けたものだ。

　例えば古くから長きにわたって都であった京都には重要文化財建造物が多く、京都にある花折断層帯でマグニチュード7.4の地震が発生した場合、京都、滋賀、大阪の3府県にある重要文化財建造物

255件が、震度6強以上の揺れか周辺の住宅などが焼失する可能性のある地域に所在していて損傷する可能性があることがわかった。これは全国の重要文化財建造物の11％にあたり、国宝に限れば清水寺本堂、東寺五重塔、平等院鳳凰堂など51件で24％をしめた。

　重要文化財建造物のうち、明治以降に大きな修理をしたものは約半数あるが、本当に怖いのは火災によって燃えてしまうことだ。現在の技術によって、壊れた建物を修復することは相当できるようになったが、燃えてしまうと修復は困難だ。

　日本の文化財の防火対策は、1949年（昭和24年）の法隆寺金堂の火災をきっかけに始められたことから、建物内部からの出火対策が中心で、周辺からの延焼に備える対策は遅れているといっていい。

　そうした点を踏まえ、報告書は文化財だけを守るのではなく、周辺の地域を含めて、地域の「総合的な防災対策」によって守っていくことの重要性を指摘している。つまり、地震の時にも消防用水の計画的な配備やポンプの整備、周辺の建物の不燃化や空地の確保などに加えて、地域ぐるみの初期消火の体制作りなどを進める必要が

国宝と重要文化財の分布（NPO災害から文化財を守る会）

あるということだ。

文化財の周辺に古い木造住宅などが密集している地域は多い。地域の耐震性や耐火性を高めることは、地域を守ると同時に文化財を守ることにつながっている。

京都の市街と歴史上の大火

京都を例に、文化財にとっての火災の恐ろしさについて考えてみよう。京都市の地図に国宝の木造建造物があるところを記すと、市街地の真ん中あたりには国宝がないことがわかる。

最近の研究で、この国宝がない一帯は、京都の歴史上、最近の最も大きな火災だった江戸時代中期の天明の大火（1788年・天明8年1月）で焼けた範囲と重なることがわかってきた。天明の大火では、当時の京都市街の80％以上が焼けたとみられている。現在ある国宝は、幸いなことに、歴史上焼けなかったものが残されているわけで、我々にはこれを無事に次の世代に伝えていく責任がある。

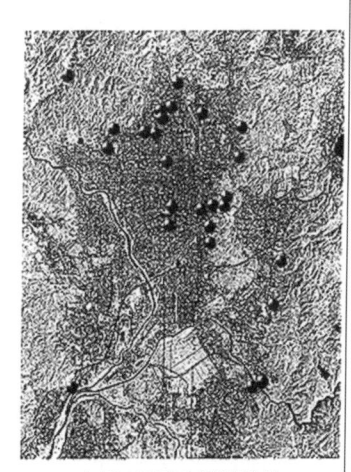

京都は古くからの街並みの中に、神社仏閣が高密度に集中しているという特徴がある。地震の時には消火のための消防水利・水道管・防火設備そのものが地震によって機能を停止する可能性があり、同時多発的な大規模な火災による消防力の不足も心配される。つまり、市街地の大火によって延焼が拡大し、文化財に被害が及ぶ可能性がある。

京都の国宝木造建造物
（中央防災会議資料・
　立命館大学　土岐憲三教授）

文化財が街のなかにある以上、

大切なのは地域ぐるみで防災活動を進めることだ。

清水寺の周辺の取り組み

　京都には半世紀以上にわたって、地域の住民とお寺が一緒になって防災活動を続けているところがある。世界文化遺産にも指定され、年間に400万人もの参拝客を集める清水寺の関係者と門前町の人たちが作っている「清水寺警護団」だ。「清水寺警護団」では、毎日、夕方に2人1組になって、ローソクの火の不始末や鍵のかけ忘れなどがないか、境内と周辺の巡視を行っている。また、年に2回、大がかりな消防訓練も行っていて、これまでに放火火災を鎮圧したこともあったという。

　そして2006年度（平成18年度）から、約10億円かけて、全国でも初めての大容量の耐震性貯水槽の設置や耐震性の高い配水管の敷設をしている。これは寺ばかりでなく、周辺地域の防火対策にも役立てようというものだ。

　京都市消防局も文化財を守るためには、こうした地域ぐるみの取り組みが欠かせないとして、寺院や神社の関係者と周辺の住民による「文化財市民レスキュー体制」の整備を進めている。貴重な文化財を持つ地域では、こうした例を参考にして地域ごとに防災力の向上をはかる必要があると思う。

清水寺

9 防災教育を進める

宮城県松島町の取り組み

 宮城県松島町は、宮城県のほぼ中央に位置し、人口は約1万6,500人、日本三景の松島で知られる海辺の町だ。この町では、小学校から中学校までの9年間の一貫した防災教育に2005年（平成17年）から取り組んでいる。

 松島町が子供たちの防災教育に力を入れているのには理由がある。人口の高齢化率が25％近くあって、全国平均を上回っている。しかも、昼間は町の外に働きに出ている人が多く、万一災害が起きた時には、小学生には自分の生命は自分で守って欲しいし、中学生には救助や救援の戦力になって欲しいという思いがある。

 加えて、宮城県は地震の警戒を強めなくてはならない地域になっている。松島町の沖合いの宮城県沖では、40年ほどの間隔で「宮城県沖地震」が繰り返し起きてきた。前回の宮城県沖地震は1978年（昭和53年）で、すでに30年以上が過ぎている。国の地震調査委員会は、今後30年の間に宮城県沖地震が起きる可能性は99％もあるとしている。

 確率からみると、子どもたちが生きているうちに、この地震は間違いなく起きると考えることができる。前回の宮城県沖地震では合わせて28人の犠牲者がでたが、松島町でも2人が亡くなった。

 そこで、地震に強い町作りへの取り組みを、世代を超えて継続させていこうとしているのだ。防災の取り組みは一過性のものでは意味がないし、住宅の耐震化や津波の避難体制作りなどには時間がかかるものがある。そのため、大人だけでなく、町

の将来を担う子どもの力が必要というわけだ。

　一口に、大人と子どもが協力して防災に取り組むといっても、なかなか難しい。なぜなら両方に「共通の知識」が必要で、同じような「防災教育」をする必要があるからだ。そこで、学校教育を利用した防災教育に目をつけた。防災教育の効果の面白さは、子供が変わると、それにつられて大人も変わり、ひいては地域全体の防災への取り組みが活性化していくことだ。

小学生はまず自分を守る

　宮城県松島町の防災教育は小学校で年間10時間程度、中学校では２時間ほどの授業を行い、テーマが段階をおって進むように工夫されていた。

　小学校の低学年（１、２年）は「自分を守る」がテーマで、絵やイラストを使って地震や津波の怖さを学び、教室にいたら机の下にもぐり、海辺にいたら津波から避難するために、すぐに高台に駆け上がるなど、まず自分の身を守る方法を学ぶ。

　小学校の中学年（３、４年）は「自分や家族を守る」がテーマで、町内の様々な場所を想定し、そこで地震が起きたときにどうしたらいいかや、電気やガスなどのライフラインが止まっても、数日間は自力で生活できるようにする準備を考える。

　そして、小学校高学年（５、６年）は「自分と家族を守り、地域の人の役に立つ」ことがテーマとなっている。地震のメカニズムに加えて、ケガや火傷を負った場合の応急処置の仕方や家族や友人の安否を確認するための災害伝言ダイヤル「171」の使い方などを勉強する

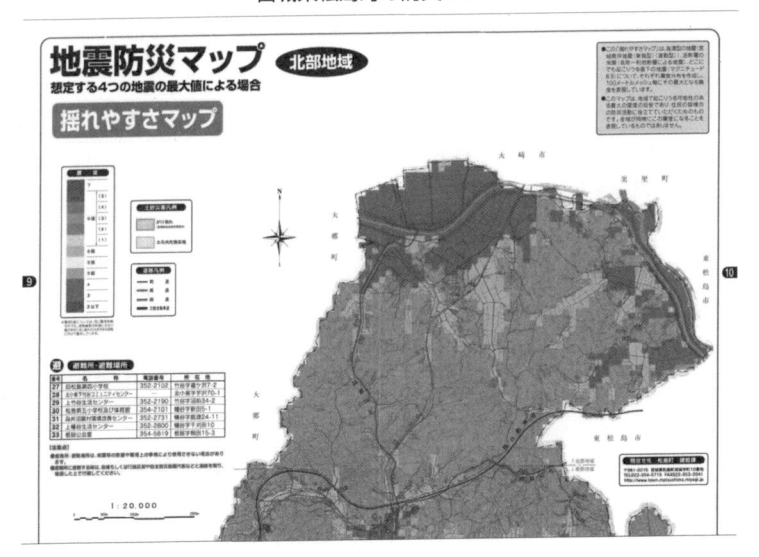

第1章　地域の防災力を高めるために

宮城県松島町の防災マップ

中学校で学ぶこと

　中学生になると実際の活動が始まる。中学1年生では、夏休みなどに自分の地域の自主防災活動に実際に参加する。

　中学2年生では、地震で最も多くの犠牲者がでる恐れがある木造住宅の被害と耐震化について勉強する。

　中学3年は、津波のメカニズムを学び、自宅周辺や通学路などの避難の仕方や避難場所の確認をすることになる。また、地区ごとに通学路などを調査し、壊れやすいブロック塀などがないかどうかのチェックもしていた。

　この取り組みから、地区の被災状況をなるべく早く調べるためのルートを書き込んだマップが完成した。道幅が狭かったり、落石の危険性があったりする場所には×印をつけるなど、生徒

たちが調べた結果がかたちになっていた。いざというときには、この地図を使って、生徒たちは地区の被災状況の見回りをするということだった。

　こうして、学校で防災を勉強した中学生たちが、地区の自主防災組織の木造住宅の耐震診断講習会にも参加したり、地域の木造住宅の簡易耐震診断にも地域の人たちと一緒にでかけたりしていた。古い住宅の外壁や床下、天井裏などを調査して、大人と一緒に簡易耐震診断もしていた。

　松島町の防災担当者は「子どもたちの理解力は予想以上で驚いている。子どもにあおられるかたちで大人の意識も変わっていくと思う」と話していた。

富士宮市の富士山学習

　富士山をテーマにした防災教育を長年続けている町もある。静岡県富士宮市には小学校が18校、中学校が11校と、合わせて29校あり、そのすべての小中学校で10年ほど前から富士山をテーマにした様々な勉強を続けている。

　2008年（平成20年）の2月、富士山学習10周年を記念した発表会が行われた。

　富士宮市第三中学校は「富士宮にも大きな地震がくるのか」その時「中学生にもできることはあるのか」がテーマだった。

　生徒たちは、まず、静岡大学で地震や火山の研究をしている小山真人教授に聞き、市内に地震を引き起こす活断層が5本も走っていることや、近い将来の発生が心配されている東海地震が起きると、静岡県の被害想定では、市内のほぼ半分の地域が震度6強の猛烈な揺れになり、残る半分も震度6弱の激しい揺れになることを知った。

そこで、実際に避難所まで歩いてみると、崩れそうな石垣や危険な坂道、狭く急な階段があることがわかった。そして被害を少なくするためにはどうしたらいいのかを勉強し、家を丈夫にしておくことやみんなが避難場所を知っていること、それにお年寄りなどを助けて避難場所まで行けるようにしておくこと、つまりは事前の備えが重要だと気付いたという。それは、新しい取り組みへとつながった。

富士山学習発表会
（静岡県富士宮市、2008年2月）

生徒が作った防災パンフレット

地域の調査をして、富士宮市第三中学校の生徒たちは「防災パンフレット」を作った。縦21センチ、横15センチの小さなノートくらいの大きさで、8ページある。中には、家族が昼間いる場所や避難場所を書き込むようになった連絡表や避難場所までの地図、非常用の持ち出し品のリストなどがまとめられている。

パンフレットを開くと、それぞれの人が自分の家の避難所を書き込む工夫がしてあり、家族で話し合って避難について考えられるようになっている。

また「私たちにできること」としては、地震前には家族で防災会議を開いたり、地域の催し物に積極的に参加して地域のつながりを強くしておくことの大切さがまとめられている。さらに地震後の避難所では、食事の配布やトイレの清掃、体の不自

由な人の介助や子どもの世話などができると書かれている。

　生徒たちは、このパンフレットを1,700部作り、地域の家庭に配ったほか、発表会の会場でも配布していた。

富士宮第三中学校の生徒が作った「防災パンフレット」

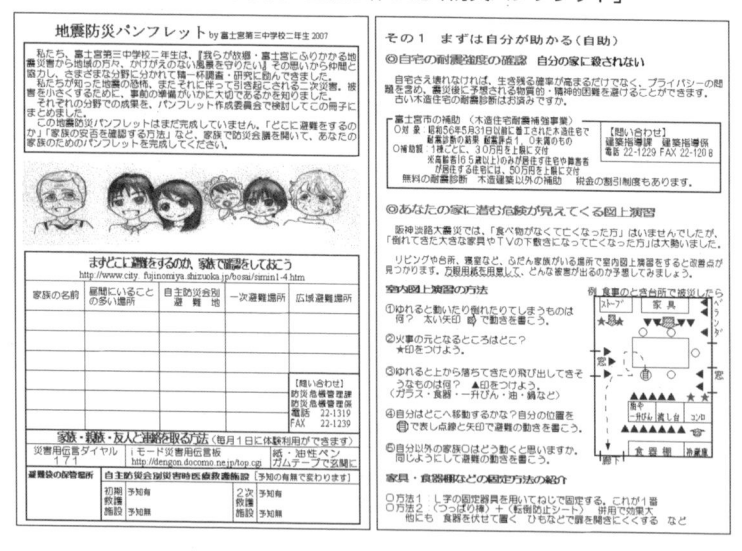

地域を知ることが防災の始まり

　静岡県富士宮市で続けられている学習は、富士山がテーマだが、噴火や地震ばかりが取り上げられているわけではない。この日の発表でも井之頭小学校は、学校に伝わる「毛無山金鉱太鼓」の由来を調べた結果や富士根北小学校粟倉分校は「私たちの水」をテーマに、水の少ない地区に水を引くためにおじいさんたちの世代が努力したことなどを演劇形式で発表した。どれも富士山を地元の象徴として位置づけたもので、いずれにしても地元に係わる様々な事柄がテーマとして選ばれている。

市の教育委員会によれば、かつて市内のある中学校で、理科の先生が富士山の噴火と地震の話を、教科の枠にこだわらないかたちで話したところ評判が良かったことから、この学習が始まったという。その後他の学校に広がり、1997年（平成9年）からはすべての小中学校が総合学習の時間を利用して行うようになった。

　この学習に防災関係者が注目している理由は、最近は高校の授業で地学を教えるところが減ったり、インターネットやナビゲーションの普及で地図を読むのが苦手な子どもが増えているといわれるが、地域の歴史を知ることは防災の取り組みの第一歩になるのだ。

教育で防災力を育てる

　2008年（平成20年）の富士山学習の発表校の1つである大富士中学校のテーマは「富士山を世界文化遺産に！」だった。

　最近、富士山と世界遺産に関するテーマを選ぶ生徒が増えているということだが、この中学校での生徒の疑問は「富士山は自然なのに、なぜ文化遺産なのか？」というところから始まっている。

　調べていくと今は静かな富士山が、平安時代から江戸時代まで活発に活動していて、大きな噴火の記録も残されていた。そして、それを静めるための祈りや全国に広がった富士講と呼ばれる信仰の歴史があり、それを今に伝えるのが浅間神社や白糸の滝などだとわかってきたという。つまり、富士山の文化遺産としての価値がみえてきたのだ。

　また、多くの浮世絵に富士山が描かれたり、今も多くのカメラマンが富士山に向かったりすることとあわせて、富士山の自

然だけでなく、富士山に対する人々の思いも次の世代に伝えていくことが必要だと発表を結んだ。

すべての小中学校が参加した地域学習の発表会が、市民が支えるかたちで10年も続けられているのは、全国的にも珍しいというが、会場には、保護者や市民800人ほどが集まっていた。こうした教育を長く続けていく価値は計り知れない。地域に育った人が地域のことに関心をもつことになるし、自分で興味を持って調べたことは一生の財産として残る。もちろん、そうした過程で家族も含めて知識を深めていく効果も大きい。

地域の防災の力を高めるための1つの取り組み方として、富士宮市で続けられている富士山学習は参考になる点があると思う。

10 大震災を語り継ぐ

モニュメントに込めた思い

地域の防災の力を高めるために重要なのは、大きな災害の経験や教訓を地域で伝えていくことだ。

阪神・淡路大震災を経験した兵庫県では、地域の防災力を高めるために、地震の経験と教訓を語り継ぐ活動が、いろんなかたちで行われている。この章の最後に、阪神・淡路大震災の被災地でモニュメントによって、思いを語り継ぐ取り組みを紹介しよう。

最近になって、神戸を訪ねても町並みはずいぶんきれいになり、震災の痕を知ることは難しいほどだ。物の復興はずいぶん進んだといえる状況だが、被災者の中には、震災の体験や教訓を次の世代に伝えたいという思いが強い。そうした被災者の思いから数々のモニュメントが作られている。

それは行政や企業が作ったものばかりでなく、地区の人が公

園に建てたり、学校や保育園などが敷地の中に建てたものなど様々だ。

そうしたモニュメントを、被災者の遺族などで作る NPO 法人阪神淡路大震災「1.17希望の灯り」（略称 HANDS）が調査している。やはり、被害の大きかったところに作られたモニュメントが多くなっているが、モニュメントは震災直後だけではなく、その後も新しいものが作られている。

震災モニュメントマップ（表紙）

増えるモニュメント

神戸市には阪神・淡路大震災後に、様々な人が多くのモニュメントをつくった。震災10年をきっかけに作られた「希望の塔」と名づけられたモニュメントは、神戸市須磨区の飛松中学校の生徒が、震災を忘れないようにと、亡くなった人の数にあたる小石を持ち寄って作ったものだ。

こうしたモニュメントは年毎に増えていて、震災から4年後の1999年（平成11年）に作った地図では55箇

震災モニュメント「希望の塔」
（須磨区飛松中学校内）

震災モニュメントマップ（西側）

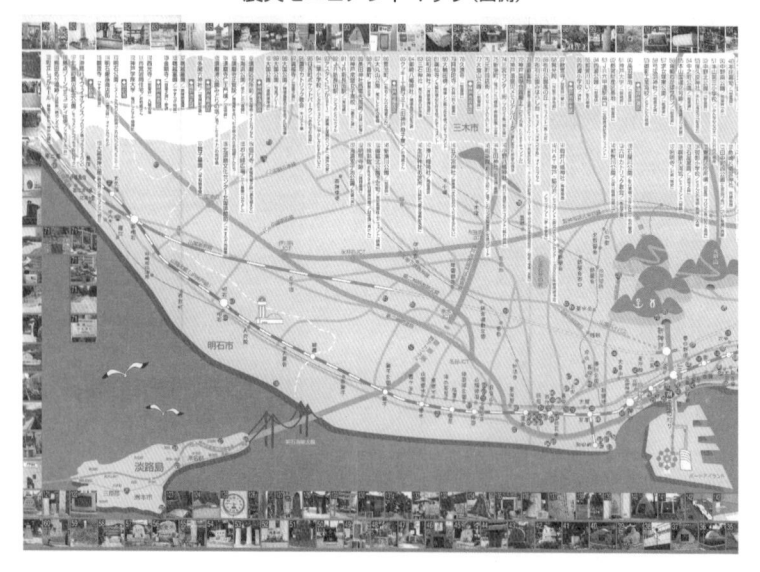

所だったが、2000年（平成12年）には120箇所、2002年（平成14年）には158箇所、そして2006年（平成18年）には262箇所になった。

　様々なモニュメントがあるが、そうしたものから、次の時代に伝えたい思いが伝わってくるモニュメントをいくつか紹介したい。

　地震後に発生した火災で焼け残った電柱が、そのままモニュメントとして残されたものがある。地震の二次災害として最も怖いのは火災で、神戸市内では地震発生当日だけで100箇所あまりから出火した。断水なども加わって、通常の消防力では消し止めることができなくて、3日間にわたって燃え続けた。長田区の御蔵北公園には、先端の部分がただれた状態で焼け残った電柱が立っている。説明文には、震災の「生き証人」と記さ

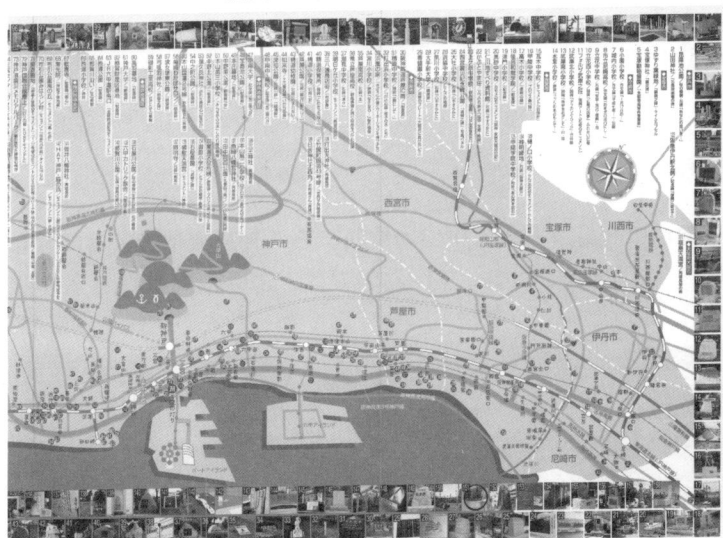

震災モニュメントマップ(東側)

れていた。

　最初にも書いたが、阪神・淡路大震災は大きな災害が起きると消防など防災機関の手にはおえないことがはっきりした災害だった。そうした中で、地域のつながりが強かったところでは、近所の人たちが協力して延焼を食い止めた。それが防災対策として、地域のコミュニティの大切さが見直されるきっかけになった。

　同じ公園の一角には「鎮魂」と書かれた慰霊碑も建てられてい

御蔵北公園の電柱

た。さして広くないこの地区だけで127人もの人が亡くなったことに、改めて驚かされるが、こうした慰霊や追悼の石碑は、あちこちの公園や学校などでみかけた。

語り継ぐ思い

　神戸市を見下ろす六甲山の中腹にある神戸大学の広場にも石碑が建てられている。神戸大学では、学生や教職員41人が犠牲になった。阪神・淡路大震災で亡くなった人の年代をみると、65歳以上の高齢者とともに、18歳から20代前半の大学生の世代が多い。一人暮らしをしていた古い学生下宿やアパートが倒れて被害にあったのだ。神戸大学のモニュメントの赤御影石の台座は六甲山をイメージしている。石版には「友よ、神戸大学を、そして世界を見続けてほしい」とあった。

神戸大学のモニュメント

　もっと直接的に「絆」と一文字かかれた石碑が芦屋市の津知公園にある。芦屋市の犠牲者は443人で、最も多かったのが住宅の全半壊率が98％に達した津知地区だった。この公園には4か月間テント村があって、被災者同士の助け合いや炊き出しなどの善意が被災者の気持ちを支えたという。モニュメントに記された「絆」の文字は、公募によって決められた。亡くなった人との絆だけでなく、地域の絆、そしてボランティアなど全国の支援者との絆に対する思いがこめられているという。

こうしたモニュメントの調査をしているNPO法人「希望の灯り」の代表で、神戸市在住の俳優、堀内正美さんは「モニュメントには、震災が奪っていった命や家族、町並みなどへの思いとともに、生き残った人たちが経験を次の世代に伝えていくのだという決意がこめられている」と話していた。

そうした思いが良く伝わってくる石碑が、明石市の中心部の明石公園にある。高さが2メートル9センチの石碑だ。2メートル9センチは、故・ジャイアント馬場さんの身長で、ジャイアント馬場さんの奥さんが明石の出身だったことから、義捐金を送り、それがこのモニュメントの建設につながったという。石碑には、神戸市の詩人・安水稔和さんの詩が刻まれている。

津和公園のモニュメント

明石公園の石碑

『これは　いつかあったこと。
　これは　いつかあること。

　だから　よく記憶すること。
　だから　繰り返し記憶すること。

このさき
　わたしたちがいきのびるために。』

　こうしたモニュメントからは、自分たちの力で地域を守ることの大切さや、被害の経験と教訓を語り継ぐことの大切さが伝わってくる。

やっぱり地域の防災力

　「地域の防災力を高める」ということは、何か特別の取り組みをしたり、災害の時にだけ活動する組織を作ったりすることではない。常日頃から活動している組織でなければ、非常の時に効果的に活動できないからだ。
　そして、そうした取り組みの進んだ地域を取材して痛感するのは、防災というのは地域の総合力だということだ。防災のためだけに地域の組織を活性化させ、維持していくことは難しいだろう。私が取材した地域でも、防災訓練が活発なところは、地域の祭りや運動会も賑やかだった。防火や防犯の取り組みでも熱心に人が集まっていた。
　防災対策には、住宅の耐震化や地域の要援護者の名簿を作ったり、防災訓練をしたりといった災害が起きる前の事前の対策、がれきの中からの救助や延焼の防ぐための初期消火といった災害が起きた時の応急対策、それに被災者の生活の再建や地域の産業の復興といった災害後の復旧・復興対策の３つの段階があるが、そのどれもが効果的に行われるためには、地域の力が大きいといっていい。
　私が言う『地域』の中には、自治会や自主防災組織、消防団といった近隣の社会だけでなく、地域の企業（事業所）や学校、

病院、福祉施設、それに自治体も含まれる。

　自治体は地域の防災力という言葉を多用して、地域の人々に防災を押しつけることになってはいけない。自治体は地域の防災力を高めるために果たすべき役割が大きいことを自覚すべきだ。災害が迫った時ばかりでなく、常日頃から行政が持っている情報をわかりやすく提供することや、防災のための組織作りや活動を維持するための支援をする必要がある。

　最近、火山の噴火や津波、それに洪水や土砂災害などの被害を少なくするために、情報を早めに伝えて避難を進めようという取り組みが加速しているが、災害情報を生かすも生かせないも、受け皿としての地域の力にかかっているということができる。

　自治体と地域が協力して、地域の防災力＝総合力を高め、自分の命は自分で守る、自分たちの地域は自分たちで守るという意識を強く持つべき時代がやってきたのだ。

第2章−1
増える豪雨と洪水対策

1 地域の力で被害を防ぐ

　洪水の被害を減らすために、自治体や住民など地域がどのような対策や対応をとればいいかを明確にするために、2007年（平成19年）から、洪水の切迫感を伝える際の情報が変わった。

　台風や低気圧、前線などの影響で大雨が降る際には、降る前から情報が出され、降り出してからも刻々と情報を伝え、それによって状況に応じた対策をとることが可能だ。そう考えると洪水の切迫性を伝える情報が変わったことは、洪水の被害を減らすために地域の力がいかに重要かを示している。

　もちろん現在の技術でも、狭い範囲に短時間に降る猛烈な雨を正確に予測することは難しいが、ある程度の大きさの河川の洪水は、「起こっている過程の中で状況に合わせて対応」することができるよう観測体制が整ってきている。

　気象庁は、全国の約1,300箇所に設置されているアメダスや国土交通省や地方公共団体などの約8,000箇所の観測データを使って降水量を観測している。

　また、河川管理者も今後の雨量から水位を予測したり、河川の堤防沿いにカメラを設置して、堤防と水位の状況などの監視を続け、水位が上がってくる過程をリアルタイムで測定することができる体制をとっている。

2 地元に行動を促すための情報

誰にでもわかる情報へ

　洪水情報で変更された主な点は2つある。まず誰にでもわかるように水害用語をわかりやすくした。それは、情報を出す側と受け取る側の知識の共有のためだ。従来の水害用語には、例えば、堤防が壊れることを現す用語には「欠壊」と「決壊」があった。いずれも河川を管理する人たちが使ってきた専門用語で、意味の違いがわかりにくい上に、同じ「けっかい」という読み方で、防災行政無線や放送などで伝えるには不向きな用語となっていた。そこで、意味合いがわかるように変えた。

　「欠壊」は「堤防の一部が崩れること」だから「堤防の一部流失」にして、「けっかい」という言い方は堤防が壊れて崩れる意味の「決壊」だけに使うことにした。

　このほかにも「排水機場」は「排水ポンプ場」、堤防の「法崩れ（のりくずれ）」は「堤防斜面の崩れ」など40余りの用語が変更された。

情報で地域に行動を促す

　更に大きな変更は、情報と地域での行動をセットにしたことだ。このため洪水情報は、住民が「情報を受けて防災行動をして」、初めて意味のあるものとなった。つまり、情報を受けた住民がメリハリのついた避難行動をとれるかどうかという地域の防災力が洪水情報を生かす鍵となった。

　河川が水かさを増して注意が必要になった水位は「はん濫注意水位」で、自治体は高齢者や身体の不自由な人など、一人で

洪水関連用語の改善

改善前	→	改善後
強雨域	→	強い雨が降る範囲（○時間○ミリ以上）
(○○川) 洪水情報	→	○○川はん濫危険情報
(○○川) 洪水警報	→	○○川はん濫警戒情報
(○○川) 洪水注意報	→	○○川はん濫注意情報
法崩れ	→	堤防斜面の崩れ
越水・溢水	→	○○地区から水があふれる
堤外	→	堤防の川側（堤防より川側）
堤内	→	堤防の居住側（堤防より居住地側）
川表	→	川側
川裏	→	居住側（居住地側）
右岸	→	□□市側
左岸	→	○○市側
排水機場	→	排水ポンプ場
出水	→	増水
堤防天端	→	堤防の上端、上面
高水敷	→	河川敷
欠壊	→	△△地区の堤防が一部流失（崩壊）
破堤	→	○○地区の堤防が決壊
法面	→	堤防斜面
洗堀	→	深掘れ
浸水・冠水	→	○○地区が浸水
既往最大流量	→	過去最大流量
水防警報指定河川	→	水防警報河川
水位情報周知河川	→	水位周知河川
直轄区間	→	国管理区間
指定区間	→	県（都道府）管理区間
計画高水位 / 危険水位	→	はん濫危険水位
特別警戒水位	→	避難判断水位
警戒水位	→	はん濫注意水位
通報水位	→	水防団待機水位

避難できなかったり、避難に時間がかかる災害時要援護者に早めの避難を呼びかける目安だ。更に水位が上がると「避難判断水位」になり、自治体は住民に避難を促す「避難勧告」やもっと強い意味のある、いわば避難の命令にあたる「避難指示」を発表する判断を迫られる。そして本当に水害の危険が迫った際には「はんらん危険水位」となるが、この段階ではすでに避難が終わっている必要があり、残っている人がいないかどうかの確認をする段階となっている。

　この情報は2007年（平成19年）の春から、国が管理している全国の一級河川から運用を始め、その後徐々に拡大し、都道府県が管理している中小の河川でも発表される予定だ。

コラム　わかりやすくなった台風情報

伝わりやすい台風情報への変化

　洪水情報と同じように、地域の防災に役立つきめ細かい情報を出そうと、2006年（平成18年）4月から台風情報が変わった。

　それまでの台風の進路予想図では、×印が台風の位置、周囲の円は風速（平均毎秒）25メートル以上の風が吹いている暴風域や風速15メートル以上の強風域を示していた。また進行方向にある点で描かれた円は、今後台風の中心が到達すると予想される予報円で、その周りの円は予想される暴風警戒域の範囲となっていた。そして情報としては、12時間先、24時間先、48時間先、そして72時間先の予想位置が発表されていた。

　新しい予報では、暴風警戒域全体を囲む線で表示する画面が作られるようになった。これによって台風の進路と暴風警戒域の広がり

が見やすくなった。

新旧の台風の進路予想図

(気象庁)

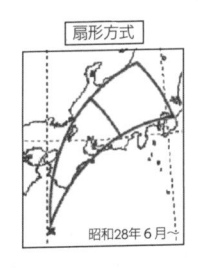

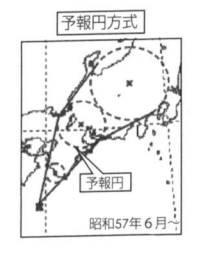

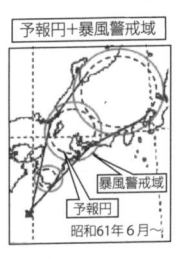

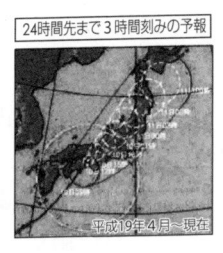

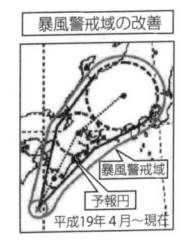

扇形方式	予報円方式	予報円＋暴風警戒域
昭和28年6月～	予報円／昭和57年6月～	暴風警戒域／予報円／昭和61年6月～

5日先までの進路予報	24時間先まで3時間刻みの予報	暴風警戒域の改善
平成21年4月～現在	平成19年4月～現在	暴風警戒域／予報円／平成19年4月～現在

地域に正確に伝え、被害を防ぐ

　予報も3時間刻みで発表されるようになった。これまでの12時間ごとの予報では台風によっては予想位置間で500キロほどの距離があったのだが、3時間刻みだと100キロほどの間隔になり、それぞれの地域が何時頃から警戒が必要かの見当がつけやすくなっている。

　また、24時間以内に台風になりそうな熱帯低気圧や台風から温帯低気圧に変わっても警戒が必要な場合は台風並みの情報が発表されるようになった。さらに最大瞬間風速や暴風域に入る確率なども発表されている。

　情報が十分でなかった時代には、いきなりやってきて大きな被害を出した台風が、現在では、日本のはるか南の海上で発生したことから始まり、日本に近づいてからは24時間体制で勢力や進路、それ

に雨の予測や注意事項などが伝えられるようになった。

その後も情報の改善が行われていて、2009年（平成21年）には、それまで3日先までだった進路予報が5日先まで発表されるようになった。こうして、台風情報を生かすことで、私たちは被害を少なくしてきたのだ。

3 雨の降り方が変わった

処理の限界を超える雨

　地域の防災行動を促すように河川の洪水情報が変わった理由の1つに、自然環境の変化がある。激しい雨が降る回数が増え、従来の洪水対策の見直しが求められるようになった。

　1時間に50ミリ以上の激しい雨が一年間に降った回数をみると、年ごとの変動が多いものの、徐々に増える傾向がみてとれる。10年ごとの平均でみると、1977年（昭和52年）から1986年（昭和61年）までは200回、1996年（平成8年）までの10年は234回、そして2006年（平成18年）までの19年は313回となっている。2004年（平成16年）には、一年間に470回も観測されて、アメダスが観測を始めた1976年（昭和51年）以降で最も多くなった。

　1時間の雨量が50ミリから60ミリを超えることは、都市の洪水対策に重大な意味を持っている。都市では雨が降っても長靴を履いたり、カッパを着たりしなくてもすむように、側溝や下水道を整備して降った雨をなるべく早く川に入れてしまうような対策が進められてきた。

　全国の主な都市の下水道の整備目標をみると、ほとんどが1

第2章-1 増える豪雨と洪水対策

1時間50ミリと100ミリを超す豪雨の推移

(国土交通省)

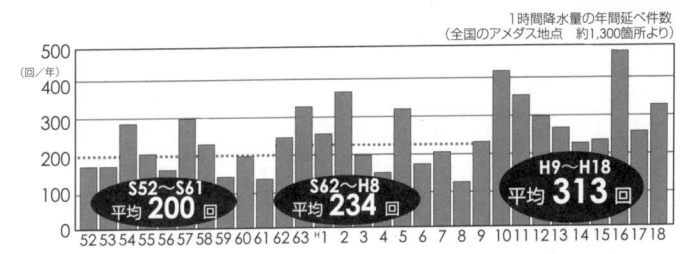

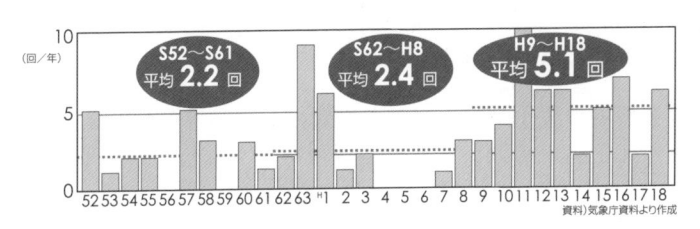

1時間降水量の年間延べ件数
(全国のアメダス地点 約1,300箇所より)

S52〜S61 平均 **200** 回
S62〜H8 平均 **234** 回
H9〜H18 平均 **313** 回

S52〜S61 平均 **2.2** 回
S62〜H8 平均 **2.4** 回
H9〜H18 平均 **5.1** 回

資料)気象庁資料より作成

主な都市の下水道整備目標

(国土交通省)

浸水対策の目標
○全国　　　　当　面：5年に一度
　　　　　　　中長期的：少なくとも10年に一度
○都市機能　　当　面：少なくとも10年に一度
　集積地区等　中長期的：B/C等を考慮し、例えば30年〜50年

都市名	降雨強度 (mm/hr)	確率年 (年)
札幌市	35	10
仙台市	52	10
千葉市	50	5
東京都	50	3
横浜市	60	10
川崎市	58	10
名古屋市	50	5
京都市	51	5
大阪市	60	12
神戸市	49	10
広島市	46	5
北九州市	53	10
福岡市	52	5

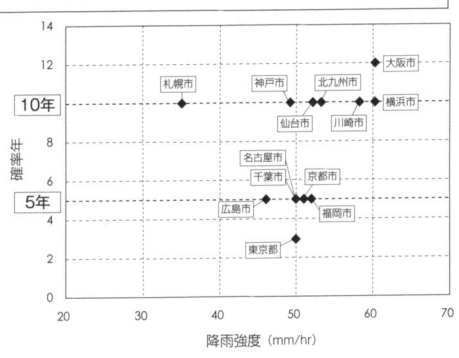

時間に40ミリ〜60ミリの雨を安全に流すことを目標にしている。したがって、それ以上の雨が降ると都市の洪水対策の想定を超えてしまう。側溝から水が溢れ、マンホールから逆流し、都市は水浸しという状況になってしまうのだ。

こうした激しい雨が増えている原因ははっきりしていないが、地球温暖化や都市部の気温が周辺よりも高くなるヒートアイランド現象が影響しているとみられている。

拍車をかける社会の変化

社会環境の変化が洪水対策を複雑にしている点も指摘できる。大きな河川の上流部にあたる山間部では、林業の担い手がいなくなって久しく、杉やヒノキの人工林が手入れをされないまま放置され、森林が荒れている。育ちの悪い人工林は大雨で根こそぎ流されることがあって、流木となって下流のダムや橋に集まり、洪水被害を拡大する要因になっている。また中流域などの田園地帯では、耕作を放棄した土地が増えたり、開発で住宅地に変わったりしたことによって、かつて水田地帯が果たしていた雨水を一時的に蓄える機能が低下した。そして下流部の都市部では、降った雨が地面に浸みこみにくくなった。舗装されたり、建物に覆われたりした地表の割合が増えたのが原因だ。

こうして河川の上流から下流まで、どこでも降った雨がすぐに下水道や河川に流れ込むようになり、洪水が起きやすくなったのだ。

4 防災対策の変化と変わってきた都市

施設では防ぎきれない洪水

　ダムや堤防、下水道などの施設だけでは、水害は防ぎきれないことがわかってきた。従来の国の洪水対策の中心は、川の両岸に堤防を造り、その堤防の中に洪水を閉じ込めて、なるべく早く海まで流すという考え方で進められてきた。しかし国や自治体の財政事情が悪化し、従来のように公共事業への莫大な投資を続けることが困難になってきた。

　もともと日本の河川は、稲作に便利なように、天井川といって周りの地面より高いところを流れている川が多い。水は低いほうに流れるから、日本では何もしなければ、堤防が決壊したり水が溢れた場合には、周辺の田んぼや住宅地に水が流れるのはごく自然なことだ。

　さらに多くの人たちの自然環境への関心が高くなり、都市に残された数少ない自然である河川の環境を大切にしたいと考える人が多くなってきている。こうしたことから、ますますダムや堤防などによって対策を取ることが難しくなっている。

　自然や社会の環境が変わり、ダムや堤防などの公共工事だけで防災を進めることが難しくなってきて、「自助・共助・公助」の原則で防災を進めることの重要性はさらに増したと言っていいと思う。

変わる都市と水害

　都市で地下空間の利用が進み、大雨が降ると、水に浸かったり、水没したりする恐れのある危険個所が増えている。地下空

間は、対策を考える上でも不利な点が多く、地上の変化がわかりにくいため対応が遅れがちだ。そこで、地下の出入り口に水の浸入を防ぐ装置を取り付けたり、監視カメラで地上の様子をモニターしたり、情報連絡を密にするなどの対策が進められているが、水に浸かったときの被害を少なくするためには、電気設備など水に浸かると機能しなくなる設備を地下には置かないなどの対策の徹底が求められる。さらに水に浸かったり、停電したりしたときに、地下にいる人を安全に地上へ避難誘導できるかどうかも大きな不安材料となっている。

　そうした中、都市に雨水を浸み込ませる工夫をして、降った雨が一気に地下空間や下水道、それに川に集中させないようにしようという取り組みも進み始めている。都市の中にも田んぼや畑があった時代には、降った雨の30％から40％は土の中に浸み込んだが、コンクリートで覆われた都市はほとんど浸み込まない。

　そこで、例えば住宅の庭先に「雨水浸透ます」と呼ばれる穴のあいた筒を埋め込む際の助成制度を作っている自治体がある。

　千葉県市川市では、2005年（平成17年）に「市民あま水条例」と呼ばれる条例を作り、砂地などで雨が浸透しやすい区域で住宅を新築する際には、敷地に「雨水浸透ます」を設置することを義務付けた。また、既存の住宅には補助金を出して、「雨水浸透ます」の設置をすすめ、2009年（平成21年）の3月までに5万3,000個が設置された。

　また、雨を貯めて生活用水に利用する施設を作るビルや住宅を支援している自治体や雨が浸透しやすい舗装道路を作っている自治体もある。いずれも、都市の中に小さなダムを作ろうという取り組みだ。

コラム 都会に自然を取り戻したい

作られたせせらぎ

東京都世田谷区の閑静な住宅地に、きれいなせせらぎが流れている。このせせらぎは実は人工に作られたものだ。長さは1.8キロ、草むらの間を静かに蛇行し、流れに沿って遊歩道が作られ桜並木が続いている。

1995年（平成7年）から始まった工事によって作られ、流れている水は下水道の再生水をポンプで汲み上げている。時間が経つにつれて、周囲に植物が生え、流れの中にはオイカワや小エビなどの生き物も住むようになって、夏場には近所の子どもたちが水遊びをしている。

ここにはもともと、北沢川という小さな川が流れていて、昭和の初め頃までは周囲の田畑を潤す農業用水として利用されていた。ところが高度経済成長の時代に、生活排水が流れ込んでどぶ川のようになってしまった。

当時、東京ではそうした環境を改善するために、下水道を急ピッチで整備していた。このときに、北沢川周辺で選ばれた手法は、川をきれいにすることではなく、川をコンクリートで覆って下水道につなげてしまうというものだった。こうして下水道となったのは、北沢川に限らない。

北沢川のせせらぎ（東京都世田谷区）

失われてきた自然のせせらぎ

100年ほど前の江戸時代末期の東京（1856年・安政3年）には、川や用水路が網の目のように走っていて、飲み水のほか、物流、農業用水としても使われていた。当時の河川や水路の長さは2,000キロもあったという。最近の東京の河川や水路の長さは860キロだから、この100年余りで半分以下になってしまったことになる。

しかし最近になって、都市の中に残された河川を大切にし、自然を取り戻したいと考える人が多くなった。

世田谷区でも、近くの住民から再び水辺のある町にできないかと、自然の復活を望む声が出されるようになり、区と整備の仕方や設計、維持管理などについて1991年（平成3年）から4年にわたって話し合いを続けた。そして、住民の要望にこたえるかたちで、せせらぎの復活が実現したのだ。

東京の水面の変化　　　（国土交通省）

航空写真（1946年〜1948年）　　　精密数値情報（1994年）

目指すべきは本当の自然の再生

世田谷区にできた人工的なせせらぎの周辺を歩くと、せせらぎが

できたことで町や通りの雰囲気は良くなったことを実感ででるし、話を聞くと住民の反応も好評だ。

ただ、私は作られた自然には、いくつか注意しなくてはならないポイントがあると思っている。

1つには雰囲気作りだけでなく、北沢川そのものの再生に向けた取り組みも必要ではないかということだ。人工的なせせらぎを作るだけでなく、もともとの自然の再生をはかるという視点も失ってはいけないのではないだろうか。

さらにこうして管理された自然によって、今後の洪水対策に影響がでかねない心配もある。管理された自然では、本物の自然の怖さを知ることができない。自然の川は雨や日照りで変化するが、人工的なせせらぎは大雨の時にはポンプを止めるなどの操作が可能で、洪水は起きない。これでは、特に子どもたちが自然への恐れの気持ちや防災意識を育むことが難しい。

うがった見方をすれば、こうした工事自体が土木や河川関係者の新たな公共工事の創出ではないかという意見もある。

大事なことは、こうした工事はあくまで過渡期の出来事として、将来は本物の河川を再生させ、都市や住宅地の環境を本当に豊かなものにしていく町づくりをしていかなくてはいけないということだ。

5　水害の被害の状況

全国どこでも起こる水害

最近の水害の大きな変化は、起きる地域が広がってきていることだ。

台風銀座や水害常襲地帯と呼ばれる水害の多い地域以外で

も、大きな水害が起きるようになった。九州南部や四国、紀伊半島の太平洋側など日本の南西部は、昔から多くの水害に見舞われてきたが、2004年（平成16年）には新潟県や福井県、それに兵庫県豊岡市など北陸地方や日本海側でも集中豪雨が降り、河川が決壊して町が水浸しになった。気象庁によると、この30年間で一日に200ミリ以上の大雨が降った回数は、20世紀初頭の30年間に比べて、1.5倍に増えた。激しい雨の降る回数が増え、水害に襲われる地域が北上しているようにみえる。

つまり、全国どこでも水害に備える必要がある時代が来たことになる。

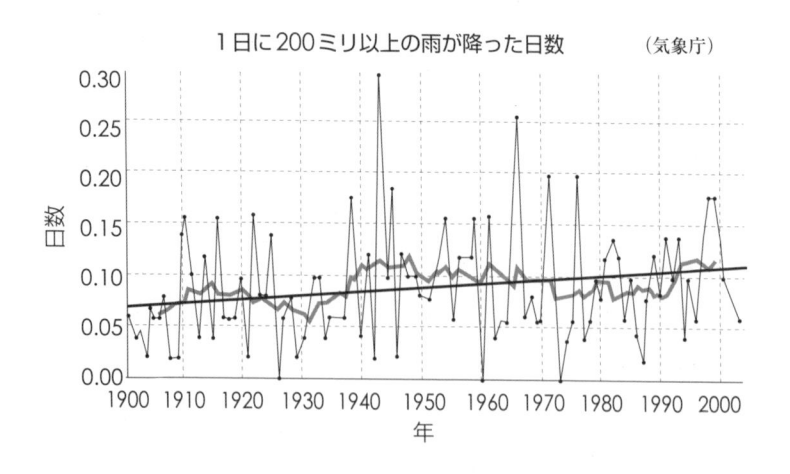

1日に200ミリ以上の雨が降った日数　　　　（気象庁）

求められる地域の取り組み

水害の被害の様相も変わってきていて、地域の取り組みの重要性が増している。人的被害の多くがガケ崩れや土石流など土砂災害によっている。伊勢湾台風を例にだすまでもなく、かつての水害は河川の決壊や高潮などが主な原因だったが、2006年

（平成18年）の梅雨前線の豪雨では、33人の犠牲者のうち21人までが土砂災害によるものだった。それも都市の周辺部の開発地や地方の山あいの地域で起きる土砂災害で、多くの犠牲者がでるようになった。

そして犠牲者の年齢に偏りがでるようになり、高齢者が犠牲になるケースが目立つ。2004年（平成16年）は、最近になく水害による犠牲者の多い年で135人にのぼったが、このうち70歳以上が43人、65歳から70歳までが39人で、全体の61％が高齢者だった。

こうした傾向を受け、対策も変わってきた。従来の施設による水害対策に加えて、災害情報や防災教育などによって地域の防災力を高め、円滑な避難を進めて人的な被害の軽減をはかる必要がある。

ここまでは主に情報を伝える側、つまり洪水などの情報について「何をどう伝えると良いのか」を中心に考えてきた。ここから先は、情報を受け取る住民の側にある問題を考えてみたい。果たして情報は伝わるのか、そして人々はその情報によって早めの避難をするのだろうか。

コラム　顕著な被害の台風には特別な名前を

台風は、発生順に番号で呼ばれる

気象庁では、毎年1月1日以降に発生した台風に、順番にその年の「1号」「2号」と名前をつけている。

また、台風は北西太平洋や南シナ海で発生し、日本ばかりでなく沿岸の国々にも影響を及ぼすことから、日本や中国、カンボジア、フィ

リピンなど東南アジアの14か国で作る「台風委員会」は、2000年(平成12年)から共通の名前をつけることにした。2000年の第1号は、カンボジアで象を意味する「ダムレイ」で、以後、それぞれの国があらかじめ候補として用意した140個の名前を発生順につけている。

日本で台風に番号がつけられるようになったのは1953年(昭和28年)からで、それ以前はアメリカの台風の名前である女性の名前がつけられていた。中でも大きな被害をもたらして、いまだに多くの人が口にする台風には、1947年(昭和22年)に大阪湾周辺に高潮被害をもたらした「ジェーン台風」がある。その後、アメリカでも男女平等にすべきだとの指摘があって、1979年(昭和54年)からは男性の名前と女性の名前が交互に使われている。

顕著な災害には、固有の名前がある

気象庁は、社会的に大きな影響を及ぼした顕著な災害については、特別に名前をつけている。

2004年の「平成16年新潟県中越地震」や2000年の「平成12年有珠山噴火」などは良く知られているが、気象災害でも、北陸地方を中心とした大雪で死者・行方不明者が231人にのぼった1963年の「昭和38年1月豪雪」(いわゆる三八豪雪)や豪雨と河川の決壊で多くの高齢者が亡くなり、今後の災害では高齢者対策の視

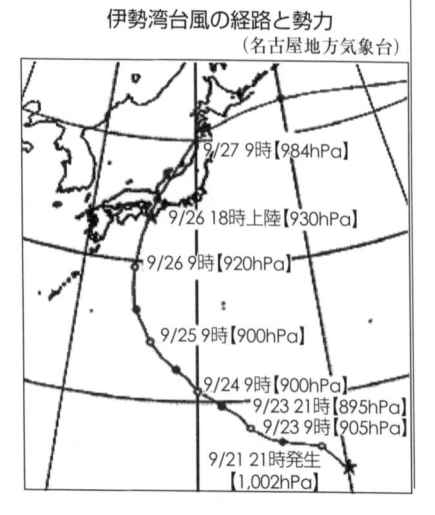

伊勢湾台風の経路と勢力
(名古屋地方気象台)

9/27 9時【984hPa】
9/26 18時上陸【930hPa】
9/26 9時【920hPa】
9/25 9時【900hPa】
9/24 9時【900hPa】
9/23 21時【895hPa】
9/23 9時【905hPa】
9/21 21時発生【1,002hPa】

点が欠かせないことを浮き彫りにした2004年の「平成16年7月新潟・福島豪雨」などがある。

　台風についても、かつてはそうした特徴ある名前が付けられた。終戦直後に最低気圧916.3hPaという猛烈な勢力で上陸し、大きな被害をだした1945年（昭和20年）の「枕崎台風」、青函連絡船の「洞爺丸」が遭難し、日本の海難史上最悪の惨事となった1954年（昭和29年）の「洞爺丸台風」、伊勢湾沿岸に甚大な高潮被害をもたらすなどして、全国の死者・行方不明者は合わせて5,000人以上にのぼり、日本の台風災害として最大の被害をだした1959年（昭和34年）の「伊勢湾台風」などである。

　ところが、鹿児島県の沖永良部島で最低気圧907.3hPaを観測した1977年（昭和52年）の「沖永良部台風」以来、台風にはこうした名前はつけられていない。

特別な台風には特徴ある名前を

　台風は日本列島の各地に被害をだすことが多く、1箇所の地名1つの被害の特徴で代表させることが難しい災害であることはわかるが、大きな被害をだし、後の時代に災害の特徴や防災の教訓を伝えようとする台風には、特別な名前をつけたほうがいいのではないかと私は思っている。

　1991年（平成3年）の台風19号は、中心付近の最大風速が50メートルという非常に強い勢力で長崎県に上陸し、その勢力があまり衰えないまま北上を続け、各地で暴風による被害が大きかった。青森県などでは収穫直前のりんごが落ちるなど農業被害が大きく「りんご台風」と呼ばれたが、これは気象庁が命名したものではないために、正式な記録にはなっていない。

　私は気象庁が正式に命名し、記録に残すべき台風災害があると思っ

ている。例えば熊本県不知火町で高潮が発生し、12人が亡くなった1999年(平成11年)の「台風18号」は、いまだに高潮対策を疎かにしてはいけないことを伝えている。「平成11年の台風18号」よりも、例えば「不知火台風」といった名前がついていたほうがいいように思う。また、平成の台風災害としては最も多い100人の死者・行方不明者をだした2004年(平成16年)の「台風23号」は、兵庫県北部の円山川や出石川が決壊し豊岡市などが水浸しになった。この年には過去最多の10個の台風が上陸したが、最後に上陸したのが「台風23号」で、多くの人が台風シーズンが終わったと感じていた10月下旬のことだった。この台風の教訓も長く伝えられるべきで、「平成16年の台風23号」よりも、例えば「円山川台風」とか「豊岡台風」といった名前がつけられていたほうが被害の状況や教訓を伝えやすいように思うが、いかがなものだろうか?

6 情報をどう受け取るか

情報が的確に伝わらない

　洪水が迫ってきた状況でも、情報の切迫感が的確に伝わらないという問題がある。2004年(平成16年)の新潟・福島豪雨の際の被災地の対応を振り返ってみたい。

　この災害は、2004年7月12日から13日にかけて起きた。新潟県中部は記録的な集中豪雨となり、信濃川水系の五十嵐川や刈谷田川など5つの河川の11箇所で堤防が決壊し、15人が死亡し、8,000棟を超える住宅が水に浸かった。特に、被害が大きかった三条市、見附市、中之島町が、住民に避難勧告や避難指示を出した時刻と河川の堤防の決壊時刻、それに犠牲者をみる

第2章-1 増える豪雨と洪水対策

と表のようになる。

3つの自治体の中で、最も犠牲者が多かった三条市は五十嵐川が決壊する3時間前から数回に分けて「避難勧告」を出したとしているが、災害対策本部の中が混乱し、一部の地区で消防が避難を呼びかけたほかは、広報車や自治会の連絡網などを通じた住民への伝達がほとんど行われなかった。

自治体の避難情報と破堤時刻と犠牲者（内閣府）

	避難情報の発表時	決壊時刻	犠牲者
三条市	10:10 勧告	13:10頃	9人
見附市	11:07 勧告 （12:07に指示に切り替え）	14:20頃	0人
中之島町	12:41 勧告	13:00頃	3人

災害後の9月、NHK放送文化研究所は3つの自治体の、合わせて1,000人にアンケート調査を行った。

まず避難についての質問では、「避難所に避難した」と「親戚・知人の家に避難した」と答えた人は合わせて、見附市が29％、中之島町が38％だったが、三条市は18％にとどまった。

あわせて、気象情報と行動についても聞いた。

気象情報の認知度
（NHK放送文化研究所）

- 「短時間大雨情報」知っていた 2%
- わからない 1%
- 「大雨・洪水警報」「短時間大雨情報」両方知っていた 6%
- 「大雨・洪水警報」知っていた 26%
- 知らなかった 65%

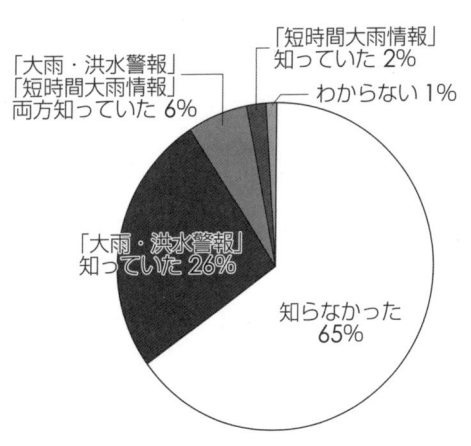

7月13日、新潟地方気象台は、午前6時29分に「大雨・洪水警報」をだした。また、午前8時20分から9時50分までの間に、3回にわたって、短い時間に多量の雨が降り災害発生の危険性が一段と高まったことを知らせる「記録的短時間大雨情報」を出している。こうした情報について両方知っていた人は34％にとどまり、両方とも知らなかった人が65％にのぼった。

情報があると、気象に関心を持つ

　気象情報が伝わるかどうかは、洪水対策を進めるうえで大きな問題である。情報を知っている人は、その後の気象の変化に関心を持つからだ。

　同じ2004年（平成16年）の新潟・福島豪雨の調査で、「大雨・

気象情報の認知度と行動（複数回答有り）

（NHK放送文化研究）

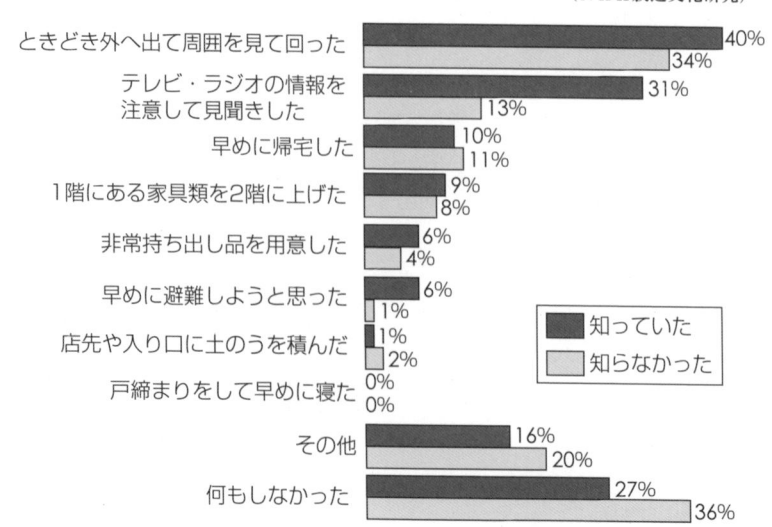

行動	知っていた	知らなかった
ときどき外へ出て周囲を見て回った	40%	34%
テレビ・ラジオの情報を注意して見聞きした	31%	13%
早めに帰宅した	10%	11%
1階にある家具類を2階に上げた	9%	8%
非常持ち出し品を用意した	6%	4%
早めに避難しようと思った	6%	1%
店先や入り口に土のうを積んだ	1%	2%
戸締まりをして早めに寝た	0%	0%
その他	16%	20%
何もしなかった	27%	36%

洪水警報」と「記録的短時間大雨情報」の気象情報を知っていた人に対して「その情報を聞いてどうしたか」、いずれの情報も知らなかった人に対しては「雨の降り方を見てどうしたか」を質問した。複数回答で答えてもらったところ、情報を知っていた人は「ときどき外へ出て周囲を見て回った」が40％、「テレビ、ラジオを注意して見聞きした」が31％となった。一方、知らなかった人は「何もしなかった」が36％となって、気象情報を知っていた人のほうが、その後の雨の降り方や大雨についての新たな情報に気を配っていたことがわかった。

情報伝達には複数の手段が必要

さらに2004年（平成16年）の新潟・福島豪雨で、避難を決めた理由を複数回答で答えてもらうと、「洪水の危険を感じたから」「家族と相談して決めた」「市や町の消防隊員・警察官が避難を呼びかけたから」「町会の自治会員が避難を呼びかけたから」「近所の人と相談して決めた」「テレビ・ラジオが何度も「大雨・洪水情報」を伝えていたから」といった項目に答えが分かれた。

気象庁や河川管理者、それに自治体などの行政がタイミングよく情報を発表することができれば、住民の危機意識を高めることができ、その後の状況に住民は注意を払うようになって避難行動に結びつけることができる。また、多種多様な生活を送っている住民に情報を伝えるためには、常に複数の伝達手段を確保する必要があることもわかる。

コラム **必要なのは複数の伝達手段**

伝達に決定的な手段はない

　2004年（平成16年）の7月の集中豪雨で大きな被害を出した新潟県の当時の3つの自治体の住民に、防災情報をどんな手段で伝えて欲しいかを、群馬大学の片田敏孝教授と北陸地方整備局が調べた結果がある。調査結果は、市や町によって順番が違った。

　三条市は、1番がテレビ、2番が広報車、3番が防災スピーカー、4番が町内会の役員だった。

　見附市は、1番が広報車、2番が町内会の役員、3番が防災スピーカー、4番がテレビとなった。

　中之島町は、1番が防災スピーカー、2番が広報車、3番が町内会の役員、4番がテレビという順だった。

何で災害情報を伝えて欲しいか（2004年新潟豪雨災害アンケート）
（群馬大片田研究室・北陸地方整備局）

三条市	見附市	旧中之島町
①テレビ	①広報車	①防災スピーカー
②広報車	②町内会役員	②広報車
③防災スピーカー	③防災スピーカー	③町内会役員
④町内会役員	④テレビ	④テレビ

　この調査結果からわかるのは、様々な生活環境で暮らしている住民に、大事な情報を伝えるためには複数の伝達手段を使う必要があるということだ。災害情報を住民にきちんと伝えるために、自治体は、防災スピーカー、広報車、テレビ、町内会の役員や消防団の伝達といった複数の手段を準備して、同じ内容を繰り返し伝える必要がある。

人が人に伝える重要性

　人が人に直接避難を呼びかける伝達手段の重要性も忘れてはならない。ここでも、地域が力を合わせることが防災にとって大きな力となるのだ。2007年（平成19年）の台風9号で、114世帯、265人に避難指示を出した埼玉県深谷市では、避難を呼びかけた世帯数が少なかったことから市の職員が、避難勧告の対象となった住宅一軒一軒を回るとともに、自治会長に避難所への誘導を依頼したところ、周辺の人が自主的に避難したこともあり、避難指示を出した人数を上回る272人が避難所に避難する結果となった。
　情報で住民の避難を進めることは容易ではないが、努力と方法によっては、情報によって人の命を救うことができることもわかる。

7　逃げたくない心理を超える情報提供

自分は安全だと思いたい

　最近、多くの洪水や土砂災害などで、住民の避難率は10％から、多い場合でも30％前後といった状況になっている。危険が迫っているのに避難しない背景には人間の心理的な問題があるといわれる。
　1998年（平成10年）の那須地方の豪雨災害では、関東の北部から東北の南部に大雨が降って、栃木県では那珂川の支流の余笹川などが氾濫し、死者・行方不明者は22人、浸水家屋は1万4,000棟以上にのぼる大きな被害がでた。
　この災害のあとで、東京大学の社会情報研究所が、避難しなかった住民に理由を調査したところ（複数回答）、「避難が必要

避難しなかった理由（複数回答）

理由	人数	割合
避難が必要なほど大きな災害ではないと思った	132名	60.6%
まさか自分の家まで危険な状態になるとは思わなかった	98名	45.0%
避難勧告・命令が出ているのを知らなかった	29名	13.3%
災害の状態がわからず避難の必要性に迷った	26名	11.9%
避難する方がかえって危険だと思った	11名	5.0%
停電のため暗かった	10名	4.6%
時間が夜中だった	7名	3.2%
家や財産が気になった	4名	1.8%
いざどなれば2階に逃げれば何とかなると思った	3名	1.4%
必要だと思ったが機会を避難の必要性に迷った	2名	0.9%
子ども、老人、病人がいて避難が大変だった	2名	0.9%
避難先や経路がわからなかった	1名	0.5%
家族が帰らずその帰りを待っていたため	1名	0.5%
体力に自信がなく、雨の中避難できなかった	1名	0.5%
その他	39名	17.9%
不明	5名	2.3%

N＝218

「平成10年8月那須集中豪雨災害における災害情報と住民の避難行動」
（東京大学社会情報研究所）

なほど大きな災害ではないと思った」が最も多くて60.6％、次いで「まさか自分の家まで危険な状態になるとは思わなかった」が45％となっている。

つまり、危険かもしれないときにも「自分は大丈夫だ」、「危険ではない」と思いたい心理的な働きがあることがわかる。これを、災害心理学などの専門家は「正常化の偏見」と呼んでいる。そういう心理があることが分かっている以上、そうした心理を乗り越えて避難が進むように、自治体は、情報の内容や出し方を考える必要がある。

洪水ハザードマップの大切さ

いざという時に避難を進めるために重要なのは、普段からの情報提供だ。中でも洪水ハザードマップをきちんと理解してもらうことが重要だ。自分の住んでいるところの危険性がわかっていないと、危険が迫った際にも逃げようという気にはならない。自分の住んでいる地域の河川が溢れたり、堤防が壊れたりしたら、どんな被害がでる恐れがあるかを、住民に正確に知ってもらう必要がある。

そのための手段が、河川が決壊した際、どこがどのくらいの深さまで水に浸かる恐れがあるかや避難場所、避難路を地図上に示した洪水ハザードマップだ。過去の水害では、ハザードマップを見ていた住民のほうが、見ていなかった住民より避難率が高いことがわかっている。

ただ、残念なことに全国に河川のある自治体は1,500余りあるが、洪水ハザードマップを作って住民に配っている自治体は3分の1ほどにとどまっている。

自治体は、洪水ハザードマップを作って住民に配布するとと

もに、雨のシーズンの前に繰り返し説明会を開くなどして、どこが低い土地で、万一洪水が起きるとどうなるかを正しく理解できるようにしておく必要がある。

こうした普段の取り組みがない中で、突然大雨が降って、避難勧告が出されたとしても、人は容易に避難できないからだ。

情報の共有も大切

ダムや堤防、下水道などの施設の限界について、全員が共通の理解をしておくことも欠かせない。私が取材した経験では、堤防に対する理解には、河川の管理者と住民の間には大きな隔たりがある。

堤防の決壊回数を10年ごとにグラフにすると、戦争直後で、まだ治水対策が不十分だった昭和20年代が最も多く、その後は堤防の整備が進んで減っていたが、最近になってまた増える傾向にある。

もともと堤防は、大きな弱点を抱えている。ほとんどの河川の堤防は、土を盛って作られ、一部をコンクリートなどで補強している。見た目にはがっしりしているが、堤防の中に水がしみこむと崩れやすくなってしまう。

堤防には「計画高水位」と呼ばれる設計上の最高水位があって、この水位までなら安全に水を流せるように造られているが、計画高水位を超えるような高い水位が続くと、堤防の土にあちこちから水が染み込み崩れやすくなってしまう。さらに、堤防のてっぺんを水が越えるようになると、溢れた水が川と反対側の土手を削るなどして、早ければ十数分であっという間に壊れてしまう。

そうした堤防の特徴を、河川を管理している人や専門家はよ

く知っているが、住民は知らない。住民と河川の管理者が河川の洪水対策について前提となる知識を共有しておかないと、いざという時の災害情報にこめた河川管理者や自治体の危機感は、住民には伝わらないということになってしまう。もちろん、情報を共有しておくことの重要性は堤防に限ったことではない。

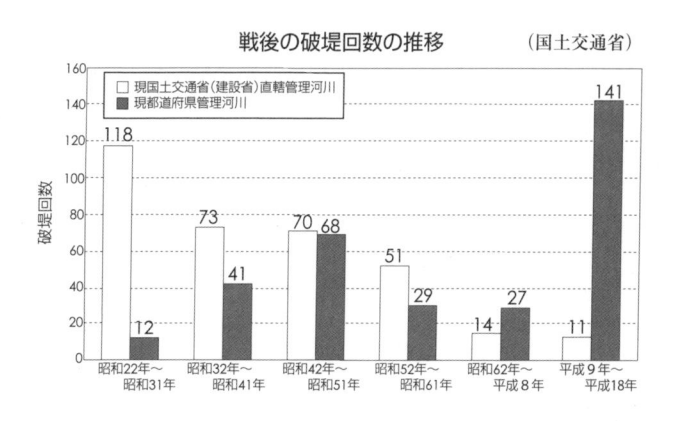

戦後の破堤回数の推移　　　（国土交通省）

期間	現国土交通省(建設省)直轄管理河川	現都道府県管理河川
昭和22年〜昭和31年	118	12
昭和32年〜昭和41年	73	41
昭和42年〜昭和51年	70	68
昭和52年〜昭和61年	51	29
昭和62年〜平成8年	14	27
平成9年〜平成18年	11	141

8　洪水対策には地球温暖化対策の観点も

大きくなる降水量の振幅

　地球温暖化の対策を視野に入れることも、長い眼で見ると重要な洪水対策だ。地球温暖化が進むと極端な気象現象が増えると言われる。集中豪雨や洪水だけでなく、渇水なども起きやすくなると、2008年（平成20年）6月にまとまった国土交通省の検討会の報告書が指摘している。

　この100年ほどの期間の日本の年間の降水量（主な51地点の

平均)の変化をみると、最近、降水量の振幅が大きくなっていることがわかる。猛烈な雨が降って雨量が極端に多い年や雨が極端に少ない年が増えていて、既に極端な気象現象の兆しが現われているようだ。

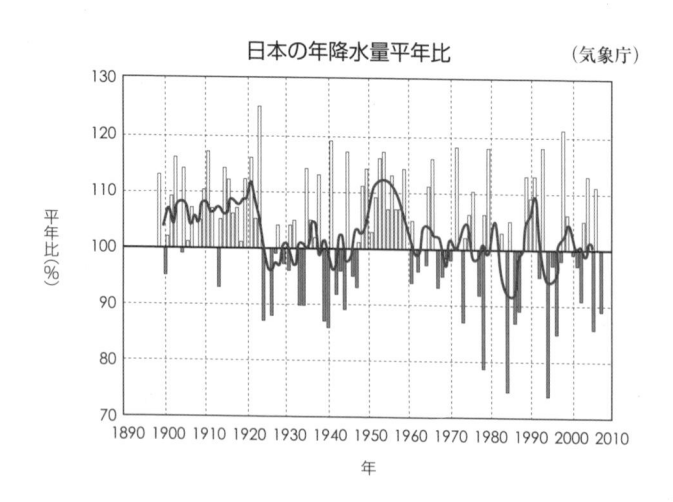

日本の年降水量平年比　　　　(気象庁)

　この降水量の変化が様々な問題を引き起こす。洪水を考えると、100年後になると降水量の多い年には、現在の1.3倍から1.5倍の降水量があるとみられる。現在、国内の多くの河川が100年に1度の規模の大雨が降っても溢れたりしないように堤防やダムを作っているが、降水量が増えると安全度が大きく下がってしまう。

　反対に降水量が極端に少ない年には渇水が深刻化し、飲み水が不足する。また、春の農業用水は雪どけ水に大きく頼っているが、積雪量が減ったり、雪どけの時期が早まったりして、農業用水の不足も予想される。

　さらに、台風など熱帯低気圧の勢力が強まるとみられる。過去

30年の世界の熱帯低気圧の強さ別の割合をみると、強い熱帯低気圧が増えていることがわかる。

過去30年のカテゴリー4、5の
熱帯低気圧の発生数及び割合
(IPCC)

	期　間 (年)			
	1975〜1989		1990〜2004	
	数	％	数	％
東太平洋	36	25	49	35
西太平洋	85	25	116	41
北大西洋	16	20	25	25
南西太平洋	10	12	22	28
北インド洋	1	8	7	25
南インド洋	23	18	50	34

海の水位が上昇する

地球温暖化が進むと海水が膨張したり山岳氷河が溶けたりして、海の水位が上昇し、高潮などの被害が起きやすくなる。その兆候は、すでに現れ始めていて、広島県の厳島神社の回廊が高潮などで海水に浸かった回数は最近増える傾向にあって、2006年には年間22回もあった。

このままだと100年後には、世界の海面水位は最大で59センチ高くなると、世界の科学者が予測している。これを日本にあてはめると、多くの都市が海の近くにあるので、例えば東京湾や大阪湾、それに伊勢湾の3大都市圏のいわゆるゼロメートル地帯が、現在はゼロメートル地帯でないところまで広がると予測されている。三大都市圏のゼロメートル地帯は、現在、合わせて577平方キロメートル、404万人が暮らしているが、100年後には、面積は879平方キロメートルに拡大し、人口も593万人に増えるという。

こうした事態に、どう対応したら良いだろうか。地球温暖化の影響とみられる洪水や干ばつなどの極端な気象現象が世界各地で毎年のように起き、世界の科学者が今後の予測を示した上で警告を発していることを、私たちは真摯に受け止める必要がある。そして、二酸化炭素などの温室効果ガスを減らすための

実効ある対策を進めると同時に、変わる気象現象や環境の変化に対応した防災対策も考えておかなくてはいけない。

厳島神社の回廊の浸水回数（国土交通省）

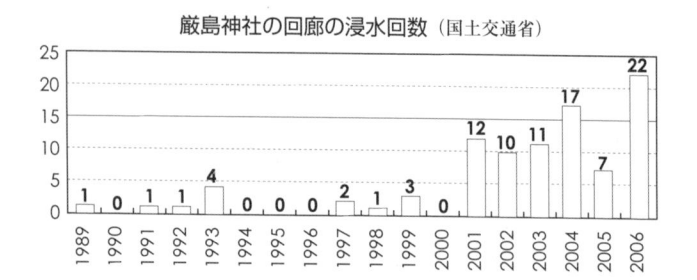

年	回数
1989	1
1990	0
1991	1
1992	1
1993	4
1994	0
1995	0
1996	0
1997	2
1998	1
1999	3
2000	0
2001	12
2002	10
2003	11
2004	17
2005	7
2006	22

3大都市圏のゼロメートル地帯の100年後の予測　（国土交通省）

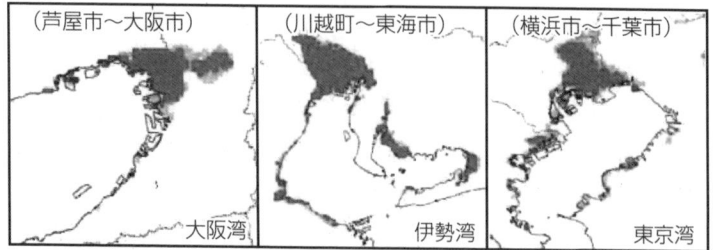

（芦屋市〜大阪市）大阪湾　（川越町〜東海市）伊勢湾　（横浜市〜千葉市）東京湾

高潮による水害リスクを有するエリアが拡大する

	現場	海面上昇後	倍率
面積（km²）	559	861	1.5
人口（万人）	388	576	1.5

9 求められる対策

施設の有効利用と土地利用の工夫

　国土交通省の社会資本整備審議会の河川分科会の「気候変動に適応した治水対策検討小委員会」が、2008年（平成20年）の

6月に答申をまとめている。

増大する降水量による、洪水や土砂災害の対策としていくつかの具体策を提案している。

1つには、現在あるダムなどの施設を補強して有効に利用することを求めている。例えば、大都市の上流に複数のダムがある場合、現在は飲み水や農業用水など使い道が決められているが、相互の連携を強めることで、雨が降りやすいところは雨の時期には空にするなど、柔軟に融通しあって調節機能を高めることができるとしている。

また、危険な場所に住宅や病院、学校、高齢者などの施設を作らないようにするといった土地利用や住まい方の工夫もある。実際に、伊勢湾台風で大きな被害を受けた名古屋市は、条例で土地利用規制をしていて、海沿いの第一種地域では、木造の一般住宅や病院、児童福祉施設などの建物を建てることができない。もし、居住用の建物を建てる場合は、木造以外で、1階の床を高さ4メートル以上にしなくてはいけないことになっている。

守るべきものを守る

「気候変動に適応した治水対策検討小委員会」の答申は、また、今後は、堤防の作り方にも知恵を働かせ、従来のように長い距離を連続して作るのではなく、住宅の周辺だけに堤防を作るなどの工夫も必要だとしている。

この取り組みは既に始まっていて、私が取材したのは、岩手県北部から青森県八戸市に流れる馬淵川だが、京都府の由良川や三重県の相野谷川などでも行われている。

一般に洪水対策というと堤防を作って氾濫を防ぎ、周辺の土

地を守ることを考える。例えば、河川のある箇所で洪水が起きた場合、そこに連続した堤防を作って次の洪水を防ごうとするわけだが、そうするとそこで溢れていた水が下流に流れていくことになり、今度は下流の堤防を強化する必要がでてくる。

このため、堤防を作る場合には下流から順番に進めていくのが原則になっているが、この原則にのっとっていると、中流や上流での対策はなかなか進まない。そこで、下流とは別に対策を進めようという新たな考え方がでてきた。

どんな工事かというと、まずは人命と住宅を守るために、集落だけを囲うような輪中堤を作ったり、住宅が少ない場合には宅地をかさ上げしたりする。一方、田畑については一定規模の堤防を作って洪水の頻度を減らすようにするが、何十年に一度といった大雨が降った場合は氾濫させ、下流の堤防を強化しなくてもいいようにしようという考え方だ。

そして、洪水や高潮などの情報をきめ細かく住民に伝え、早めの避難を進める。つまりは、地域の防災力によって防災を進めていこうということだ。

コラム "ゲリラ豪雨"に備える

"ゲリラ豪雨"とは何か

最近、各地で局地的に短時間の猛烈な雨が降ることがあり、"ゲリラ豪雨"と呼ばれることがある。2009年(平成21年)4月に日本災害情報学会の調査チームが詳しい報告書をまとめているが、2008年の夏の愛知県岡崎市の災害を通して、"ゲリラ豪雨"災害の特徴をみていこう。

2008年(平成20年)の8月28日、日本列島に沿って停滞した

前線に向かって、温かく湿った空気が流れ込んで大気の状態が不安定になっていた。愛知県岡崎市では午前中に雨が一時強まり、気象台は大雨洪水警報を発表したが、雨は午後にはおさまり、警報もいったん解除された。

ところが、日付けが29日に変わった深夜0時過ぎから猛烈な雨が降り出した。午前1時から2時までの1時間には146.5ミリという記録的な豪雨となり、激しい雨が降り始めてから1時間もたたない午前1時頃から市内各地で中小の河川があふれ始めた。

岡崎市は午前2時10分に、市内全域の14万6,000世帯に避難勧告を発表したが、定められた避難所に避難したのは30世帯、51人だった。

この雨による洪水で、平屋建ての住宅の中で76歳の女性が溺れて亡くなったほか、川沿いの住宅で独り暮らしをしていた80歳の女性が流されて亡くなっている。

愛知県岡崎市の1時間の雨量と総雨量（2008年8月28日〜29日）

（気象庁）

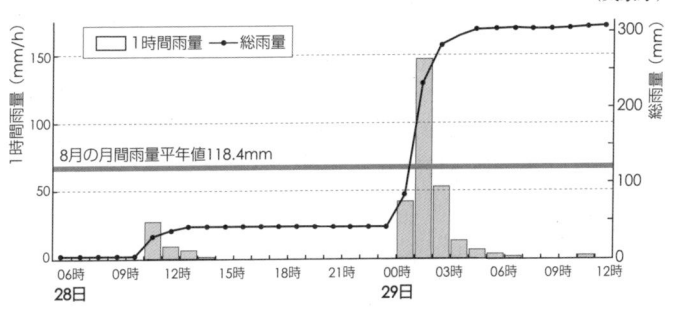

みえてきた"ゲリラ豪雨"の特徴

"ゲリラ豪雨"にはいくつか特徴がある。

1つは、雨の予測が難しいということだ。元気象庁の予報課長で、

現在は気象情報会社ハレックスの予報担当部長の市澤成介さんが、岡崎市の雨について詳しく分析したところ、１時間の雨量が100ミリ前後の猛烈な雨が降ったのは、市内の数キロの範囲に限られていることがわかった。気象庁によれば、これだけ狭い範囲で、急に、しかも短時間に降る雨を予測するのは現在の技術では難しいという。

　２つ目の特徴は、これまでの水害対策の対象とされてきた大きな河川ではなく、側溝やマンホールから水が溢れたり、町の中を流れる中小の河川が溢れたり、決壊したりして被害をだすことだ。

　岡崎市では、大雨で市内に被害がでることを想定した洪水のハザードマップを作って、避難所なども書き込み市民に配布していたが、それは一級河川である矢作川の洪水を対象にしたものだった。2008年（平成20年）の豪雨では、矢作川が溢れることはなかったが、町の中を流れる伊賀川や乙川、広田川といった中小の河川が決壊したり、溢れたりしたのだ。私も、災害後に取材に行き、幅７〜８メー

2008年8月28日〜29日の岡崎市の最大1時間雨量
（市澤成介元気象庁予報課長作成）

トルほどの伊賀川が溢れて死者まででたことに驚いた。

3つ目の特徴は、水位の上昇が極めて早かったことだ。日本災害情報学会の調査チームが住民に聞き取り調査したところ、激しい雨が降りだしたのは午前0時20分頃

岡崎市伊賀川の被災地
（2008年10月17日撮影）

で、その直後に浸水が始まっている。そして、40分ほど経った午前1時頃には地上から2メートルほどの床上にまで水がきて、午前2時過ぎには1階部分が水没するほどだったという。

"ゲリラ豪雨"ならではの対策

"ゲリラ豪雨"には今までの洪水対策とは違った対策が必要となる。

1つ目は、中小の河川では、観測結果からすぐに避難に結びつけるような仕組みが必要だということだ。岡崎市では、2009年度（平成21年）予算で、市内の10数箇所に、一定の水位になったら、すぐにその場のサイレンを鳴らす警報システムを設置することにしている。従来のように水位を観測し、今後の雨量予測をみながら、避難所を開け、避難を呼びかけるといった対応では、とても間に合わないからだ。

2つ目は、避難の考え方を変える必要があることだ。猛烈な雨が降る深夜に、10分も20分も歩いて避難所に行くことは、およそ現実的ではない。2階のある人は、2階へ。平屋建ての家に住む人は、隣近所の住宅やマンションなどの2階以上に避難するといった"ゲ

リラ豪雨"ならではの現実的な避難を進める必要がある。

　3つ目は、一人ひとりの心構えの問題だ。"ゲリラ豪雨"の洪水では、自治体から十分なゆとりをもって避難の呼びかけが出ることは難しくなる。雨の降り方や周囲の状況に注意して、自らの判断で高いところへ避難する必要があるし、地域で、平屋建ての住宅に一人暮らしや高齢者世帯が住んでいる場合には、あらかじめ自治会や自主防災組織などが、どう避難を支えるかを話しておく必要がある。

　"ゲリラ豪雨"災害は、いつどこで起きてもおかしくないとみられているが、特に中小河川の周囲に住宅が多い都市部は、田畑で洪水を受け止めることができないことから、被害が大きくなりやすい。

　"ゲリラ豪雨"災害を、従来とは対策が異なる新たな災害としてとらえ、自治体や地域で備えを進める必要がある。地域の防災の力が試される新しい課題といっていいと思う。

10 教訓を生かす

兵庫県豊岡市の教訓

　2004年（平成16年）10月下旬に日本列島を縦断した台風23号は、全国で100人近い死者・行方不明者をだして、平成の台風災害としては最悪の被害となった。

　この台風で、コウノトリの人工飼育で知られる兵庫県豊岡市は、市内を流れる円山川が決壊し、町が水浸しになる大きな被害がでた。

　この災害で、豊岡市は情報面で苦い経験をした。中貝宗治市長の言葉を借りれば『人はなかなか動かないことを痛感した』のである。

過去に例のないほどの大雨の中、豊岡市は雨や河川の状況をみながら、当時の市民の87％にあたる４万2,000人に対して、午後６時５分に避難勧告を、午後７時13分からは断続的に避難指示を発表した。円山川の堤防の決壊より、５時間も早い対応だった。

　にもかかわらず、指定の避難所に避難した市民は、最大時で約3,800人にとどまった。市が避難の対象とした市民の９％に過ぎなかった。

　避難が進まなかった要因はいくつかある。予想を上回るスピードで水位が上昇し、堤防が２箇所で決壊したことや、住民や市の防災意識が薄れていたことなどだ。

　さらには、情報伝達の問題もある。豊岡市は全世帯への防災行政無線の整備を進めていて、台風23号が襲ってきた時点で約85％に設置を終えていて、伝達手段の確保は進んでいたが、どのような内容の情報を、どのタイミングで、どのような表現で伝えればいいかには教訓が残った。災害後、豊岡市は『水害時における情報収集・伝達検討会』を作って告知文のあり方だけでなく、言葉遣いや読み方の抑揚や速さまで検討した。

伝える口調まで工夫をこらす

　そうした検討によって作り上げ、豊岡市が今後、避難勧告を発表する際に放送する告知文の雛形を紹介しよう。

『（サイレン）緊急放送、緊急放送、こちらは、豊岡市災害対策本部、○日、○時、○分放送。避難勧告発令、避難勧告発令。避難勧告の対象地区は、○地区の○、○、○、△地区の△、△、△です。指定の避難所に避難してください。避難所は、○、○、

○です。浸水のため、○付近、○付近は、人も車も通行できません。できるだけ近所の方にも声をかけ、複数で避難してください。
〈以下は繰り返しのときに加える〉
　○川○地点では、水位が○メートルとなり、氾濫の恐れがある危険水位を超え、あがり続けています。上流にはさらに雨が降り続いていることから、○時間以内に氾濫の恐れが強まっています。対象地区以外の方も、衣類、食べ物、水、懐中電灯などの避難の準備をしてください。周りの状況から判断し、早めの自主避難をお願いします。』

　この文章を、2004年（平成16年）の災害当日に、実際に放送した文章と比べてみよう。

　『こちらは豊岡市役所です。10月20日、午後＊時＊分の放送です。円山川本流の増水のため、豊岡排水機、八条排水機を停止せざるを得ない状況です。今後市街地の内水が高くなりますので、まだ避難されていない方は早急に避難してください。円山川の西側の避難所は＊＊です。』

　『こちらは豊岡市役所です。10月20日、午後8時35分の放送です。現在、円山川、出石川、奈佐川の各河川では、危険水位を大幅に超え、各所で堤防を越えて流れ込んでいます。今後も、内水は、急激に増水します。大変危険ですので、港地区と宮井地区を除く奈佐地区以外の方で、まだ避難されていない方は、直ちに避難していただき、安全を確保してください。』

　双方の文章を読み比べれば、災害後に新しく作られた告知文

の雛形の文章の緊迫感や切迫感は明らかだ。豊岡市の報告書は、こうした災害時の放送例文を状況に応じて使い分けられるように14種類も載せたほか、英語の例文も作っている。また、読み方についても1回目は抑揚をつけて早めにし、繰り返すときには冷静に話すようにと注意書きをしている。

まるごとまちごとハザードマップ

　豊岡市の取材で感心したのは、町で暮らす人たちに、雨が一気に集まる場所やどこが水につかりやすいかを普段からわかってもらうための「まるごとまちごとハザードマップ」という取り組みだった。

　町のなかのあちこちに、水害が起きた時にどこまで水がきたかを示す看板が立っていて、町を歩いているだけで、どこが低い土地で、どこが水につかりやすいかが実感できるようになっている。また、避難所となる建物には、避難所の看板も付けられている。多くの自治体が地図にしたハザードマップを配っているが、豊岡市では、町全体をハザードマップにしたのだ。

　この試みは、豊岡市のほか東京都北区や大分市などでも行わ

豊岡市内にある看板

れていて、2008年（平成20年）6月で全国の36市区町村に及んでいる。

地域の力で防災を進める

　冒頭に述べたように、気象庁や河川管理者が出す洪水の情報が変わった。情報によってどう行動するかの目安も示されているのだから、これを防災に生かさなくてはいけない。

　洪水の被害を減らすために、自治体はもとより、住民も情報の中身や変化を知っている必要がある。行政には普段からハザードマップなどできちんと危険を知ってもらう情報を出すことから始まり、洪水の危険が迫った時には必要な情報がきちんと届くように、情報の内容やタイミングをチェックし、様々な伝達手段を用意することまで、常に正確な洪水情報を伝える努力が求められている。

　一方で、住民も堤防があるから大丈夫とか、今までの洪水では被害がなかったから大丈夫といった都合の良いことを考えて、情報を無視したり、遠ざけたりするのでなく、自分の生命は自分で守るという意識を強く持つ必要がある。

　行政にとっても、住民にとってもこれまでの常識に縛られず、様々な地域の力を結集して洪水の被害を減らすために行動する時代がやってきているのである。

第2章-2

地震の被害を防ぐ

1 地震の防災対策

可能になった地震の直前情報

　大地のエネルギーが一気に解放される地震は、発生を人の力で防ぐことはできない。また研究が進むにつれて、地震の発生には様々なパターンがあることがわかってきたり、発生する場所が海域である場合には詳細な観測が難しいなどといった事情もあって、地震の直前予知の困難さがはっきりしてきた。

　さらに海域で地震が起こった場合に発生する津波も、巨大なエネルギーを持っているために、常に堤防や水門などの施設で被害を完全に防ぐことはできない。

　だからといって科学は地震や津波に対して無力かというと、そうではない。

　最近では、地震の発生をいち早くとらえ、大きな揺れが来る前に情報を伝えて備えてもらおうという「緊急地震速報」や海で起きた地震の発生をいち早くとらえて、過去の津波のデータなどから津波の大きさや到達時刻を解析して、沿岸ごとに警戒を呼びかける「津波警報」が発表されている。

　そうした情報を生かし地域の力を結集することで、地震や津波の被害を少しでも減らそうという取り組みが全国で進められている。

　これから地震について、「どのような情報が出されるように

なり、それをどう生かすと良いか」「地域の力を結集して地震や津波の被害をどう防ぐか」という視点から考えていきたい。

2 2007年、緊急地震速報始まる

1年で8回出された緊急地震速報

地震の大きな揺れが来る直前に「まもなく揺れがきます」と知らせる、気象庁の緊急地震速報が一般に発表されるようになったのは、2007年（平成19年）10月のことだ。

それから2008年9月までの1年間に、緊急地震速報は6つの地震で8回発表され、テレビやラジオで伝えられた。

緊急地震速報（2007年10月1日〜2008年9月30日）

1回目　4月28日　宮古島近海の地震（M5.2）
2回目　5月8日　茨城県沖の地震（M7.0）
3回目　6月14日　岩手・宮城内陸地震（M7.2）
4回目　　　　　　　　　最大余震（M5.7）
5回目　　　　　　　　　　余震（M5.2）
6回目　7月8日　沖縄本島近海の地震（M6.1）
7回目　7月24日　岩手県沿岸北部の地震（M6.8）
8回目　9月11日　十勝沖の地震（M7.1）

この中で、多くの人が緊急地震速報に接したのは2008年（平成20年）の岩手・宮城内陸地震の時だ。地震が起きたのが6月14日（土）の午前8時43分頃で、朝のテレビを見ていて緊急地震速報に接した人が多かった。

震源近くで震度6強の猛烈な揺れを観測した岩手県奥州市や宮城県栗原市では間に合わなかったが、震度5強の仙台市では15秒ほど前、震度4の秋田市や福島市では20秒から30秒ほど

前に速報が伝えられた。

岩手・宮城内陸地震の時の緊急地震速報（気象庁）

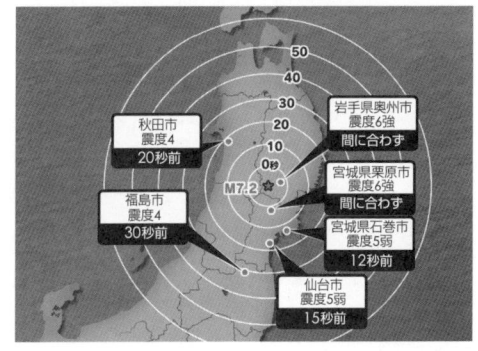

わずか15秒や20秒ほど前に情報が出て、どれほどの効果があるかと思われるかもしれないが、わかっているだけでも山形県鶴岡市の小型モーターの製造会社では館内放送で注意が呼びかけられ、高さ３メートルの脚立の上で作業をしていた人が脚立から降りて揺れに備えた。また秋田市の家庭では、ケーブルテレビの放送で知った母親が火の元を確認したうえ、小学校６年生の子どもと父親に声をかけ、３人でテーブルの下に隠れた。さらに福島県伊達市の保育園では、子供番組のテレビで知った保育士が部屋にいた園児を１箇所に集めて揺れに備えた。

もし、そうした備えがなかったら、ケガ人などが出ていた可能性があるし、これ以外にも心構えをしたために被害を防いだ例はあったに違いない。

情報は役に立っていた

この地震の後、東京の調査会社である「サーベイリサーチセンター」が仙台、盛岡、福島の３つの市の約700人に調査を行った。

それによると、「緊急地震速報の名前も内容も知っていた」人は60％、「名前は聞いたことがあるが、内容を詳しく知らなかった」が37％で、多くの人が緊急地震速報を知っているこ

とがわかった。

　また、全体の39％が速報を見たり聞いたりしたと答えているが、それらの人に「速報が役立ったかどうか」を聞くと、「非常に役立った」14％、「まあ役立った」41％で、合わせて55％の人が「役立った」と答え、「あまり役立たなかった」「まったく役立たなかった」という人を合わせた数値を10ポイント上回った。

　さらに、速報を受けてどう行動したかを複数回答で聞いたところ「家族や周りの人に地震が来ることを知らせた」が14％、「子どもやお年寄りなどを保護した」が12％、「安全な場所に隠れたり、身を守ったりした」が9％などと多くの人が安全のために行動をとった一方で、「何もしなかった、あるいは何もできなかった」が9％という結果になった。

速報を見聞きしたあとの行動 （サーベイリサーチセンター）

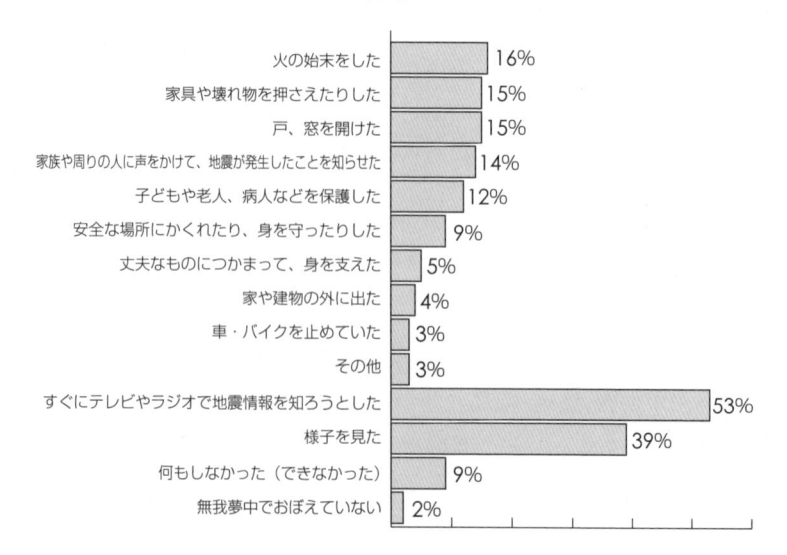

行動	割合
火の始末をした	16%
家具や壊れ物を押さえたりした	15%
戸、窓を開けた	15%
家族や周りの人に声をかけて、地震が発生したことを知らせた	14%
子どもや老人、病人などを保護した	12%
安全な場所にかくれたり、身を守ったりした	9%
丈夫なものにつかまって、身を支えた	5%
家や建物の外に出た	4%
車・バイクを止めていた	3%
その他	3%
すぐにテレビやラジオで地震情報を知ろうとした	53%
様子を見た	39%
何もしなかった（できなかった）	9%
無我夢中でおぼえていない	2%

この調査結果をみると、緊急地震速報は上手に使えば防災に役立つと言っていいと思う。

知っていると情報は生かせる

緊急地震速報の活用の可能性を考える上で、もう1つの地震の対応を取り上げておきたい。

2007年（平成19年）7月に起きた新潟県中越沖地震でも、先行して利用していたところに緊急地震速報が伝えられた。

震源近くで震度6強の激しい揺れに襲われた新潟県柏崎市や刈羽村では情報が間に合わなかったが、同じ震度6強でも少し離れた長野県飯綱町では20秒前、震度4の松本市や上田市では20秒から30秒前、震度3の東京でも40秒から50秒ほど前に情報が伝えられた。

この時の東京都足立区の小学校の子どもたちの動きが参考になる。この小学校では、緊急地震速報を聞いたら「教室にいれば机の下に潜る」「体育館や校庭にいれば、中央に集まって座る」というように、日頃から子どもたちに「どこにいたらどういう行動をするか」を指導していた。中越沖地震が起きたのは土曜日で、たまたま体育館で地域の行事が行われていて、子どもと保護者など合わせて300人ほどがいた。緊急地震速報を聞いて、150人ほどの子どもは素早く体育館の中央に集まって座ったが、大人は「何だろう」といぶかりながら、それでも子どもと一緒になって座った。その後に地震の揺れがきて、大人たちは「これは利用価値がある」と話したという。この事例をみると、緊急地震速報を生かすためには、事前に心の準備ができていることが重要だということがよくわかる。

さらに東京では、東急や東武などの私鉄で無線を通じて運転

手に指示が届き、列車のスピードを落としたり、停止したりといった措置がとられた。こうした鉄道への利用は、JR東日本が、2007年（平成19年）の12月1日から首都圏の在来線でも始めるなど、全国の多くの鉄道会社が取り入れはじめている。

また東京のホテルでは、エレベーターが最寄りの階に自動停止して開き、閉じ込め事故を防止できることがわかった。

こうした結果をみても、緊急地震速報を上手に利用することができれば、大きな効果が期待できるといっていいと思う。

3 速報が威力を発揮する地震とは

海の地震で威力を発揮する

緊急地震速報が、大きな威力を発揮したのが2008年（平成20年）9月の十勝沖の地震だった。

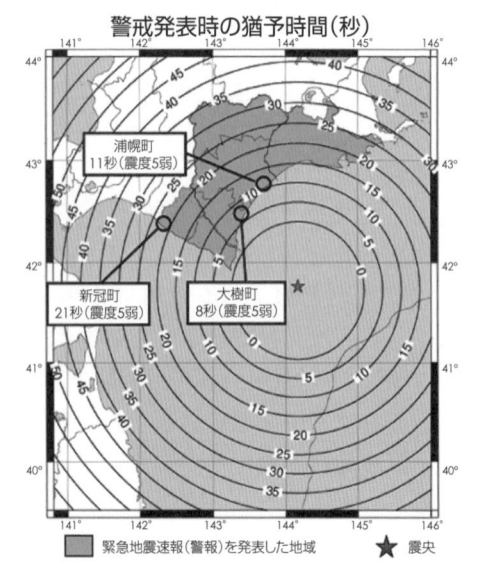

この地震は震源が海にあって陸から遠かったことから、揺れが大きいとされたすべての地域に速報が間に合った。震度5弱を観測した北海道の新冠町や新ひだか町など4つの町で

十勝沖の地震の時の緊急地震速報（気象庁）

10秒から20秒ほどの猶予があった。緊急地震速報が、対象となったすべての地域に間に合ったのは初めてのことだった。

速報が間に合わなかった地震

　緊急地震速報が揺れに間に合わなかったケースもあった。

　緊急地震速報は、震度が5弱以上になりそうだと予測された場合に一般に発表されるが、この計算に時間がかかったからだ。

　震度を予測する計算は何回も実施することになっているが、2008年（平成20年）5月の茨城県沖の地震では、最大震度が5弱以上という予測が出るまでに9回の計算が行われ1分近くかかった。NHKなどでは既に地震速報を始めていたから、緊急地震速報が伝えられた時には再び地震が起きたようにみえた。気象庁は「茨城県沖の地震は地震波が徐々に大きくなることがあり、予測が難しかった」と話している。

　また、2008年（平成20年）7月の岩手県沿岸北部の地震も速報の発表までに21秒もかかり、岩手県や青森県で大きな揺れを観測した地域に間に合わなかった。気象庁は、「この地震は震源の深さが120キロメートルと深かったことから、浅い地震に比べて解析までに時間がかかった」と説明している。

　これらのケースからは緊急地震速報の技術的な課題がみえたといえるわけで、気象庁はさらに予測の精度を高めて欲しいと思う。

4 緊急地震速報の仕組みと特徴

緊急地震速報の仕組み

　緊急地震速報の仕組みを簡単に紹介しておこう。

　地震が起きると速度が違う2つの揺れの波がでる。1つはP波で、スピードが速いものの揺れは小さいという特徴がある。もう1つは、後からくるS波で、スピードは遅いものの大きな揺れがある。地震の被害をもたらすのは、この後からくるS波の揺れのほうなのだ。

　そこで地震の発生後に、なるべく早くP波をとらえ、S波がやってくる前に情報をだして備えようというのが緊急地震速報だ。

　つまり、緊急地震速報は、揺れがくる前に出る情報ではあるのだが、地震が実際に起きた後に出る情報なのだ。その意味で、いわゆる地震予知とは違っている。現在の科学では地震の直前予知は困難で、今後30年とか50年といった長期的な発生を予測するのが精一杯という状況だ。

緊急地震速報の仕組み　　　　　（気象庁）

この仕組みからわかるように、緊急地震速報には情報としていくつかの限界がある。

震源から近いと間に合わない

岩手・宮城内陸地震や新潟県中越沖地震で、震源近くで利用できなかったように、直下型地震の震源近くでは情報が間に合わない。それは、震源に近いとP波とS波がほぼ同時に届いてしまうからだ。震源からのおよその距離が60キロメートル以上ある地点でないと情報を生かすことができない。これが緊急地震速報の最も大きな弱点で、地震で最も強い揺れに見舞われ、大きな被害が心配されるところで役立たないことになる。

一方、この情報の活用で大きな期待が寄せられているのは、震源が陸地から遠い海の中で起きる東海地震や南海地震などの巨大地震だ。

実験の段階だったが、2005年（平成17年）8月に起きた宮城県沖の地震のときには、仙台では揺れが襲ってくる13秒前、宮城県川崎町で18秒前に情報がでた。

また、想定される東海地震では、静岡市に激しい揺れがくるまでには17秒、東京だと47秒ほどの時間がかかるとみられているし、南海地震で大阪市に大きな揺れがくるまでには35秒ほどかかるとみられている。数字でみるとわずかな時間だが、実際に時計の秒針で計ってみると思ったよりは長いことがわかると思う。とっさの場合に、この時間的な余裕は大きい。大きな揺れがくる前に防災のためのなんらかの行動をとることができそうだ。

速報には誤差がつきまとう

緊急地震速報の2つ目の課題としては、どうしても予測に誤差がでてしまうことがある。

気象庁が、実験の段階での2年間の誤差をまとめている。2004年（平成16年）2月からの2年間に、震度5弱以上と予測された地震は14回起きたが、予測と観測された実際の揺れには、右の表のような誤差があった。

最大観測震度

4	4回
5弱	6回
5強	2回
6弱	1回
6強	0回
7	1回

震度5弱以上と予測したにも関わらず、震度4が4回、5弱が6回、5強が2回、6弱が1回、7が1回である。つまり予測震度と比較して、実際の震度が1ランク違うことはよく起き、2ランク違うことも時々あるという結果だ。

3つ目は利用上の注意点だが、緊急地震速報が出てから実際に揺れがくるまでには、そう時間的な余裕があるわけではないことだ。地震が起きた場所からの距離によって違うが、余裕は数秒から十数秒しかない。

コラム　緊急地震速報までの長い道のり

揺れの前に情報を

地震の揺れの前の情報を、国を上げて防災に生かそうと取り組みはじめたのは、日本が世界で初めてのことだが、こうした情報を防災に生かせないかという考えは前からあった。

緊急地震速報につながる最初のアイデアがアメリカで示されたのは、日本では明治維新の年にあたる1868年（明治元年）のことだ。大きな揺れのほうが遅くやってくることを踏まえて、震源での揺れを遠くまで電信で伝えたらどうかというアイデアだった。

　また日本では1972年（昭和47年）に海底地震計で揺れをとらえ、都市が揺れる前に情報を出す「10秒前大地震警報システム」が提案された。

　さらに気象庁の気象審議会が、1994年（平成6年）に「気象庁は、即時的な情報の提供及び活用のあり方について検討する必要がある」という答申をし、阪神・淡路大震災の翌年である1966年（平成8年）から本格的な調査を開始している。

　こうした情報の実用化に向けて、日本で最初に取り組みをはじめたのは旧国鉄、現在のJRの技術者たちだった。

国鉄の技術者たちの試み

　1964年（昭和39年）、時速200キロメートルのスピードで走る東海道新幹線が開業した。東海道新幹線は心配される東海地震の危険地帯を走っていて、万一猛スピードで走っている時に大きな地震が襲ってくると、脱線するなどして大きな被害がでかねない。そこで、揺れる前に少しでも速度を落として被害を減らそうと考えたわけだ。

　1992年（平成4年）の「のぞみ」の導入に合わせて、「ユレダス」と呼ばれる早期警戒システムが導入された。「ユレダス」は、新幹線の沿線に設置した地震計がP波を検

東海道新幹線

知し、その後にやってくるS波の揺れが一定以上の大きさだと推定した場合、新幹線への送電をストップし激しい揺れの前にスピードを落とそうという狙いがある。

その後改良が重ねられ、現在では、山陽新幹線や東北新幹線などの新幹線でもこうしたシステムが導入されている。

メキシコで実用化されたSAS

また海外では、メキシコが首都を守るために、1991年（平成3年）から「SAS」と呼ばれる早期地震警報システムを運用している。

メキシコは日本と同じように地震の多い国だが、1985年（昭和60年）の「メキシコ地震」では、首都のメキシコ市を中心に1万人が犠牲になる大きな被害がでた。この地震の震源はメキシコ市から300キロメートルも離れた太平洋岸だった。過去のメキシコの大きな地震のほとんどが太平洋岸で起きている。太平洋側の揺れがメキシコ市に到達するまでには約1分の時間がかかることから、メキシコ政府は太平洋岸に12箇所の観測所を設け、揺れを感知した場合、瞬時にメキシコ市に情報が届くシステムを作った。マグニチュード6以上の大きな地震が起きた場合には、学校など市内200箇所のスピーカーや主要な交通機関に警報が伝えられる仕組みになっている。

何回か誤作動が相次ぎシステムの信用が問われる事態もあったというが、メキシコ政府はセンサーの精度を高めるとともに誤作動を防ぐために、2つ以上のセンサーが感知しないと警報がでないようにするなどの改良を続けた。

そして1995年（平成7年）にマグニチュード7.3の地震が発生した際には、警報が出てから揺れるまでの間におよそ400万人の市民が避難し、死者は1人もでなかった。この地震によって、メキシコ市民は「SAS」の有効性を実感したといわれている。

こうした先行例はあるものの、2007年（平成19年）10月に始まっ

> た緊急地震速報は、アメリカでの最初の提案からだと140年、日本の提案からでも35年かかって国として本格的な運用にこぎつけたことになる。

5 夢を可能にした観測技術と解析技術の進歩

技術の進歩が生み出す新しい情報

　技術の進歩が、それまでできなかったことを可能にしてきたことは様々あった。たとえば、NHKが2003年（平成15年）12月の地上デジタル放送の開始とともに始めた「お知らせ雨です」という情報は、自宅の周辺などで、ごく細かい雨が降り出したことをテレビが教えてくれるシステムだ。

　地上デジタル放送のテレビに郵便番号を入力すると、気象庁が雨量などを観測するために全国の1,300箇所に設置しているアメダスポイントのうち、最も近い場所のデータを自動的にキャッチし、1ミリ以上の雨が降るとテレビの画面に文字が表示される。しかも、情報は10分刻みで更新される。

　放送が始まった当初、NHKには「どうしてこんな情報がだせるのか？」といった声が寄せられたが、その後「便利な情報だ」ということが理解されるようになった。

　緊急地震速報でも地震計の技術の進歩の効果が大きい。速報で使われている新しい地震計は、その場でデータを解析し、その結果を送ってくる。それまでの地震計はデータをそのまま気象庁に送ってきて気象庁で解析していたが、新しい地震計は、それをまず現場で処理してから送ってくるわけだから、処理が一段と早くできるようになった。こうした観測機器や解析技術

の進歩による地震情報の処理の迅速化が、緊急地震速報の実用化を可能にしたといっていい。

緊急地震速報の実用化に向けた気象庁の検討会の座長をつとめた東京大学の阿部勝征名誉教授（地震予知総合研究振興会・地震調査研究センター所長）は、2009年（平成19年）10月1日に気象庁で行われた、緊急地震速報の開始式で、こうした情報が実際に出せるようになったことについて「これまでを振り返ると感無量だ」と述べるとともに「気象庁は、今後もシステムの改善をはかっていく必要がある」と注文をつけた。

6 緊急地震速報を防災に生かす

情報を機械などの運用に活用する

緊急地震速報の活用で、まず期待できるのが機械などの運用に利用することだ。

このタイプの利用は既に広がっている。東京の小田急電鉄では気象庁の緊急地震速報を列車の運輸指令所のコンピューターが受信し、沿線で震度5弱以上の揺れが予測された場合には、自動的にすべての列車の運転手に緊急停止を指示する信号が送られることになっている。信号を受けた運転手は手動でブレーキをかけるが、時速100キロメートルの列車を30秒ほどで止めることができるという。

小田急電鉄は、路線の3分の1が東海地震対策の強化地域の中を走っている。想定される東海地震が起きた場合、激しい揺れがくるまでに東京だと47秒ほどかかるとみられていて、このシステムによって「相当程度列車のスピードを抑えることができそうだ」と話している。

同じようなシステムの導入は、JR東日本の首都圏の在来線でも始まっている。JR東日本は新幹線の沿線に独自に地震計を設置して、地震の際に新幹線を緊急停止させるシステムを運用しているが、この新幹線のシステムと気象庁の緊急地震速報の2つのデータを組み合わせて、震源の位置と地震の大きさを推定し、首都圏で大きな揺れになりそうな地域の列車の運転手に無線で情報を伝え、緊急停止させようというものだ。

　このほか全国の多くの私鉄や地下鉄、JRでも利用が始まっているほか、工場や建設現場などで自動的に生産ラインを止めたり、危険な作業を中止したりする利用も始まっている。しかし、これまでみてきたように制約の多い情報を、どのように伝え、どんなふうに受け止めてもらえばいいだろうか。これを考えるヒントになる実験を紹介する。

　実験は、東京都立川市の総合病院・国立病院機構災害医療センターで行われた。

　揺れが来る10秒前に緊急地震速報が出されたという想定で、「地震が来ます。揺れに備えてください」という館内放送が流された。これは、事前に館内には知らせない抜き打ちの実験だった。

　放送を聞いてどんな行動をとったかをみると（複数回答）、緊急地震速報について知識があった人が多い職員は「身構えた。しゃがみこんでじっとしていた」が37％、「安全と思われる場所に移動した」が36％となって、多くの人が身の安全を守る行動をとっていた。

　ところが、緊急地震速報についてよく知らない人が多い一般の外来患者などは「身構えた。しゃがみこんでじっとしていた」は2％、「安全と思われる場所へ移動した」が9％しかなかった。逆に「どうしたらいいかわからなかった」は40％もあった。

　つまり、緊急地震速報は、事前にそれがどんな情報で、どう

対処したらいいかなどの知識を持っていないと、とっさの行動はとりにくいということがわかる。

情報は十分に知られていない

様々な周知の努力にも関わらず、残念ながらこの情報の中身を正確に理解している人は、まだ少ないように思う。緊急地震速報が一般に発表される直前の2007年（平成19年）9月に、気象庁が行ったアンケート調査では、緊急地震速報を知っている人は61％だったが、中身を正確に知っている人は50％ほどだった。

冒頭で紹介した岩手・宮城内陸地震後の仙台、盛岡、福島の3つの市の住民へのアンケート調査でも、緊急地震速報の名称と中身の両方を知っていると答えた人は全体の60％にとどまっている。

気象庁や国、それに消防などの防災機関は、緊急地震速報の周知徹底を急がなくてはいけない。

7 緊急地震速報を聞いたら

まずは身の安全を確保すること

緊急地震速報を聞いたら、どうしたらいいのだろうか。

家庭にいる場合は頭を保護して家具やガラスなどから離れて、机の下などに隠れることだ。屋外では、ブロック塀や看板など倒れたり、落ちてきたりする危険のあるものから離れて身を守る。また、山やがけ付近では落石やがけ崩れに注意する必要がある。

緊急地震速報利用の心得　　　　　　　　（気象庁）

緊急地震速報 利用の心得　ふだんから、家屋の耐震化や家具の固定など、地震に備えましょう！

まわりの人にも声をかけながら
あわてず、まず身の安全を!!

地震の揺れを感じたら…（緊急地震速報がなくても）
緊急地震速報を見聞きしたら…（地震の揺れを感じなくても）

緊急地震速報を見聞きしてから強い揺れがくるまでの時間は 数秒から数十秒 しかありません

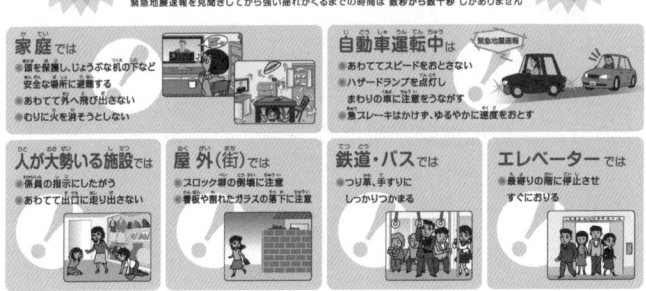

家庭では
- 頭を保護し、じょうぶな机の下など安全な場所に避難する
- あわてて外へ飛び出さない
- むりに火を消そうとしない

自動車運転中は
- あわててスピードをおとさない
- ハザードランプを点灯し
- まわりの車に注意をうながす
- 急ブレーキはかけず、ゆるやかに速度をおとす

人が大勢いる施設では
- 係員の指示にしたがう
- あわてて出口に走り出さない

屋外（街）では
- ブロック塀の倒壊に注意
- 看板や割れたガラスの落下に注意

鉄道・バスでは
- つり革、手すりにしっかりつかまる

エレベーターでは
- 最寄りの階に停止させすぐにおりる

周囲の状況により具体的な行動は異なります。日頃からいざというときの行動を考えておきましょう

　人が大勢いるデパートや劇場などでは、まずは従業員の指示に従うが、指示がない場合には、落ちてきたり崩れてきたりしそうなものから離れて、頭などを保護して身構える。さらに、自動車を運転中の場合は、周囲の車が情報を聞いていない場合を考えてハザードランプをつけて周りに注意を促してから、ゆっくり速度を落とすといった対応になる。

　場所によって対応が違うことで迷うかもしれないが、別に新しい対応を求めているわけではない。対応の基本は、どこで情報を聞いても『落ち着いて、身の安全を確保する』ことだ。しかも、それぞれのケースごとの行動を考えていくと、地震がいきなり起きたときと同じ行動をとればいいということに気がつく。つまり、いきなり揺れたときの行動を揺れる前から余裕をもってとることができるというのが、緊急地震速報の上手な生かし方ということになる。

地域の防災力を高めること

 こうしたとっさの対応をわきまえることとは別に、緊急地震速報を本当に生かすために大切なのは、地域の防災力を高めておくことだ。社会全体を地震に強くしておくことが、緊急地震速報を生かす一番の近道なのだ。

 例えば、住宅の耐震化を考えてみよう。国土交通省によると、現在、全国には4,700万戸の住宅があるが、4軒に1軒に当たる1,150万戸は耐震性が不足しているとみられる。

 特に、都市の住宅密集地などでは、耐震化がほとんど進んでいないところもあって、このままのペースだと、住宅が建て替えられるのを待つことになり耐震性が概ね確保されるまでに20年以上かかってしまう。

 国は2005年(平成17年)に「住宅の耐震化率を今後10年で90％に引き上げる」という目標を立てるとともに、耐震診断をした場合の費用の2分の1から3分の1程度を国が補助したり、耐震改修の費用についても補助する地域を拡大したりしている。

 しかし目標の達成のためには、制度を作っただけでは十分ではない。住宅の耐震化を進めるためにも地域の力が重要なのだ。それを示す実例が既にある。東京都墨田区や神奈川県平塚市などの取り組みを紹介しよう。

東京都墨田区の取り組み

 墨田区が住宅の耐震化の対策に取り組むようになったきっかけは、東京都が2002年(平成14年)に発表した「地域危険度」の調査で、墨田区京島地区が建物の倒壊危険度で、東京都の

5,000余りの町丁目の中でワースト1位になったことだった。

墨田区は典型的な下町で、太平洋戦争の空襲被害が少なかったことから、細い路地沿いに、築70年～80年の古い木造住宅や長屋の密集地が数多く残されている。

このため墨田区では、阪神・淡路大震災の年に古い住宅の耐震診断を助成する制度を作った。ところが、2004年度（平成16年度）までの耐震診断の実績は、多い年で4件、少ない年には1件もなかった。結果として10年間で22件と、ほとんど進まなかった。

しかし、墨田区のすべての住宅の4分の3にあたる2万2,000軒余りが、現在の耐震基準を満たしていないとみられている。そこで墨田区が実施したのは、地域の実情に合った現実的な対策だった。

墨田区の現実的な取り組み

2006年（平成18年）4月に補強工事が行われた墨田区の住宅は、従来の行政対応では補助を受けることができなかった。この住宅は、築70年になる木造の平屋建てで、70歳代の女性が一人で暮らしている。国が求める耐震基準は、震度6強でも壊れない「強度1.0」以上にすることだが、この住宅の診断結果は、基準の半分以下の0.48で、震度5強でも壊れる恐れがあり、基準を満たすには、基礎や屋根など300万円以上の補強工事が必要となる。

しかし、それだけ多額の工事をするのは難しいことから、現実的な対応として、庭に向かった側の壁の2箇所に筋交いを入れ、廊下の両側にスチール製のワイヤーをかけた。これによって強度は0.57まで上がった。完璧な補強ではないにせよ、住ん

でいる人が普段暮らす部屋が完全に壊れるのを防ぐことができたうえに、外に逃げるための避難路が確保されたことになる。

この住宅に住む女性は「地元の工務店の人に進められ、すべてを任せる気持ちで工事をした」と話していた。

かかった費用は76万円。このうち30万円を墨田区が補助した。従来の行政にはなかった現実的な対応といえる。

耐震補強した住宅

対策を支えた墨田区の条例

こうした部分的な補強ができたのは、2006年（平成18年）1月、墨田区がスタートさせた行政としては一歩踏み込んだ条例があったからだ。

墨田区の条例には、大きな特徴がいくつかある。

1つは、国の基準の「強度1.0」に満たない補強にも補助金を出すことだ。普段暮らしている部屋や寝る部屋だけでも補強して、いざという時の犠牲者をなくしたいという狙いだ。高齢者などは、最大で30万円の補助が受けられる。耐震基準を満たしていないのは昔建てられた古い住宅が中心だが、そうした古い住宅には高齢者が暮らしていることが多い。そうした年金暮らしの高齢者でも、手が届く補強を進めようというものだ。

2つ目の特徴は、住宅の持ち主の許可があれば、借家暮らしの人にも補助を出すことだ。これも、当時は全国的にあまり例

がない取り組みだった。墨田区には、長屋のようになった建物に戦前からの借家暮らしの人が数多くいて、地区によっては住民の30％〜40％が借家暮らしだという。これも、地域の実情にあった対策となっている。

3つ目は、耐震化の相談から工事までを支援することだ。耐震化の「無料相談」、「診断費用の助成」、「改修計画作成費の助成」、「工事費の助成」と住民を後押しする姿勢を明確にしている。

コラム 墨田区のモデルハウスの公開

耐震補強のモデルハウス

墨田区では行政の支援を受けて、住民の動きも活発になった。その1つに、2007年（平成19年）2月に試みられた耐震のモデルハウスの公開があった。

モデルハウスは、墨田区京島地区の商店街に作られた。この商店街は、幅5メートルほどの道沿いに、間口2〜3メートルの商店が並んでいるが、モデルハウスは築70年の建物を借りて作られた。

入り口部分に取り付けられていたのは、門のような形をした木製の「フレーム補強」で、この補強は開口部が大きく、壁を作れない場所の補強に適していて、予算は約40万円、工事期間10日間ほどだという。この補強をして地震で入り口が潰れなければ、揺れが収まった後に外へ逃げ出すことができる。

また、モデルハウスの中には、最も一般的な補強方法である壁の「筋交い補強」が展示されていた。予算は7万円、工事期間は3日間ほどだという。このほか、金物を使った壁の補強方法など、合わせて5種類の補強方法が紹介されていた。

これを作ったのは、地元住民と墨田区で作っている「京島まちづくり協議会」という組織だが、協議会では興味深いアンケート調査をしている。

耐震補強についての要望

　墨田区の「京島まちづくり協議会」では、2006年（平成18年）の8月に、京島地区の全3,000世帯に耐震補強について調査をした。

　住宅を持っている人に耐震補強の予算はいくらくらいが適当かを聞くと「100万円まで」という答えが全体の80％余りあった。

　また、工事期間については「7日以内」が80％を超えた。

　さらに「耐震補強」をしない理由を聞くと「費用がわからない」「工事方法がわからない」「工務店がわからない」といった答えが返ってきた。

　そこで「工事方法が簡単」で「費用が安く」「工事に時間がかからない」補強方法を紹介するモデルハウスを作ろうという話になったのだ。

　展示されている工事は、いずれも「まちづくり協議会」のメンバーの大工さんや左官屋さんが作ったもので、もし実際に自宅を補強したかった場合には地元で請け負うことができるのも特徴だ。

　このモデルハウスは、当初は、翌月の3月一杯で終了するはずだったが、好評だったことから2007年（平成19年）6月まで公開が延長された。

　さらに協議会には、会員になっている大工さんや金属加工屋さんたちが作った、手作りの起震台まであった。

　大きさは縦2メートル、横1.5メートル、高さ2.4メートル、1馬力のモーターで動く。これを使って、台の上に簡単な建物の骨組みを載せ、筋交いを入れた際の効果もみることができた。

　こうした様子を見ると、行政の後押しを受けながら地区の人たち

が創意工夫をして、楽しみながら耐震化を進めているのがわかる。こうした街ではきっと住宅耐震化の取り組みが、地域に根付き長続きすると期待できる気がする。

8 緊急地震速報を聞いたら（続き）

神奈川県平塚市で開発した独自の工法

　地域の防災力を高めるためには、地域の特色にあった取り組みが重要となる。墨田区以外でも、地域が主体となって防災力を高める取り組みは行われている。神奈川県平塚市では、自主防災に取り組んでいる市民グループが中心になって、建築士や工務店などが参加した「平塚耐震補強推進協議会」を、2005年（平成17年）2月に作った。そして、耐震化の相談から工事までを協議会が請け負うかたちで行っている。

　平塚市の取り組みの大きな特徴は、自分たちで安い工法を考え出したことにある。つまりは「相談しやすく」しかも「安い」補強を実施しようとしているということだ。

　平塚市の協議会のメンバーの建築士などが考案した工法は「耐震後付ブレース工法」と呼ばれるもので、すでにこの工法で工事を終えた住宅がある。

　この写真に写っている築48年

耐震後付ブレース工法で補強された住宅

になる住宅もその1つだが、この工法は、柱に直径9ミリのスチール製のワイヤーをたすきがけに取り付け、特殊な金具を使って締め付けるというものだ。

壁を作って強度を高めることも可能だったが、「耐震後付ブレース工法」だと明かりは取れるし、雰囲気が変わらないという。工事費は、壁などを作るより安く、1箇所当たり20万円、この家では4箇所に設置し、屋根を軽くして耐震性を高めた。

独自の工法で安全を守る

私の取材に対して、「耐震後付ブレース工法」で補強をした住宅の人は「友人に紹介してもらったので安心して任せた。顔見知りに進められなかったら、なかなか耐震補強に踏み切れなかったと思う」と話していた。

協議会では、この「耐震後付ブレース工法」の試験を繰り返し、その結果を平塚市に届け出て審査をしてもらい、平塚市もこの工法を助成の対象にすることを決めた。結果からいえば、協議会の取り組みを平塚市が後押ししていくことになったわけだ。平塚市の取り組みは、市民の活動を行政がどう支援していくかという点からも注目されていい。

こうした実例をみると、効果的な耐震補強を進めるためのキーワードは「地域の実状に合っていること」「安全性を少しでも高める現実的な対応であること」、そして「価格が安いこと」となる。そうした取り組みが全国で様々な形で進めば、さらに緊急地震速報を生かすことにつながる。

たとえ補強が建物の一部であったとしても、どこが大きな揺れに耐えられる場所かを知っていれば、緊急地震速報を聞いたら、その場所に逃げ込めばいい。そして、そこからの出口が確

第2章-2 地震の被害を防ぐ

保されれば、揺れが収まってからゆっくり逃げることができる。

コラム 家具の固定で被害を防ぐ

家具は、ケガの大きな原因

地震後の調査からわかってきたことがある。

2007年（平成19年）の新潟県中越沖地震で、大きな被害を出した柏崎市で、ケガをして救急車で運ばれた人など300人余りを東京消防庁が調べた。

最も多かったケガの原因は家具の倒壊や落下で39％、次いで、揺れで本人が転倒したのが29％、住宅の倒壊が6％、火傷が3％という結果だった。

同じような傾向は、最近のほかの地震でも確かめられていて、ケガ人が全体に占める割合は、2004年（平成16年）の新潟県中越地震で41％、2007年（平成19年）3月の能登半島地震で29％、2005年（平成17年）の福岡県西方沖地震で36％となっている。地震でケガをする人の3分の1から半数近くが、家具の転倒や落下が原因

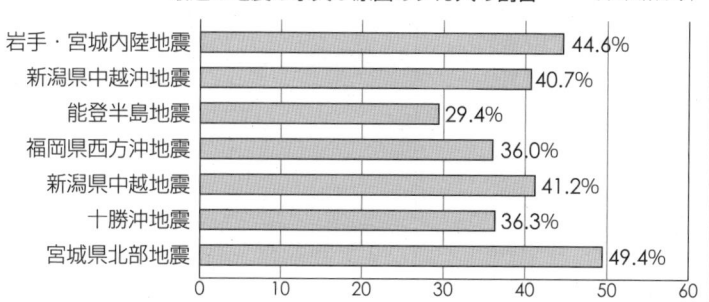

最近の地震の家具が原因のケガ人の割合 （東京消防庁）

地震	割合
岩手・宮城内陸地震	44.6%
新潟県中越沖地震	40.7%
能登半島地震	29.4%
福岡県西方沖地震	36.0%
新潟県中越地震	41.2%
十勝沖地震	36.3%
宮城県北部地震	49.4%

となる。

そこで、東京消防庁は、ホームセンターなどで売られている器具を使って、簡単で、効果的な固定方法がないか実験した。

地震で転倒しない家具の固定法

東京消防庁が、寝室を想定して、阪神・淡路大震災の揺れを加える実験をしたところ、固定していないたんすとテレビが地震直後から大きく揺れ、5秒ほどで倒れた。こうしたものが倒れてくれば、打ち所が悪かったりすると、大ケガどころか亡くなってしまう恐れがある。

しかし、たんすとテレビに対策をして、同じ揺れを加える実験をしたところ、たんすもテレビも揺れることは確かだが、倒れてくるようなことはなかったという。この実験の大きな成果は、家庭で簡単にできる家具の固定でも、大きな効果があることがわかったことにある。

実験結果をまとめると最も効果が大きいのは、L型の金具を使って止める方法で、震度6弱や6強でも倒れることはない。この場合、たんすなどは、壁や鴨居にL型金具をネジで

家具の転倒防止器具の効果のイメージ
(東京消防庁)

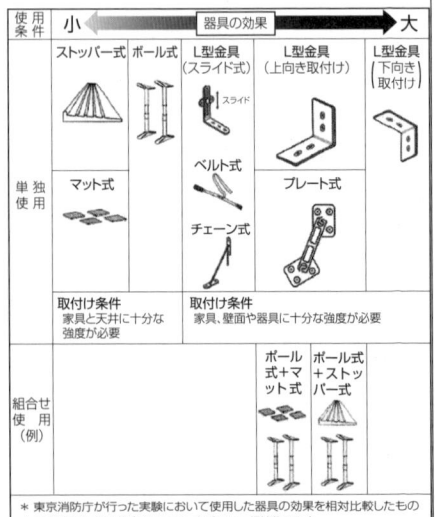

使用条件	小　　　　　器具の効果　　　　　大				
単独使用	ストッパー式	ポール式	L型金具(スライド式)	L型金具(上向き取付け)	L型金具(下向き取付け)
	マット式		ベルト式 チェーン式	プレート式	
	取付け条件 家具と天井に十分な強度が必要		取付け条件 家具、壁面や器具に十分な強度が必要		
組合せ使用(例)				ポール式+マット式	ポール式+ストッパー式

* 東京消防庁が行った実験において使用した器具の効果を相対比較したもの
* 実験概要：食器棚(H1,800mm、自重65kg、収納物50kg)
　　　　　　　フローリング床
　　　　　　　震度6強の阪神・淡路大震災時の地震波を使用
* 家具、室内環境、器具の性能により結果が異なる場合もあります。

しっかり止める対策が基本となる。また、上下に分かれている2段重ねの家具は、上下を連結して一体化させてから固定するのがコツだという。

効果でいえばL型の金具の次に、プレート式の金具やベルト式、チェーン式などが続き、それからポール式やストッパー、マットといった順番だった。

もちろん、壁の強度やどういう家具かによっても違いはあるが、一般的にいうと、テレビやパソコンのディスプレイは、テレビ台や机と直接固定するのが最も確実で、冷蔵庫はベルト式器具で壁と連結する方法が効果が高いという。

また、借家で家具や壁などに傷をつけられない場合は、ポール、マット、ストッパーといった器具を、1つの家具に2つ使うなどの工夫で、ネジを使った固定に近い効果が得られる事も確かめられた。この場合は、家具の上と下の2箇所に対策をすることがポイントとなる。また、ポール式の器具はなるべく奥のほう、壁よりに取り付けたほうが効果的だという。

オフィスでの転倒防止も重要

住宅ばかりでなく事業所やオフィスの机なども対策をしないといけない。2005年（平成17年）の福岡県西方沖地震の際の福岡市内の中高層のオフィスでは、57％のところで棚などから物が落ち、40％のところで家具が倒れるなどの被害がでた。地震が休日の午前中に起きたために、幸いにもケガ人がでた事業所は1.6％に留まったが、平日だったらもっと多くのケガ人がでていた可能性がある。

また、31階建ての高層ビルでの聞き取り調査では、高い階にいくほど被害が大きくなっていた。高層のビルは、建物全体がしなるようになることで損傷を防ぐように設計されているために、上の階ほど大きく揺れる傾向にある。そのため高層のオフィスやマンション

では、高い階ほど家具の固定が必要だ。

このように家具を固定することなどで、地震の被害を防ぐことができる。しかも、そうした取り組みは、地震に対する備えを意識すること、つまりは防災意識の向上につながり、結果として、緊急地震速報の効果を高めることにつながるというわけだ。

建物の高さと揺れのイメージ
（東京消防庁）

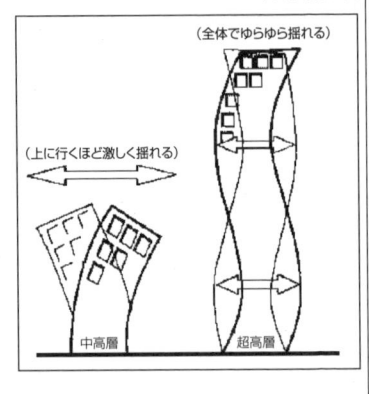

（全体でゆらゆら揺れる）
（上に行くほど激しく揺れる）
中高層　超高層

9　課題はみんなが知ること、知らせること

緊急地震速報を防災に生かす

緊急地震速報が発表されると、NHKではテレビとラジオで速報することにしている。

地震が起きて、最大震度が5弱以上と推定された場合、震度4以上の揺れになりそうな地域が速報される。NHKでは、基本的に都府県単位で伝えるが、北海道は道央、道北、道南、道東の4つの地区に分けることにしている。

気をつけて欲しいのは、北日本で地震が起きたときには強い揺れがあるのは北海道や東北地方が中心のことが多くなるし、西日本で地震が起きれば近畿や中国地方が強い揺れの中心になることだ。したがって、テレビの速報画面やラジオで伝えられる地域名をよく聞いた上で備えることが大切だ。

さらに2007年（平成19年）12月からは、NTTドコモが希望者の携帯電話にメールで情報を伝えるサービスを始めたし、KDDIも2008年（平成20年）3月から同じようなサービスを始めた。

こうして様々な手段で情報が伝えられることの効果は大きいが、新たな課題が発生する心配もある。

それは、多くの人が集まる場所で、緊急地震速報を知る人と知らない人が出てくる恐れがあることだ。

例えば、多くの鉄道会社が、緊急地震速報を使って、列車を止めたり、スピードを落としたりする利用をはじめているが、駅やホームにいる乗客に伝えるかどうかは決めていないところが多い。

しかし、最近の都会のターミナル駅はＪＲと私鉄、地下鉄、それにショッピングセンターや飲食店街などがつながって、大きな空間を多数の人が利用しているところが多くなっている。そうしたところでは鉄道会社やショッピングセンターなどが知らせなくても、携帯電話やワンセグのテレビ放送などから緊急地震速報を知る人がでてくる可能性がある。そうした際に、駅員や従業員が適切な指示ができるようにしておかないと混乱が広がりかねない。

ターミナル駅ばかりでなく、多くの人が集まる場所での対策を考えておかないと、緊急地震速報が出された際に、かえって混乱を招く恐れがあることを指摘しておきたい。

10 情報は社会の中で育つ

降水確率も人々は活用している

　新しい情報の提供が始まり、それが有効であれば人々はそれを上手く使いこなして生活を便利にしてきた。

　天気予報で降水確率が始まったときもそうだった。

　降水確率予報は、予報対象時間に、1ミリ以上の雨または雪が降る確率を0％から100％までの10％きざみの確率で発表するものだ。たとえば降水確率30％というのは、30％の予報が100回発表されたとき、そのうちの30回は1ミリ以上の雨または雪が降るという意味で、雨量や積雪量は問題にしていない。

　降水確率予報が始まった当初、私は「今日の雨の降水確率は30パーセントあります」とか「50パーセントあります」と言われても、どう対応していいかわからないのではないかと思った。

　しかし、その後の視聴者や周囲の反応をみていると、降水確率予報は天気予報に欠かせない情報になっている。

アンケートにみる降水確率の受け止められ方

　NHKでは、テレビと天気予報についてのアンケート調査を定期的に実施していて、最近は2004年（平成16年）に全国の20歳以上の男女2,000人を対象に行った。

　それによると、「天気予報を何から知ることが多いですか」という質問に対し、最も多かったのが「NHKテレビ」で69％、次いで民放のテレビが64％、新聞が31％、インターネットが9％という結果だった。

　また、天気予報の6つの画面、1つは晴れるか曇るか、雨が

第2章-2 地震の被害を防ぐ

降るかという画面、2つ目は3時間ごとの天気の移り変わりを伝える画面、3つ目は予想気温、4つ目が降水確率、5つ目が天気図、6つ目が週間天気の中で、特に必要な画面はどれですかと聞いたところ、1位は天気予報、2位が週間天気、3位が予想気温と降水確率、5位が天気図と3時間ごとの天気予報という結果だった。

天気予報6画面の注目度　（NHK）

1位・天気予報　　　2位・週間天気

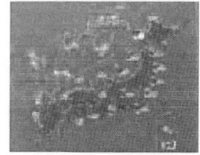

3位・予想気温　　　3位・降水確率

5位・天気図　　　　5位・3時間ごとの天気予報

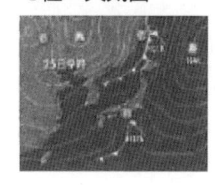

この結果をみると、それぞれの人が自分の体験に照らしながら、30％以上なら傘を持って行こうとか、10％ならあまり雨の心配はいらないようだというように判断しながら、降水確率を利用していることがわかる。

つまり降水確率情報は、受け手が情報の精度を自分で確かめ

【天気予報の降水確率予報の流れ】　　　　　　（気象庁）

1980年（昭和55年）6月	降水確率予報の発表を東京を対象に始める
1982年（昭和57年）7月	降水確率予報を全国に拡大
1990年（平成2年）4月	対象時間を6時間刻みにして発表
1992年（平成4年）3月	週間予報でも発表

ながら、使い方を見出しているということがいえる。それは、情報の発表者の意図を越えて、情報が社会の中で育ち、根づいたということになると思う。

11 科学の進歩を社会が生かす

地域の防災力を高めるために

　地震で亡くなる人を減らすための基本は、地域の防災の力を高めて、みんなで建物の耐震化を進めるなどの対策を進めることだ。

　地震防災の基本は建物の耐震性に関わっている。建物が耐震化されていれば、落ちてくるものや崩れてきそうなものから離れて、落ち着いて身の安全をはかることができる。

　しかし残念ながら、全国の住宅の25％、公立の小中学校の40％、また、国の出先機関が入っている建物の35％は耐震性が不十分だとみられている。

　2007年（平成19年）7月16日に起きた「新潟県中越沖地震」では、直後に被災地に入ったほかに、3週間経った8月上旬にも取材した。その際に最も重要だと思ったのは、緊急地震速報の利用と住宅など建物の耐震化を現実的に進める必要があるということだった。

新潟県中越沖地震で被災した建物
（2007年7月）

中越沖地震では9人が壊れた住宅の下敷きになったが、救助された人もいた。そうした住宅を取材すると1箇所だけでも壊れないで空間ができているケースが多かった。

そこからは住宅をまるごと補強するのではなく、部分的な補強を進めることの効果を読み取ることができる。家の中に一箇所でも安全なスペースを確保し、緊急地震速報を受けたら、そこに避難するという取り組みの可能性がみえてくる。

自宅で、通勤や通学の途中で、そして会社や学校やデパートや駅など、どんな場合でも「今、ここで緊急地震速報を聞いたら、どうしたらいいか？」と常に考え、それに備えようと対策を進めることが防災意識を高め、防災対策を進めることにつながっている。

多くの地震の専門家が日本列島の地震活動が活発な時期に入ったとみている。

気象庁には、さらに緊急地震速報の精度を高める努力を求めたいと思うが、建物の耐震化を進め、緊急地震速報を活用して、地震の被害をどこまで減らしていけるかは地域社会の取り組みにかかっているといえる。

コラム 65年ぶりの震度6と東海地震

静岡で震度6弱

多くの人がお盆休みに入っていた2009年（平成21年）8月11日の午前5時7分頃、駿河湾を震源にマグニチュード6.5の地震が起き、静岡県伊豆市や焼津市などで震度6弱の激しい揺れを観測し、静岡県の沿岸と伊豆諸島に、一時、津波注意報が発表された。

総務省消防庁の9月15日現在のまとめでは、静岡市で室内に積まれた本などの下敷きになって1人が亡くなったが、他の同じような規模の地震に比べてケガ人は少なく319人だった。また全壊した住宅はなく、半壊が5棟、一部破損が7,913棟だった。

2009年8月11日05時07分頃に駿河湾で発生した地震の震度　　　　　　　　　　　（気象庁）

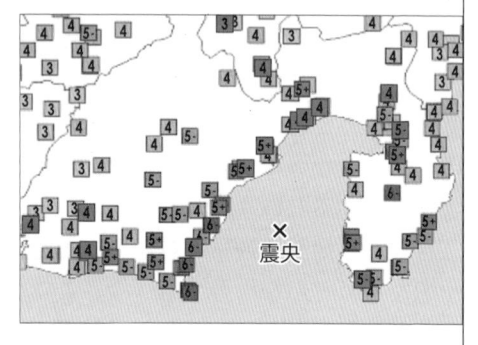

　静岡県では、心配される東海地震での犠牲者を減らそうと、県を上げて住宅の耐震化や家具の固定に取り組んでいて、2009年（平成21年）4月の内閣府の調査では、家具の固定率は63％となっていて、東京都の41％に比べて高くなっている。そうした地道な取り組みが、ケガ人や住宅の被害の軽減につながったのではないかと指摘された。

　静岡県で震度6弱の揺れが観測されたのは、1944年（昭和19年）の「東南海地震」以来65年ぶりのことだった。またこの地震後に、気象庁が「東海地震との関連を調査する」と発表したことから、防災関係者の緊張が一気に高まった。

　というのも、東海地震は日本の地震防災対策にとって特異な位置を占めている巨大地震だからだ。

想定東海地震ではなかったが…

　地震は心配される東海地震の想定震源域で起きたが、気象庁は当初から想定される東海地震ではないとしていた。その主な理由は3つある。

① 駿河湾の地震の震源の深さは23キロメートルで、東海地震の断

第2章-2　地震の被害を防ぐ

　層面よりも深いフィリピン海プレートの内部で起きた地震だった。
② 　東海地震は低い角度の逆断層で起きるとみられているが、今回の地震は高角度である上に、断層の向きなど破壊のメカニズムが違っていた。
③ 　地震の規模が違っていた。今回の地震のマグニチュードは6.5だったが、東海地震はマグニチュード8程度で、約180倍のエネルギーをもった地震だ。

　しかし、東海地震の観測網のデータに変化がみられたことから、気象庁は、東海地震の切迫度を3段階で伝える情報のうち、3番目にあたる「東海地震観測情報」を初めて発表した。そして地震の専門家によって構成される東海地震の判定会の委員による臨時の会合（打ち合わせ会）を初めて開催して、東海地震との関連を検討した。

　東海地震は、駿河湾付近の瓢箪のようなかたちをした部分を震源域に起きるとされる巨大地震で、政府の中央防災会議の被害想定によると、静岡県や山梨県の一部で震度7になるほか、周辺の愛知、神奈川、長野県などで震度6強から6弱の激しい揺れに見舞われ、

「東海地震の想定震源域」と「想定される震度分布」
（中央防災会議）

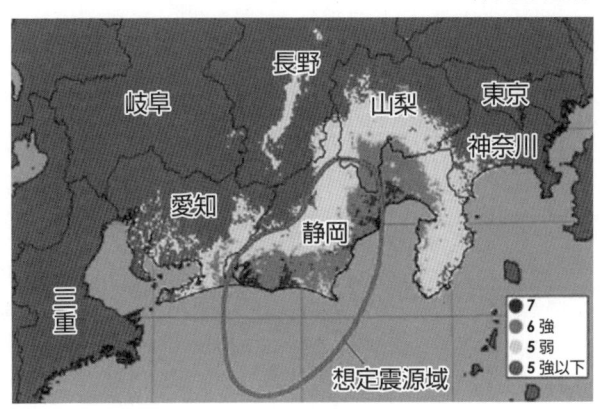

駿河湾を中心に伊豆諸島から熊野灘までの沿岸に高さ5メートルから10メートルの津波が襲ってくると予測されている。最悪の場合、揺れによって建物が壊れたり、津波に巻き込まれたりして9,200人が亡くなる恐れがあるとしている。

東海地震の特異性

東海地震対策の特異性は、この地震を予知して被害を減らそうという国をあげた取り組みが、1978年（昭和53年）に大規模地震特別措置法が作られてから、30年以上にわたって進められていることだ。日本で予知を目指した防災対策がとられているのは、東海地震しかない。

そのために、2つの柱がある。1つは、地震の前兆現象をとらえること。その前兆現象が地震の発生に結びつくかどうかを判断できる体制があることだ。

東海地震の発生に至るシナリオは次のようなものだ。まず海側のプレートの沈み込みによって、陸側のプレートも引き込まれ、地下に歪みがたまっていく。この地下の歪みが限界に近づくと、陸側のプレートが沈み込みにくくなる。やがて、陸側と海側のプレート同士でしっかりと固着していた部分ではがれが生じ、ゆるやかな「前兆すべり（プレスリップ）」と呼ばれる地殻変動が始まる。その後、大きな破壊が始まり地震が発生するという流れだ。

この「前兆すべり」が東海地震を予知するために重要な前兆現象の1つで、この変化をとらえるために、駿河湾の周辺には、気象庁や国の研究機関、それに大学などが様々な観測機器を設置し、世界でも例をみない高密度な観測体制を作り、気象庁が24時間体制で監視している。そしてデータに異常がみつかったり、今回のように震源域で地震が起きたりすると、「東海地震の判定会」の委員による検討が行われる仕組みになっている。

第2章-2 地震の被害を防ぐ

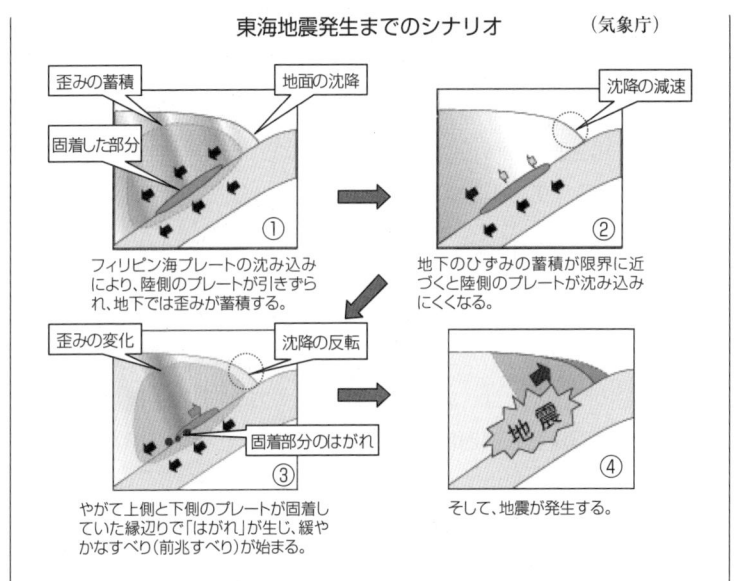

東海地震発生までのシナリオ　（気象庁）

① 歪みの蓄積／地面の沈降／固着した部分
フィリピン海プレートの沈み込みにより、陸側のプレートが引きずられ、地下では歪みが蓄積する。

② 沈降の減速
地下のひずみの蓄積が限界に近づくと陸側のプレートが沈み込みにくくなる。

③ 歪みの変化／沈降の反転／固着部分のはがれ
やがて上側と下側のプレートが固着していた縁辺りで「はがれ」が生じ、緩やかなすべり（前兆すべり）が始まる。

④ 地震
そして、地震が発生する。

　東海地震対策のもう1つの柱は防災体制だ。判定会によって、前兆現象が東海地震に結びつく可能性があるとされた場合は「東海地震注意情報」が、さらに発生が切迫していると判断された場合は「東海地震予知情報」が発表され、内閣総理大臣が「警戒宣言」を発表することになっている。

　東海地震で大きな被害が出る恐れがある静岡県の全域とその周辺の合わせて8都県の170市町村は地震防災対策の強化地域に指定されていて、警戒宣言が発表されると、津波の危険地帯からの避難を進めたり、鉄道や高速道路を止めたり、学校や企業を休みにしたりといった社会機能を停止させて、東海地震を迎え撃つことになっている。こうして東海地震だけは、予知と防災の仕組みが作られている。

　2009年（平成21年）8月の駿河湾の地震の時も、東海地震の「前兆すべり」が誘発され、東海地震の発生に向かう最悪のシナリオが動き出す可能性が心配されたのだった。しかし気象庁は、地震発生

から約6時間後の午前11時に「東海地震と直接結びつくものではない」と発表した。

ここで注意しておかなくてはいけないことは、東海地震がシナリオ通りに起きるとは限らないことだ。つまり、いきなり襲ってくることも十分に考慮しておく必要がある。

東海地震は迫っているのか

では東海地震は、どの程度迫っているのだろうか。それを考えるためには、過去の日本の太平洋側の地震の歴史を知る必要がある。

日本の太平洋側では、駿河湾を中心にして起きる東海地震のほかに、熊野灘の沖合を震源域にした東南海地震、さらに四国沖を震源

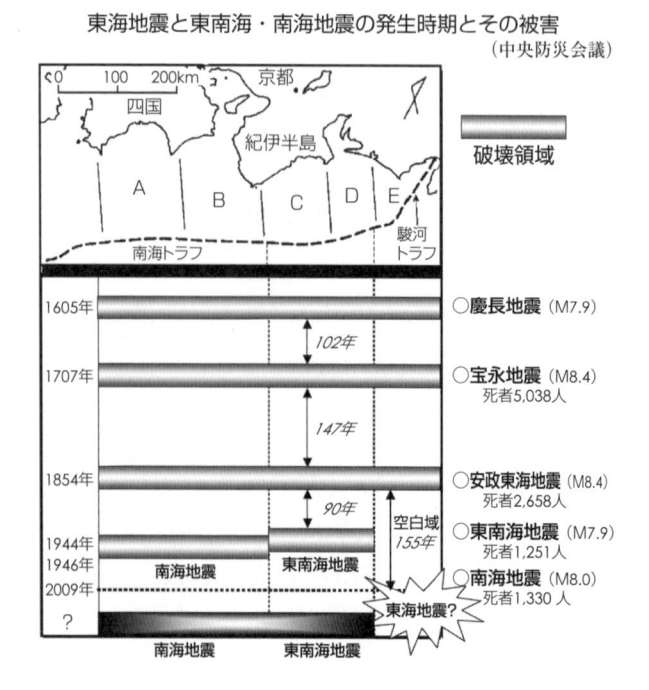

東海地震と東南海・南海地震の発生時期とその被害
(中央防災会議)

1605年 慶長地震	M7.9	
1707年 宝永地震 (102年後)	M8.4	死者5,038人
1854年 安政東海地震 (147年後)	M8.4	死者2,658人
1944年 東南海地震 (90年後)	M7.9	死者1,251人
1946年 南海地震	M8.0	死者1,330人
2009年? 東海地震? 空白域155年		

にした南海地震という、いずれもマグニチュード8クラスの巨大地震が繰り返し起きてきた。

　これら3つの地震は、互いに深い関係をもって発生していて、1605年と1707年には3つの地震が一緒に起きた。1854年には、まず東海地震と東南海地震が一緒に起き、その32時間後に南海地震が起きた。そして、最近では1944年（昭和19年）に東南海地震が単独で起き、その2年後の1946年（昭和21年）に、また単独で南海地震が起きた。この時に、東海地震だけが起きなかったことがわかっている。つまり、東海地震の震源域だけは破壊されないままの状態が155年も続いている。

　東海地震の判定会の会長で東京大学の阿部勝征名誉教授は、2009年（平成21年）8月に駿河湾で地震が起きた後の記者会見で、「この地震が東海地震の発生を早める方向に作用するかどうかはわからない」としたうえで、「私たちは自然に対して謙虚でなければいけない」と語った。

　地震が予知できれば、事前の避難を進めるなど被害を減らすことに役立てることができるが、今の段階では過度の期待をかけることは危険なのだ。地震学の発展に向けて予知への取り組みは進めて欲しいと思うが、予知だけに頼らない防災の備えが必要なのだ。

第2章−3
津波の被害を防ぐ

1 津波警報とはどういうものか

　前の章では緊急地震速報が出されるようになったことを踏まえて、地震の被害をどう防ぐか考えてきた。ここでは、地震によって引き起こされる津波について考えてみたい。津波についても、緊急地震速報と同じように津波警報や津波注意報という情報が出されている。

　NHKでは「津波警報が○○地方と××地方の沿岸に出ています」「津波到達予想時刻と予想される津波の高さは、○○地方の沿岸が△時△分で◇メートル、××地方の沿岸が▲時▲分で◆メートル…」といった具合に注意を呼びかけ、画面には地図と警戒すべき地域が示される。

　津波情報が他の災害情報と違うのは、この情報が出された時には津波を引き起こした地震が起きた後だということだ。つまり情報が出された時点で、既に津波は発生しているのである。その意味では緊急地震速報と似たような情報といっていいだろう。

　巨大な津波が襲ってきたら、沿岸や河川の河口付近の堤防や水門などで完全に食い止めることは難しい。しかも津波が襲ってくる速度はとても速い。地震が起きた場所が陸地に近い場合には、津波情報よりも早く津波が襲ってくることもある。

　津波の注意報や警報を見たり聞いたり、海岸近くにいて地震の揺れを感じたりした場合は、なるべく早く海から離れて高い

場所に避難することが自分の安全を守る最良の方法だ。

2 インド洋大津波にみる津波の恐ろしさ

津波の被害は世界規模になる

　津波の恐ろしさを世界に知らせた災害があった。2004年（平成16年）の年末に起きたスマトラ沖地震による大津波である。この津波はインド洋全体に広がって死者・行方不明者は合わせて約23万人、被災者は約206万人という大きな被害をだした。犠牲者の数の多さばかりでなく、メディアで流れた津波や被害の映像は世界に衝撃を与えた。

　地震は2004年（平成16年）12月26日の現地時間の午前8時頃（日本時間の午前10時頃）に、インドネシアのスマトラ島北部のアチェ州の西側およそ300キロの海底で起きた。地震の規模を示すマグニチュードは9.0だった。

　その後の分析で、震源域は南北に約1,000キロにも及び、過去100年間では、1960年のチリ地震（M9.5）、1964年の

世界の地震の分布とマグニチュード9.0以上の地震
（内閣府）

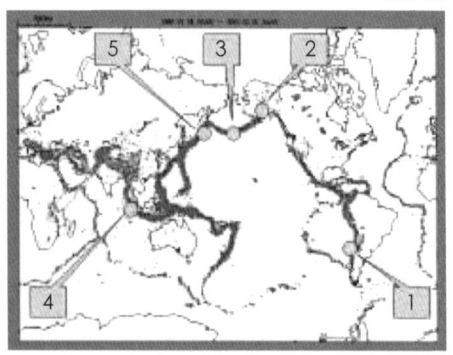

1) 1960年　チリ地震　　　　　M9.5
2) 1964年　アラスカ地震　　　M9.2
3) 1957年　アリューシャン地震　M9.1
4) 2004年　スマトラ島沖地震　M9.0
5) 1952年　カムチャッカ地震　M9.0

アラスカ地震（M9.2）、1957年のアリューシャン地震（M9.1）に次いで、1952年のカムチャツカ地震と並ぶ4番目の規模だったことがわかっている。

地震の規模を示すマグニチュードは、1つ違うと地震のエネルギーは32倍違う。1995年（平成7年）の阪神・淡路大震災は、マグニチュード7.3、2007年(平成19年)の7月に起きた新潟県中越沖地震はマグニチュード6.8だったので、スマトラ沖地震のマグニチュード9.0は、その900倍から1,000倍ものエネルギーをもった地震だった。

国連がまとめた地震と津波の死者・行方不明者の数をみると、インドネシアが約16万7,700人、スリランカが3万5,300人、インドが1万8,000人、タイが8,200人などとなっているが、インド洋をはさんで5,000キロも離れたアフリカのソマリアでも290人の犠牲者がでた。

昭和以降の日本の津波被害

「TSUNAMI（つなみ）」という言葉がそのまま海外でも通用することからもわかるように、歴史的に日本は、津波によって大きな被害を受けてきた。

昭和以降、100人以上の犠牲者がでた地震は12回あるが、そのうちの昭和三陸津波（1933年・昭和8年）、前回の東南海地震（1944年・昭和19年）、前回の南海地震（1946年・昭和21年）、チリ地震津波（1960年・昭和35年）、日本海中部地震（1983年・昭和58年）、北海道南西沖地震（1993年・平成5年）の6回が津波の被害の大きい地震だった。

主な津波被害（理科年表）

発生年月日	マグニチュード	地震名	死者・行方不明者
1854年（安政元年）12月23日	8.4	安政東海・南海地震	数千人
1896年（明治29年）6月15日	8.2	明治三陸地震	約2万2,000人
1933年（昭和8年）3月3日	8.1	昭和三陸地震	3,064人
1944年（昭和19年）12月7日	7.9	東南海地震	1,223人
1946年（昭和21年）12月21日	8.0	南海地震	1,330人
1960年（昭和35年）5月23日	9.5	チリ地震	142人
1983年（昭和58年）5月26日	7.7	日本海中部地震	104人
1993年（平成5年）7月12日	7.8	北海道南西沖地震	230人
2003年（平成15年）9月26日	8.0	十勝沖地震	2人

　記憶に新しいところでは、「北海道南西沖地震」で最大の被災地となった奥尻島の青苗地区には、当時500世帯余りが住んでいたが127人もの犠牲者が出た。住民の死亡率は9％に達した。また、昭和三陸津波で最大の被災地となった岩手県の田老町（現在は宮古市）や普代村では、住民の死亡率が42％に達した地区があった。阪神・淡路大震災で、震度7の激しい揺れがあった地区の死亡率は1～2％だから、津波の威力がいかにすさまじいかがわかる。

コラム　稲むらの火　その実像を知る

稲むらの火の物語

　1854年（安政元年）に起こった安政の東南海地震の時のことである。

　現在の和歌山県広川町に五兵衛という人物がいた。ちょうど夕刻に地震が起こったが、村人たちは宵祭りの準備で忙しい。五兵衛は海を見て波が引いていくのに気づき、津波の来襲を予感した。しかし、

村人が逃げる気配がない。そこで五兵衛は、村の高台で刈り取りが終わった稲むらに火を放った。村人たちは大事な収穫前の稲が燃えては大変だと大慌てで浜辺から上がってきた。そのときに、村を津波が襲ってきた。五兵衛の機転によって、村人たちが津波から救われた…という物語である。

この話は「稲むらの火」と題されて、1946年（昭和21年）まで小学国語読本（5年生用）にのっていたが、明治時代の作家である小泉八雲や地元の教員が実話をもとに作り上げた逸話であった。

物語の元になった事実

五兵衛のモデルは、地元の実業家（しょうゆ醸造業）、濱口梧陵（はまぐちごりょう）である。濱口梧陵は、自分の村では地震の後の津波が恐ろしいことを知っていた。そこで、1854年（安政元年）12月23日午前10時に起こった東南海地震で、村人を高台に避難させた。その時は大きな被害はなかったが、32時間後の翌日の5時に、前日とは比べものにならない大きな地震が起こった。安政南海地震である。地震発生から十数分で大津波が村を襲った。一番高い波は、第2波で8メートルもの高さだったとみられる。梧陵自身、津波に押し流されたが幸い高台に漂着した。そして、逃げ遅れて海に漂着している人のために道端の稲むらに火をつけ、そのおかげで命を救われた者がいたという。

その後、津波に備え人々を避難させたこと、人を導くために火を利用したことなどの話が稲むらの火としてまとめられた。

濱口梧陵は、地域の復興に尽力した

濱口梧陵の真の偉さは、津波の後の復興に全力を尽くしたことであった。津波直後ににぎりめしを作って配ることから始まり、村の復興のため私財を投じて堤防（広村堤防）を作った。高さ5メートル、幅20メートル、長さ600メートルの堤防は、当時としては画期

的な土盛りの堤防で、海側に津波の力を弱めるための防潮林として松の木を、反対の集落側にははぜの木を植えた。この工事の資材費から人々の賃金までを濱口梧陵は私財から捻出した。この工事は、災害によって収入をなくした住民の生活救済の意味合いもあった。

今も残る広村堤防

その後、1872年（明治4年）には国政に参加して駅逓頭（えきていのかみ）、現在でいえば郵政事業を預かる総務大臣に就任し、1880年（明治13年）には和歌山県議会開設とともに初代県議会議長を務めるなど、政治の世界でも活躍した。

地元もこうした濱口梧陵の功績を忘れないようにしようと、1997年（平成9年）には「稲むらの火」広場が作られ、2007年（平成19年）には「稲村の火の館　浜口悟稜記念館・津波防災教育センター」が完成した。

稲村の火の館（和歌山県広川町）

3 津波の破壊力

津波は、普通の波とはまるで異なる

　津波のエネルギーが大きい理由は、津波が普通の波とはまったく違っているからだ。台風の高潮や高波で水が動くのは海面近くだけだが、津波は海底から海面までの全部の海水が同じように水平に動く。そのために普通の波とは、まったく別物の巨大なエネルギーをもっている。このため、たとえ防潮堤や護岸と同じくらいの高さの津波でも、容易に乗り越え、想像もつかないほどの勢いで流れ込むことになる。

　どういう地震が津波を引き起こすかについては、一定の目安がある。

　過去約70年間（1926年〜1994年）に、日本の周辺で起きた地震と津波の関係をみると、震源が80キロより浅い場合、マ

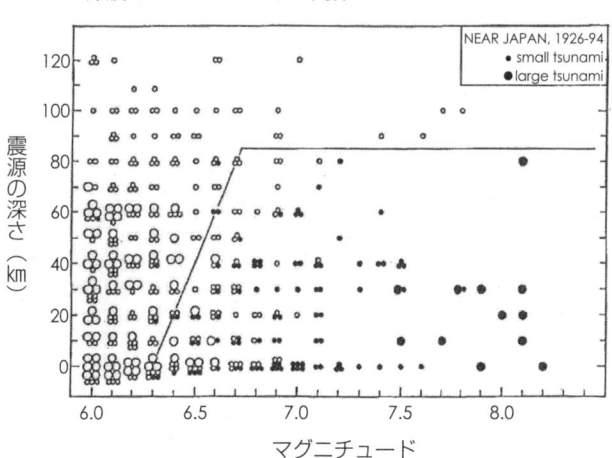

津波とマグニチュードの関係（岡田正実・平成8年）

グニチュードが6.5を上回るにつれて津波の発生率が増大し、マグニチュード7.5以上になると大津波を引き起こすことが多いことがわかる。

津波の破壊力が大きい理由

津波の破壊力が大きい主な理由は3つだ。
① **津波はやってくるのが速い。**
　北海道南西沖地震で奥尻島は震源から60キロほど離れていたが、津波は3分から4分でやってきた。津波は深い海ほどスピードが速く、太平洋の平均的な水深である深さ4,000メートルのところでは時速700キロ以上とジェット機並みのスピードだ。陸に近づいて深さ10メートルのところでも時速は40キロ近くある。だから海岸で海の盛り上がったのを見てから避難したのではとても間に合わない。

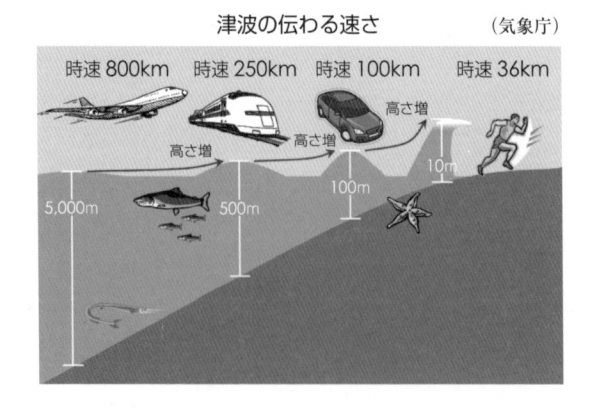

津波の伝わる速さ　　（気象庁）

② **津波は海岸線に近づくと大きくなる。**
　津波は水深が浅くなるに従って急激に高さを増す。深さ

100メートルの沖合いで高さ1メートルだった津波は、深さ1メートルの海岸では3メートル以上になる。また、海が狭くなっている湾や入り江、それに岬の先端などではエネルギーが集中して、さらに高くなる傾向がある。

③ **津波は陸地に上がっても勢いが衰えない。**

陸に上がった津波は山の斜面やガケなどを駆け上がり、奥尻島では最高で高さ30メートルほどのところまで達した。また、寄せる以上の力で一気に引き、その後、何度も繰り返しやってくる。

しかも、高潮や高波は短い時間に寄せたり引いたりするが、津波は一回の周期が数分から数十分にも及ぶ。

津波災害に詳しい東北大学の首藤伸夫名誉教授の調査では、高さが2メートルを超えると木造家屋はひとたまりもなく壊れるという。8メートル以上になると漁船が大破し、16メートル以上では鉄筋コンクリートのビルももちこたえられなくなる。

1983年（昭和58年）の「日本海中部地震」では、青森県内の川で釣りをしていた人たちを数十センチの津波が襲い、3人が亡くなった。わずか数十センチの津波でも、巻き込まれると大人でさえ逃げることができないのだ。

4 太平洋側は津波の危険地帯

日本の太平洋側の地震確率

日本の太平洋側は、北から南まで、海のプレートと呼ばれる岩盤が陸のプレートの下にもぐりこんでいて、繰り返し大きな地震が起きてきた。国の地震調査委員会は、阪神・淡路大震災

以降そうした各地の地震確率を発表している。

どうしてこのような確率が出てくるのか不思議だと思われるかもしれないが、最近の地震の研究では、地震のエネルギーは一定のスピードで地下に蓄積されることがわかってきた。したがって、かつて起きたのとほぼ同じ場所で、一定の間隔で同じような規模の地震が起きると考えられているのだ。

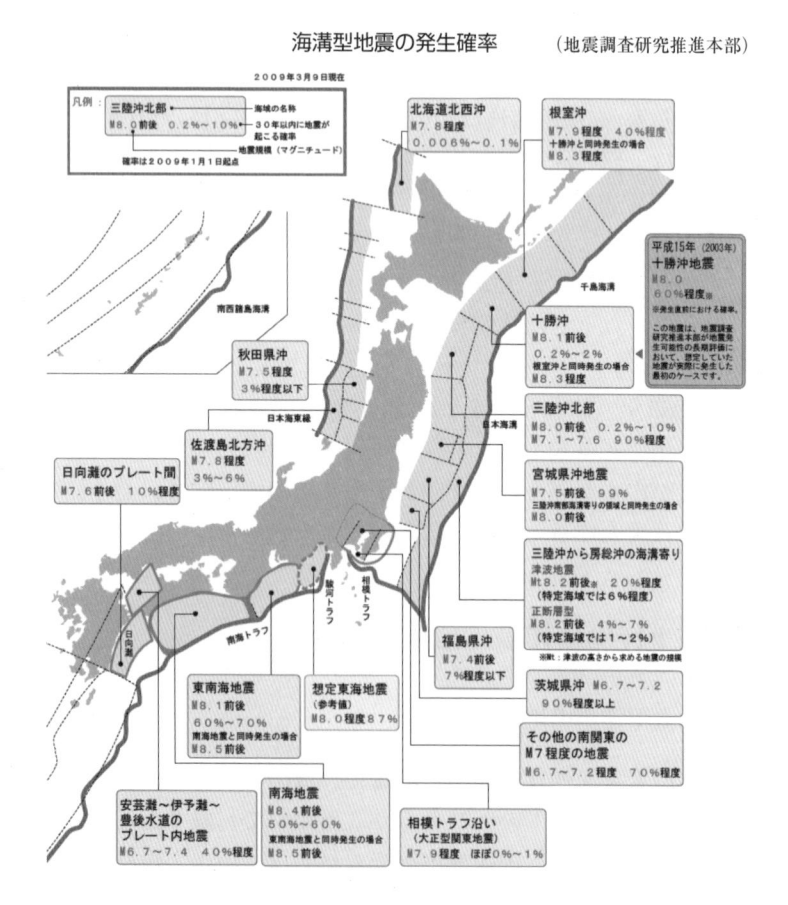

海溝型地震の発生確率　　　　（地震調査研究推進本部）

2009年3月9日現在

凡例：三陸沖北部　←海域の名称
M8.0 前後　0.2％〜10％　←30年以内に地震が起こる確率
確率は2009年1月1日起点　←地震規模（マグニチュード）

北海道北西沖
M7.8程度
0.006％〜0.1％

根室沖
M7.9程度　40％程度
十勝沖と同時発生の場合
M8.3程度

平成15年（2003年）
十勝沖地震
M8.0
60％程度
※発生直前における確率。
この地震は、地震調査研究推進本部が地震発生可能性の長期評価において、想定していた地震が実際に発生した最初のケースです。

十勝沖
M8.1前後
0.2％〜2％
根室沖と同時発生の場合
M8.3程度

秋田県沖
M7.5程度
3％程度以下

佐渡島北方沖
M7.8程度
3％〜6％

三陸沖北部
M8.0前後　0.2％〜10％
M7.1〜7.6　90％程度

日向灘のプレート間
M7.6前後　10％程度

宮城県沖
M7.5前後　99％
三陸沖南部海溝寄りの領域と同時発生の場合
M8.0前後

三陸沖から房総沖の海溝寄り
津波地震
M8.2前後　20％程度
（特定海域では6％程度）
正断層型
M8.2前後　4％〜7％
（特定海域では1〜2％）
※注：津波の高さから求める地震の規模

福島県沖
M7.4前後
7％程度以下

茨城県沖
M6.7〜7.2
90％程度以上

東南海地震
M8.1前後
60％〜70％
南海地震と同時発生の場合
M8.5前後

想定東海地震
（参考値）
M8.0程度　87％

その他の南関東の
M7程度の地震
M6.7〜7.2程度　70％程度

安芸灘〜伊予灘〜
豊後水道の
プレート内地震
M6.7〜7.4　40％程度

南海地震
M8.4前後
50％〜60％
東南海地震と同時発生の場合
M8.5前後

相模トラフ沿い
（大正型関東地震）
M7.9程度　ほぼ0％〜1％

142

東南海地震、南海地震が同時に起きたら

　太平洋側の巨大地震は、いずれも海の中で起こるために、津波の被害が甚大な場合が多い。いかに、津波の被害想定が大きいか、2003年（平成15年）に、国の中央防災会議が発表した東南海地震、南海地震が同時に起こった場合の被害想定を紹介しよう。

　日本の太平洋側のうち、東海地方から紀伊半島の沖で起きるのが「東南海地震」、紀伊半島から四国沖で起きるのが「南海地震」と呼ばれる。

　過去の記録からみた特徴は、2つの地震はおよそ100年から150年の間隔で起きていることだ。また、江戸時代の1605年（慶長10年）や1707年（宝永4年）には同時に起きた。

　また、1854年（安政元年）には安政東南海地震の32時間後に安政南海地震が発生した。さらに、最近の1944年（昭和19年）の「東南海地震」から2年後の1946年（昭和21年）に「南海地震」

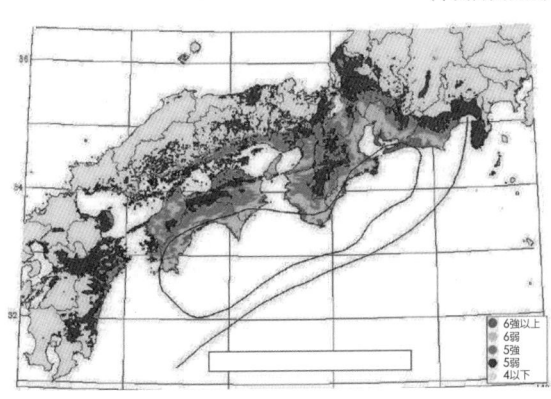

東南海・南海地震が発生した場合の想定震源域と想定震度
（中央防災会議）

が起き、合わせて凡そ2,600人の犠牲者が出た。

こうして、この2つの地震は同時に起きたり、近い時期に起きたりする特徴がある。

昭和の東南海地震や南海地震から60年以上が過ぎ、そろそろ次の発生に向けた備えが必要になってきていることから、2003年（平成15年）に、中央防災会議が被害想定をまとめた。

2つの地震が同時に起こった場合の揺れの強さをみると、東海地方から紀伊半島、それに四国の太平洋側で震度6強以上の激しい揺れになり、その後、同じ地域を高さ5メートル以上の大津波が襲ってくるという想定だ。しかも最初の津波が襲ってくるまでの時間が10分以内というところもある。

最悪の場合、死者は約1万7,800人にのぼり、このうち8,600人が津波によるものだ。また、建物の全壊棟数は約36万棟に達し、このうち約17万棟が揺れによって起き、約4万棟が津波によって引き起こされるとしている。さらに、経済被害は約57兆円にのぼると見込まれ、これは阪神・淡路大震災の13兆

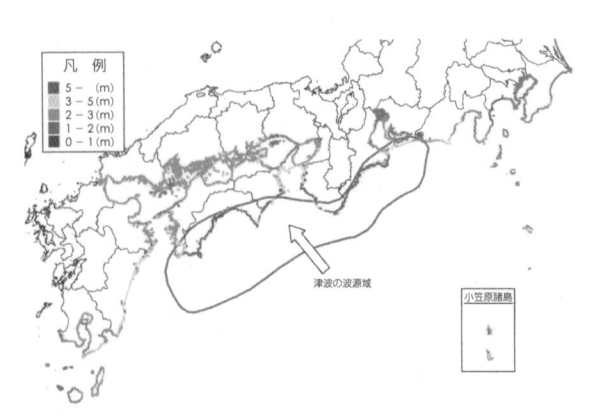

東南海・南海地震　津波の高さ（満潮時）（中央防災会議）

円の4倍以上にのぼる。

揺れと津波の二重の被害

　この被害想定をみると、この2つの地震の同時発生には、最近私たちが経験したどの地震とも違う点があることがわかる。それは大きな被害を受けるところは、激しい揺れと大津波の二重の被害を受けることになることだ。津波に対する防災対策の1つに、堤防を作って備えることがある。しかし、その堤防を津波が来る前に震度6強の激しい揺れが襲う。

　阪神・淡路大震災の後の調査で、震度6弱以上の揺れがあった地域では、海岸の堤防の3分の1に被害が出ていた。また震度6強以上のところでは、堤防のところどころに設けられた鉄製の水門のおよそ半数が、閉められなくなる被害があった。

　記憶に残っているなかで、津波の被害が大きかった地震には、「北海道南西沖地震」と「日本海中部地震」があるが、いずれも最も激しい場所でも揺れは震度5で、堤防などの施設はそれほど大きな被害を受けないレベルの揺れだった。

　つまり、今後襲ってくる「東南海地震」と「南海地震」では、津波を防ぐための堤防や水門などの施設が揺れによる被害を受けて、十分に機能を発揮しない状態になり、そこに大津波がくる恐れがあるということだ。

　このため中央防災会議の被害想定も、建物の被害については、堤防などが機能した場合と機能しなかった場合に分けて予測している。機能しなかった場合は、全壊棟数はさらに1万6,000棟増えるとしている。

　津波の時、水門が機能すること、またきちんと閉めることの重要性を示す結果といえる。

コラム　訓練が生きる津波対策

水門をきちんと閉めた岩手県

2003年（平成15年）9月26日に起きた十勝沖地震での対応を調べた結果は興味深い。マグニチュード8.0の巨大地震は、午前4時50分頃に起きた。気象庁は、6分後の午前4時56分に、北海道から東北地方の太平洋沿岸に、津波警報と注意報をだした。

この際に、津波の被害を防ぐために海岸沿いや河川の河口付近に設置された各地の水門などがどのくらいの時間で閉じられたかを国土交通省が調べた。

津波警報がだされた5つの道県の沿岸で、北海道は5時27分までの津波の第一波が来るまでに、7箇所の水門のうち3箇所の閉鎖が間に合わなかった。青森県は4箇所中3箇所、宮城県は96箇所中30箇所、福島県は8箇所中4箇所が、それぞれ閉じられずに残された。

しかし、岩手県だけは、津波の第一波が到達した5時34分までに、391箇所のすべて水門が閉じられていた。

津波対策の水門（和歌山県広川町）

訓練で、防災は確実になる

なぜ岩手県の水門だけは全て閉じることができたのか、防災関係者にも大きな疑問だったが、その後の調査のなかで理由を示すと思

えるような結果がでてきた。

　国土交通省が全国の海岸に接した自治体を対象に、津波の訓練を定期的に実施しているかどうかを調べた。

　調べた訓練は3種類で、水門等を閉める訓練、住民の避難訓練、そして情報伝達の訓練だが、これら3種類の訓練を沿岸の自治体すべてが定期的に実施していた都道府県は、全国で岩手県だけだった。

　岩手県は三陸の津波災害で、過去に大きな被害を繰り返し受けてきた。その辛い経験から、沿岸のすべての自治体で定期的に訓練が行われていた。訓練の成果は、十勝沖地震での水門の迅速な対応に現れたといえる。

　津波は昼だけでなく深夜や明け方に襲ってくることがあるし、大雨や吹雪の日にやってくることもある。しかも、沿岸近くで地震が起きれば、数分で襲ってくる。

　そうした際に一刻も早く水門を閉じ、高台へ避難するためには、訓練を繰り返しておく以外に方法はない。寝起きであっても、風呂に入っていても、すぐに行動できるようにするためには、防災行動を体が覚えている必要があるのだと思う。

5　北日本を襲う巨大津波

2つの巨大津波

　地震や津波の調査や研究が進み、北海道や東北など北日本でも大津波が繰り返し襲ってくる恐れがあることがわかってきた。

　政府の中央防災会議は、2005年（平成17年）6月、北海道から東北地方の太平洋側で起きる恐れがある大地震の揺れと津波

の高さを発表した。

それによると北海道から東北地方の沿岸に、高さ15メートルから20メートルに達する巨大津波が押し寄せる恐れがあるという。

この巨大津波を引き起こす地震は2つある。

400年～500年に1度の巨大津波

地震は同じ地域で同じような大きさで繰り返し起きる特徴があり、将来の予測のために、過去の記録を調べることは欠かせない研究となっている。「東南海地震」や「南海地震」は、古くから多くの人が住み、交通も発達した地域で起きたため、古文書や紀行文などの記録が数多く残されていて、1,000年ほど昔までさかのぼることができる。

ところが北海道の地震の記録は、江戸時代（1666年・寛文6年）に松前藩が進出後で、最近の300年ほどしかわかっていない。このため過去の地震についての研究が遅れていたが、最近になって地層の堆積物の研究が進んで、過去の津波の発生がわかるようになってきた。

北海道大学の平川一臣(ひらかわかずおみ)教授のグループの調査では、十勝から根室地方の地層か

最近の日本海溝・千島海溝沿いの地震
（中央防災会議）

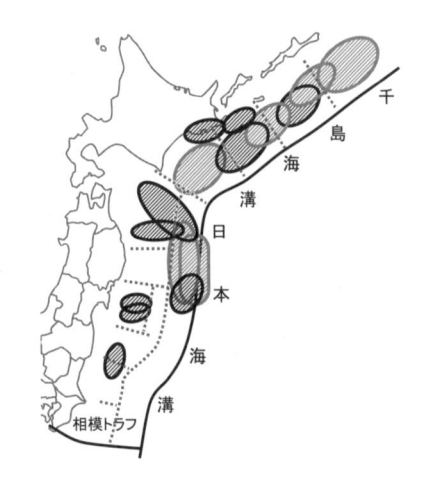

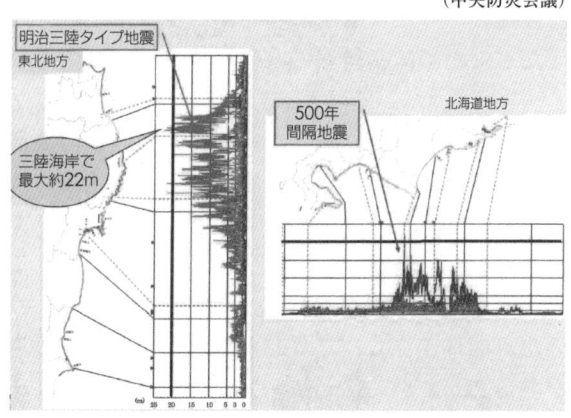

明治三陸タイプ地震と500年間隔地震の津波の高さ
(中央防災会議)

ら、高さが15メートルから18メートルにも及ぶ巨大津波が襲った痕跡がみつかった。年代を特定したところ十勝、釧路、根室地方の沿岸を、巨大な津波が繰り返し襲っていたことがわかった。年代を特定する鍵は、地層のなかの火山灰で、成分分析によって過去の年代が特定できるという。その結果、巨大津波の間隔は400年から500年で、最近は17世紀の初頭に起きていた。

こうした調査から、中央防災会議は北海道沖を震源にした地震が400年から500年間隔で起き、十勝地方から釧路地方の沿岸に高さが10メートルから20メートル近い巨大津波が、今後100年ほどの間に再び襲ってくると予測している。

繰り返し襲う三陸の津波

もう1つの巨大津波は、津波がかけ上った高さが38.2メートルに及び、最も高い津波の記録となっている1896年(明治29年)の「明治三陸津波」と似たタイプの地震によって起きる。

明治三陸津波を引き起こした地震は、マグニチュードが8.6という巨大地震だったにもかかわらず、揺れは小さく最大震度は3程度だったために、多くの人の避難が遅れて大きな被害がでた。

　このように揺れがあまり強くないのに、大きな津波が起きる地震は「津波地震」と呼ばれ、海底の断層が大きく、ゆっくり動くために起きる。

　中央防災会議は「明治三陸津波」の285年前、1611年（慶長16年）にも「慶長三陸地震」として同じメカニズムの地震が起きていた可能性が高く、こうした地震は今後も繰り返し起きる恐れがあるとしている。

　このタイプの地震が起きると、岩手県の沿岸では高さが20メートルを超え、宮城県北部でも10メートル以上の巨大津波が襲うと予測している。

6　一刻も早い津波警報を

徐々に早くなった津波情報

　津波の特徴や被害の大きさをみると、被害を少なくするためには、どれだけ早く津波情報をだせるかが極めて重要だということがわかる。そのために、気象庁とNHKなど放送局は、いかに早く津波の警報を伝えるかにこだわってきた。背景には、津波警報が間に合わなかった苦い経験があるからだ。

　津波予報は、1933年（昭和8年）の昭和三陸津波がきっかけとなって、1941年（昭和16年）に東北の三陸沿岸を対象にした情報からはじまり、1952年（昭和27年）に全国に広がった。当時は、各観測地点で読み取ったP波とS波の到達時刻を電話や

電報で気象庁に伝え、手作業で震源と地震の規模を決定後、係官が津波の発生の有無を判断していた。一連の作業には平均して17分ほどかかっていた。

その後、専用回線やコンピューターの導入でデータの迅速な収集ができるようになり、1983年（昭和58年）の日本海中部地震では約14分で津波警報が発表された。しかし場所によってはそれよりも早く津波が到達し104人の犠牲者がでた。

津波予報の発表時間　（内閣府）

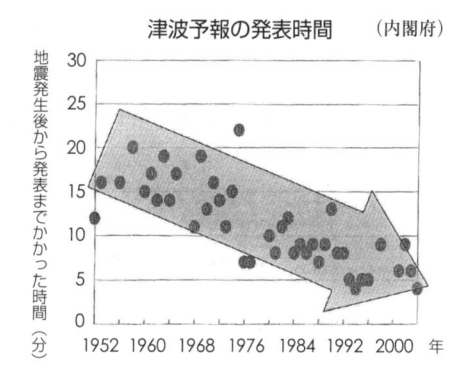

（グラフ：地震発生後から発表までかかった時間（分）、1952年〜2000年）

地震発生から津波到達までの時間

日本海中部地震（1983年）	7分後
北海道南西沖地震（1993年）	数分以内
想定東海・東南海・南海地震	数分以内

北海道南西沖地震と奥尻島

1993年（平成5年）年7月12日深夜に発生した北海道南西沖地震では、奥尻島が大津波に襲われ、死者・行方不明者230人の大きな被害をだした。この地震で、気象庁はまず震度速報を発表した。当時、奥尻島に震度計が設置されていなったことから、最大震度は函館で震度5だった。仮に奥尻島に震度計が設置されていたら、震度は6弱か6強が観測されていたとみられる。

気象庁は震度速報のすぐ後の地震発生から約5分後に奥尻

島を含む地域に大津波警報を発表した。気象庁が発表した大津波警報が、NHKなどの防災機関に伝達され始めた丁度その頃、大津波の第一波が奥尻島を襲い、警報の現地への伝達が間に合わないまま、大きな被害をもたらした。

北海道南西沖地震の被災地

　当時、NHK札幌放送局では、函館で震度5を観測したという気象庁からの震度速報を受信したのをきっかけに通常の放送を中断し、テレビとラジオによる放送で、北海道全域に向けて地震速報を開始した。そこへ大津波警報の知らせが入り、ただちに放送したが、奥尻島に大津波の第一波が到達した後のことだったとみられる。

3分での津波警報を目指す

　北海道南西沖地震の後、気象庁は地震速報と津波予報の迅速化に取り組み、津波警報や注意報を原則として地震発生から3分で発表することを目指すことになった。

　まず、全国の150箇所の地震計をすべて精度の高い機器に更新して、震源とマグニチュードを早期に決定できるようにした。そして、1995年（平成7年）の阪神・淡路大震災の年の4月からは、震度3以上の地震については全国を150余りの地域に分け、その地域のなかで最も強い揺れを発表するブロック震度の

発表を始めた。

　翌1996年（平成8年）4月には、全国の震度計を600箇所に増やすとともに、震度7についても計測と速報を開始した。震度7という震度階は、1948年（昭和23年）の福井地震の後に、現地を調査した専門家によって、震度6以上の被害もあるとして設けられたが、震度7だけは地震後に係官が実際の被害を見て判断することにしていて、速報の対象に含まれていなかった。このため、阪神・淡路大震災で初めて震度7が適用されるまでに3日もかかった。これを改めたのである。

　また、同じ1996年（平成8年）10月から、震度5と6に強と弱を設け、2段階にした。震度5と6は被害の幅が大きく、防災対応がとりにくいといった自治体からの声に応えた対応だった。

　さらに、1997年（平成9年）11月から全国の自治体が持っている震度計についても、機種や設置場所、設置方法などが基準に合ったものからネットワーク化して発表するようになった。現在では、気象庁の震度計と合わせて、全国4,200箇所のデータが発表されるようになっている。これは、日本列島の約5キロ四方ごとに1つという密度で、世界でも例のない高密度な震度計のネットワークとなっている。

現在の津波の予測体制

　現在の津波予報は、対象となる海岸を都道府県を基本に、全国66箇所に分け、海岸ごとに津波の高さと到達時刻まで予測している。これだけきめの細かい津波の予測をしているのは、世界でも日本だけだ。

　さらに、2006年（平成18年）10月から、大きな揺れの前に地

震が起きたことを知らせる「緊急地震速報」のために全国に設置した新しい地震計のデータを使って、一部の地震について震度速報よりも早い2分以内での発表を目指している。

　従来の地震計は観測したデータをそのまま送ってきたが、「緊急地震速報」のために設置した地震計は、自動的にデータを処理した上で送ってくることができるのが特徴となっている。今後の発生が心配されている東海地震や南海地震などでは、高知県や紀伊半島などの沿岸を、地震発生後数分で大きな津波が襲ってくる恐れがある。そこで、この新しい地震計のデータを使うことで、津波予報の発表までの時間短縮をはかろうという狙いがある。

　実際に、2008年（平成20年）7月19日の午前11時39分頃に福島県沖で起きた地震では、津波注意報がこれまでになく早く発表された。地震の規模はマグニチュード6.6で、気象庁は、約2分後の午前11時41分に宮城県と福島県の沿岸に津波注意

津波予報データベースを用いた津波警報・注意報の発表手順
(気象庁)

報をだした。正午過ぎから、宮城県石巻市の鮎川や仙台港、それに福島県の相馬港で、最大で20センチの津波が観測された。

気象庁によると、地震発生後2分を目標として津波予報が発表できるのは、沿岸に近いところで起きる地震で、全体の30％ほどだということだ。今後、解析技術を高めて、そのほかの地震についても迅速な情報の発表を目指して欲しい。

コラム 津波予報の放送の迅速化

迅速な放送へ向けた取り組み

気象庁が一刻も早く津波予報をだすようにしようという取り組みを受けて、ＮＨＫなど放送局も放送までの時間短縮に努めてきた。

北海道南西沖地震の後、ＮＨＫでまず進めたのは、地震後に気象庁との間で行っていた電話確認の省略だった。当時は津波情報について、気象庁や管区気象台とＮＨＫとの間での情報伝達の際に、双方が名前を名乗り、情報内容を復唱して「以上間違いありませんか」「間違いありません」と確認作業を行っていた。しかし、そんなことをしていたのでは、迅速な放送はできない。そこで気象庁からＮＨＫに届いた情報は、確認なしで放送することにしたのである。これによって、それまでの「分を争う」段階から「秒を争う」段階になった。

津波警報を伝えるテレビ画面のイメージ

次に工夫したのがテレビ画面の自動作画である。気象庁から専用回線を経由して情報が入ると、自動的にコンピューターでテレビ画面が作られるシステムで、ディレクターの指示によってすぐに放送できるようにした。

自動で原稿を作成する装置

　3つ目の工夫は、アナウンサーが地震・津波速報の時に読み上げる原稿を自動的に作成する装置だ。「きょう○時○分頃▲▲地方で地震がありました。各地の震度は震度▲がどこどこ」「津波警報が○○、▲▲に出ています」「津波到達予想時刻は○○が▲時▲分」といった具合に、アナウンサーが読み上げる原稿をコンピューターが自動的に文章にし、放送席の前に埋め込んだ画面に自動表示できるようにした。従来のように、地震が起きてから記者が手で原稿を書いていたのでは、どんなに急いでも2分から3分はかかってしまうが、この装置を使うと10秒もかからなくなった。

　こうした工夫を行うことで、地震や津波の情報の迅速な放送ができるようになったのである。

7　防災意識が被害を減らす

防災意識が高いと避難する

　津波の被害を減らすために最も大切なことは素早い避難であるが、いざというときにそれができるかどうかは、住民の津波への危機意識＝つまり防災意識に関わっていることを示すデータがある。

　「北海道南西沖地震」で大きな被害を受けた北海道の奥尻島

の住民に、翌年の1994年（平成6年）に東京大学社会情報研究所がアンケート調査した。地震直後の行動について聞いたところ「揺れがおさまらないうちに避難した」が23％、「津波が来ないうちに避難した」が55％で、合わせると実に80％近い人が即座に避難したと答え、津波に対する防災意識が高い状態にあったことがわかった。

北海道南西沖地震時における住民の対応
奥尻町青苗地区　（東京大学社会情報研究所）

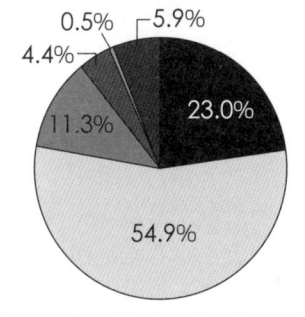

早期避難率：81.1％（無回答除く）

- 揺れがおさまらないうちに避難した
- 津波が来ないうちに避難した
- 津波が来てから避難した
- 避難できなかった
- 避難しなかった
- その他・無回答

実は、この地震の10年前にも奥尻島は津波で被害をだしていた。1983年（昭和58年）の「日本海中部地震」の津波は奥尻島にも津波が押し寄せ、2人が犠牲になった。このため北海道南西沖地震の頃には、まだ住民の間に津波への危機意識が強く残っていたとみられる。もし奥尻島の人たちの防災意識が低く、避難が遅れていたら、北海道南西沖地震の犠牲者の数はもっと増えていた可能性があるのだ。

防災意識と津波の被害想定

政府の中央防災会議が発表している東南海地震、南海地震の被害想定でも、住民の防災意識が高く、素早い避難が行われた場合と、そうでない場合の2つのケースを想定している。

防災意識が高く、避難が進んだ場合には、津波による死者

は約3,300人だが、防災意識が低く避難が進まない場合には約8,600人が亡くなるとしていて、その開きは2.6倍もある。

そうした住民の防災意識を高めるために、行政は堤防の整備や点検などのほかにきちんとした情報を提供する必要がある。最も基本的な情報提供が津波のハザードマップだ。津波のハザードマップは、津波がどこまできて、どのくらいの深さまで浸水する恐れがあるかや避難場所の位置、それに安全に逃げる避難路などを示した地図で、住民が津波の防災を考えるうえでの前提となるものだ。

しかし、津波のハザードマップを作って住民に公表している市町村は、全国の海岸を持った657市町村のうち、29％にあたる190市町村にとどまっている（2006年10月現在）。

8 地域が主体の津波対策

串本町大水崎地区の努力

津波からの避難を進めるために、行政と住民が協力し取り組んでいる例がある。

紀伊半島の先端にある和歌山県串本町の大水崎地区の避難場所は、直線距離で300メートルほどの高台の公園だが、間に湿地帯があるために、当初の避難路は迂回する道路を利用して2キロほど

住民が手作りした避難路
（和歌山県串本町大水崎）

の距離があった。しかし、それでは素早い避難ができないとして、地区の住民が湿地帯を越える幅2メートル、長さ30メートルほどの手作りの橋を1年以上かけて作った。住民の取り組みにおされ、町がこの橋を渡ったところから高台に昇る長さ100メートルのコンクリート製の避難路と階段を作った。

　これによって、大水崎地区の人たちは5分ほどで高台の公園まで避難できるようになった。住民と行政が協力することで、地域の実情にあった避難体制を作り上げることができたのだ。

津波避難のタワー

　また、三重県紀勢町（現在は大紀町）では、津波の避難のためにタワーを作った。

　熊野灘に面した紀勢町は人口4,600人余りの町で、1944年（昭和19年）の前回の東南海地震では、大津波で64人が亡くなった。そこで町では、海岸沿いの住民2,600人余りを5分以内に安全な場所に避難させようと考え、地形などを考慮して14箇所の避難場所を指定した。

　釜土地区の避難場所は、山の一部を切り開いて広さ40平方メートルほどのスペースを作り、屋根をつけた。中には、夜間の発電機や懐中電灯、浮き輪などを入れた防災倉庫を作り、避難路も整備した。お年寄りなどにも利用しやすいように、階段はゆるやかに作られていた

錦タワー（三重県旧紀勢町）

し、少しでも早く、混乱なく避難できるように避難路は2つ以上考えられていた。

ところが川に挟まれた地区は、高台まで避難するのにどうやっても5分以上かかることがわかった。そこで町では、この地区の中心にコンクリート製のタワーを作り、そこを避難場所とした。

地区の名前をとって名づけられた「錦タワー」は高さが21メートルで、5階建てになっていて、1階には公衆トイレと消防団の倉庫、2階から5階までが避難のスペースで、普段は地区の集会所や過去の津波災害の写真などを展示した資料館、展望台などとして使われている。

9 災害に弱いアジア

アジアを災害が襲う

ここからは、津波研究と防災の先進国として、日本が世界、特にアジアで果たすべき役割について考えてみたい。

2008年（平成20年）5月2日から3日にかけて、ミャンマーをサイクロンが襲い、13万人以上が亡くなった。そして5月12日には、中国の内陸部、四川省でマグニチュード8.0の中国四川省大地震が起き、6万9,000人以上の死者がでた。

まずサイクロン災害だが、ミャンマーはベンガル湾に面した国で、中央部をエヤワディ川が流れ、河口にデルタ地帯が広がっている。

サイクロンは太平洋でいえば台風で、海の温度が約27度以上のところで発生し、発達する。日本の近海がそうした温度になるのは夏以降だが、2008年のベンガル湾の3月の水温をみる

と27度から29度もある。このため、サイクロンは勢力を衰えさせることなく、ミャンマー南部を直撃したとみられる。

次に中国四川省大地震だが、被害は震源のある四川省が圧倒的に多いが、甘粛省や、陝西省など、周辺の合わせて6つの省や直轄市にも及んでいる。被害の多くは、学校や病院など3階建て以上のビルが倒壊し、中にいた大勢のひとが一瞬にして瓦礫の下敷きになった。

どちらの災害も日本の地震や台風などとは桁違いの犠牲者の数だが、アジアには自然災害に弱い国や地域が多い。20世紀以降に世界で起きた死者が5万人以上の大地震をみると、アジア地域に集中していることがわかる。

死者5万人以上の地震（理科年表）

1908年	イタリア・メッシナ地震（M7.1）	8万2,000人
1920年	中国・海原地震（M8.6）	23万5,500人
1923年	日本・関東大震災（M7.9）	10万5,000人
1970年	ペルー地震（M7.9）	6万6,700人
1976年	中国・唐山地震（M7.8）	24万3,000人
1990年	イラン地震（M7.4）	3万5,000人～5万人
2004年	スマトラ沖地震津波（M9.0）	28万3,000人
2005年	パキスタン地震（M7.6）	8万6,000人
2008年	中国・四川省大地震（M8.0）	6万9,000人以上

世界の中でのアジアの自然災害

地震以外でもサイクロンや干ばつなどの犠牲者も世界のほかの地域に比べて桁違いに多い。

1977年（昭和52年）から2006年（平成18年）までの間に、

世界で起きた自然災害を地域別にみると、アジアの災害発生件数は40％ほどだが、死者数は60％、被災者の数は90％近くを占めている。

　アジアは地震や火山が多い上に台風やサイクロンなどの風水害もあって自然災害そのものが多い環境にあることがその原因のひとつだが、それだけではない。そうした災害でも水害だったらダムや堤防などの建設、地震だったら耐震性の高い住宅な

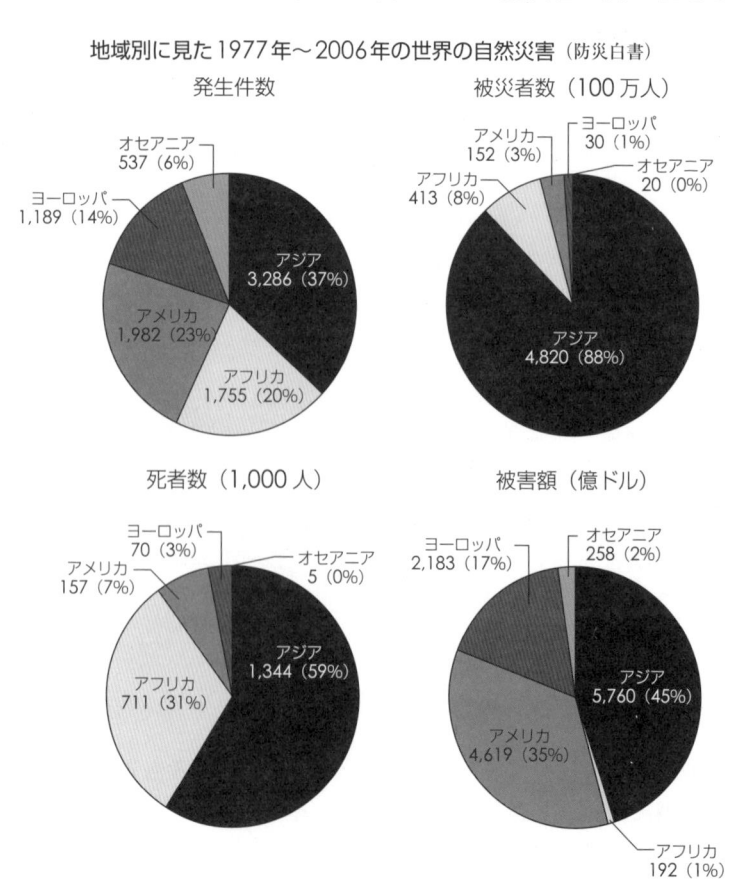

地域別に見た1977年〜2006年の世界の自然災害（防災白書）

発生件数
- オセアニア 537（6%）
- ヨーロッパ 1,189（14%）
- アメリカ 1,982（23%）
- アフリカ 1,755（20%）
- アジア 3,286（37%）

被災者数（100万人）
- ヨーロッパ 30（1%）
- アメリカ 152（3%）
- オセアニア 20（0%）
- アフリカ 413（8%）
- アジア 4,820（88%）

死者数（1,000人）
- ヨーロッパ 70（3%）
- アメリカ 157（7%）
- オセアニア 5（0%）
- アフリカ 711（31%）
- アジア 1,344（59%）

被害額（億ドル）
- ヨーロッパ 2,183（17%）
- オセアニア 258（2%）
- アメリカ 4,619（35%）
- アフリカ 192（1%）
- アジア 5,760（45%）

第2章-3　津波の被害を防ぐ

どの建物が建築されていれば被害を少なくできるはずだが、災害に弱い住宅や地域に沢山の人が住んでいるという現実がある。加えて、日本の地震や津波、台風などのようなきめ細かい情報が発表され、それを防災に生かす仕組みがない。

ところが被害額になるとアジアは45％だ。つまり、貧しい国や地域の人たちが犠牲になっているということだ。

コラム　太平洋津波警報システム

チリ地震津波の衝撃

日本など太平洋沿岸の国々が国境を越えた津波警報システムの必要性を感じたきっかけは、1960年（昭和35年）5月22日に起きたチリ地震だった。

この地震のマグニチュードは9.5で、これまでに世界で観測された地震の中で最も大きな規模で、津波の被害は太平洋沿岸の各国に広がった。

チリでは最大で25メートルの大津波が襲って1,743人が犠牲になったほか、ハワイでも10メートルを超える津波で61人が亡くなった。また、震源から1万8,000キロ離れた日本にも、丸一日かかって津波が到達し、岩手県の沿岸では最大で8メートルを超える高さ

チリ地震の各国の津波の高さ （気象庁）

チリ（イスラ・モチャ）	20～25メートル
メキシコ（エンセナダ）	2.5メートル
カリフォルニア（サンディエゴ）	0.7メートル
アリューシャン列島（アッツ島）	1.8メートル以上
ハワイ島	10.5メートル
岩手県九戸郡	8.1メートル

に達し134人が犠牲になった。

　この災害によって津波が海に広がって、揺れをまったく感じない遠くの国にまで被害を及ぼすことが明らかになり、その後、太平洋の沿岸で国境を越えた津波の警報システム作りが始まった。

太平洋の津波警報システム

　中心になったのはユネスコ（国連教育科学文化機関）だった。地震から5年後の1965年（昭和40年）に、ユネスコのなかに「警報センター」の事務局ができた。そして1968年（昭和43年）には「調整グループ」が設置され、各国が地震や津波の情報を交換するとともに、ハワイにある「太平洋津波警報センター」が、警報や注意報など4段階の情報提供をはじめた。

　太平洋のシステム作りが比較的スムーズに進んだ背景には、アメリカと日本という地震と津波の防災先進国の存在があった。

　アメリカは1938年（昭和13年）のアラスカ地震の後の1949年（昭和24年）から、国内向けに津波警報をだしていた。チリ地震の11年前のことだった。そして、アメリカは世界各地に地震計を設置し、24時間体制で観測する体制をとり、世界で大きな地震があると即座にとらえることができるようになっている。

　また日本はアメリカより8年早い1941年（昭和16年）から東北の三陸沿岸を対象に情報をだしはじめ、1946年（昭和21年）のアリューシャン地震の後の1952年（昭和27年）からは、その範囲を全国に広げた。そして、現在は、ほぼ都道府県の沿岸ごとに、津波の高さと到達時刻まで予測している。

　　　　　1965年　ユネスコに「国際津波警報センター」設置
　　　　　1968年　「太平洋津波警報組織国際調整グループ」が設立
　　　　　　　　　「太平洋津波警報センター」が各国に情報提供

こうして、アメリカと日本という地震と津波対策の先進国が中心になって、太平洋の津波を提供するシステムは出来上がったのだが、それでもシステムが出来上がるまでに8年かかった。

2004年（平成16年）のスマトラ沖地震の大津波の被害を受けて、インド洋でも太平洋のような、国境を越えた津波警報システム作りの必要性が叫ばれたが、太平洋の流れをみると容易ではないことがわかると思う。

10 津波防災での国際貢献

インド洋での津波警報システム

アジアが災害に弱いという事情は、津波対策の面でも変わらない。

スマトラ沖地震の大津波の被害の後、国連のユネスコのもとに「インド洋沿岸国の津波警戒システムの調整会議」が作られた。会議には、インドネシアやタイ、オーストラリアなど28か国が参加している。

2007年（平成19年）の2月から3月にかけて4回目の会議が開かれたが、インド洋全体に情報を出すセンター作りよりも、それぞれの国が情報を住民に伝えるためのシステム作りを優先する必要があるという話し合いが行われた。

インド洋沿岸では、最近になってインドやインドネシア、オーストラリアといった国々が地震や津波の研究を本格化させた段階で、そのほかの多くの国はまだそこまでいっていない状況だ。

日本が提供している津波の情報

　日本は、津波警報がでるとテレビやラジオが伝えるだけでなく、行政ルートでも情報が伝わって、沿岸の自治体は防災行政無線や自治会の連絡網、消防団などを通じて、住民に情報をくまなく伝えようという仕組みができているが、そうした取り組みが進んでいる国はアジアにはほとんどない。

　情報自体については、日本の気象庁が、インド洋大津波の翌年の2005年（平成17年）3月から、インドネシアやマレーシア、ケニアなど希望する26か国に情報を発表している。

　マグニチュード6.5以上の大きな地震が起きた際、20分から30分をメドに、地震の発生時刻、震源の位置、地震の規模、津波が発生する恐れがあるかないか、ある場合には到達までの予想時間を伝えている。

　私は、日本の防災面での国際貢献をもっとレベルの高いものにしていくべきだと考えている。その大きな理由は2つある。1つは、災害時の救助や救援は、なるべく近い国が行うのが原則だということだ。駆けつける時間が短くてすむし、食料や暮らしぶりなどの事情がわかっていて、被災地の人たちの身になった支援ができるからだ。

　2つ目は、防災は日本にふさわしい支援だと思うからだ。日本の防災対策や研究は世界的にみても最も進んでいる。日本では地震や台風などの情報がきめ細かく出され、事前の防災への備えがきめ細かく行われているし、災害が起きた後の救援や復旧の仕組みも整っている。このため、同じ災害が起きてもアジアの国々とは被害がまったく違っている。そうした防災のノウハウを、息の長い取り組みとして伝えていく必要があると思う。

日本がアジアで津波の被害の軽減に貢献した例

　実際に、日本の支援が犠牲者を減らすのに役立った例がある。フィリピンの南東に位置するパプア・ニューギニアは太平洋に面した島国で、1998年にマグニチュード7の地震が起き、高さ15メートルの大津波が押し寄せ、2,600人の犠牲者がでた。パプア・ニューギニアは日本と同じように地震が多く、津波の被害にもたびたびあってきたにもかかわらず、その経験が次の世代に伝わらず、多くの人が津波の脅威をほとんど知らなかった。

　そこで、パプア・ニューギニア政府は、住民に津波の防災意識を広げていくために、日本に協力を求めた。日本は、英語と現地の言葉であるトクピジン語でポスターやパンフレットを作って、学校や地域で防災教育をした。

　パンフレットには、写真やイラストとともに「地震が起きた

パプア・ニューギニアで作られた津波のパンフレット

ら津波に注意」「すぐに高いところに避難」といった津波対策の心得が書かれている。

そうした取り組みもあって、2000年11月にマグニチュード8の地震が起きて、津波によって数千軒の住宅が破壊されたにも関わらず、死者は数人にとどまった。日本が協力して行った、津波に対する正しい知識の普及が防災に役立ったのだ。

世界で増大する自然災害の被害

自然災害の被害の軽減は、世界の大きな課題になっている。

1970年から1999年までの10年ごとのデータをみると、災害の数は5倍に、被災者数は4倍に、そして経済的な損失は6倍以上に増えている。

国連は貧困と人口の過密化によって、途上国を中心に、多くの人が河川が氾濫しやすい場所や地すべりなどの自然災害が起きやすい危険な場所に暮らしているからだと分析している。また、多くの開発活動によって、災害に対する危険性が増しているとも警告している。

11 津波対策は素早い避難が一番

大きな揺れを感じたらまず避難

2003年（平成15年）5月26日に、宮城県沖を震源にマグニチュード7.0の地震が起きた。この地震で、気象庁は「津波の心配なし」という情報を発表しないまま、地震発生から12分後に「津波の被害なし」という情報を発表した。

地震の後に、研究者が沿岸の住民の行動を調査をしたところ、

この12分の間、多くの人が津波の恐れがあるかどうかを知るためにテレビを見ていたことがわかった。
　幸い、この地震で大きな津波は発生しなかったから良かったが、もし大きな津波が来ていたらと考えるとゾッとする。
　海岸や大きな河川の河口付近で揺れを感じたら、まず避難して欲しい。
　ひとたび大きな津波が起きると、エネルギーが巨大で堤防などの施設で防ぎ切れない恐れがある。また地震が起きてから津波が押し寄せるまでの余裕がほとんどないケースもある。

正しい津波の情報をもとう

　2007年（平成19年）に気象庁が、岩手県宮古市と静岡市の住民に聞いたところ、「大津波の前には必ず水が引く（引き波がある）」と思っている人が75％にのぼった。東海地震が予想される静岡市と過去に何度も津波災害を経験した地域の住民にも、誤った知識が広がっていた。津波は押し波で始まることも引き波で始まることもある。
　また揺れが小さかったりなかったりしても、海を越えて津波がやってくることがある。「津波警報」や「津波注意報」が発表されたら、周囲に声を掛け合って迷わず逃げて欲しい。そして避難先でテレビやラジオの放送を見たり聞いたりしながら、「津波警報」や「津波注意報」の解除を知るようにして欲しい。
　津波の最も効果的な防災対策は「一刻でも早く高台に避難することだ」ということを覚えておいて欲しい。

地域が防災を支えるキーワード

 津波の被害を防ぐためには、素早い避難が一番だ。これまでみてきたように、行政や放送局は一秒でも早く津波予報を提供する努力を重ねてきた。また、地域の人たちと行政とが力を合わせて、避難場所や避難路の確保を進めているところもある。
 科学の進歩は、津波の情報をより早く、より詳細に提供することを可能にした。行政はそうした情報をどう住民に伝えるかに大きな責任を負っているというべきだろう。
 そうした情報を防災に生かすためには、地域の人たちが力を合わせて自分たちの生命や地域を守る努力をすることが重要なのだ。
 過去に大きな津波被害を経験した場所には、そうした津波防災の教訓を記した石碑が残されている。

「高き住居は児孫の和楽　想え惨禍の大津浪
　　　　　　　　　此処より下に家を建てるな」
　　　　　　　　　　　　　　　　　　　　　　　（岩手県宮古市）
「地震　海鳴り　そら津波」　　　　　　　（北海道えりも町）

 私たちの祖先も、津波の教訓を地域で伝えることの大切さを痛感していたのだ。

第2章-4
土砂災害の被害を防ぐ

1 対策が困難な土砂災害

対策が困難な災害

土砂災害は、防災対策が難しい災害の1つである。現在の科学でも「土砂災害がいつ、どこで起こるか」について、正確な予報を出すのが困難であることに加えて、土砂災害の被害を起こさないようにするための砂防工事を、膨大な数にのぼる危険箇所すべてに施すことが難しいことなどが背景になっている。

一方で、自然災害全体の犠牲者に占める土砂災害の割合は40％を超えている。また、土砂災害の危険箇所も増加する傾向にある。膨大な量の土砂が勢いよく襲ってくる土砂災害に巻き込まれたら大きな被害が出る恐れが高い。自らの生命を守るために、最も効果的な対策は、危険が迫ってくる前に避難することだ。

そのためには土砂災害が発生する危険性を伝える、より正確で迅速な情報提供が求められる。ここでは土砂災害の被害とはどのようなもので、それを防ぐために、どのような対

山口県防府市の土砂災害現場（2009年7月）

策が行われ、今後求められる取り組みはなにかを考える。
　まずは、土砂災害を経験した人の体験から、土砂災害とはどのようなものなのかを紹介しよう。

子供の目が見た土砂災害

　『昨年の十月二十日の台風二十三号での体験は本当に怖い出来事で、私にとって忘れる事のできないものになっています。（中略）
　あの日は朝から大雨洪水けい報がでていたので学校は休校になり、家族そろって家にいました。滝のようにものすごい勢いで雨が降り続いていたので、両親は、
「いつもの台風とちがうね」
「大丈夫かな…」
と言いながら台所の小窓を開け、何度も外の様子を見ていました。夕方になって、突然「ゴー」という今まで一度も聞いた事がない様な音が聞こえたので、母が急いで外を見ると、大木が大量のどろ水と一緒に流れて来たのが見えたそうです。
「ここにいるのは危険だから逃げよう。みんな準備して！」
　と母が言いました。私が見た時には川の流れは激しくなり、川のふちがどんどんけずられ、うらの畑までもが少しずつ流されていました。私は胸がドキドキして、怖くてどうしたら良いのかわからなくなり、自然になみだが出て来ました。弟も妹も泣くばかりで、荷物をまとめる事など出来ませんでした。母は家族全員の着替えをすばやくバッグにつめ、すぐに家を出る準備をしていました。
「みんな早く！　公民館まで行くよ！」
　と父に言われ、急いで家を出ました。庭にはプールの様に水

がたまり、どこが道なのか分からない様な状態になっていました。
　やっとの思いで公民館にたどり着くと、そこにはたくさんの人がひなんして来ていました。(中略)
　台風が通り過ぎた次の日の朝早く、私の家の基そ部分のようへきが川に流され、家がかたむいているという事を聞きました。両親と一緒に行ってみると、家はもちろんの事、あんなにきれいだった山はいたる所でくずれ、川はばは今までの二倍くらいに広くなり、橋は落ちてしまっていました。その様子を見た時、大切な宝物がなくなってしまったような、何とも言えない悲しい気持ちになりました。たった一日でこんな事になってしまうなんて…。本当に残念ですが、もう家には住めなくなってしまいました。でも家族みんながけがもなく助かった事は、何よりも良かったと思います。(後略)』
(平成17年度「土砂災害防止に関する絵画・ポスター・作文」コンクール、作文の部・国土交通大臣賞受賞、当時兵庫県立愛徳学園小学校6年・島田留萌さんの作文)

土砂災害の特徴

　この作文を読むと、土砂災害の怖さがよくわかる。長年住み慣れた土地を突然土砂が襲い、山肌が削られ、家が無残に壊された様子とともに、その場に居合わせた人が味わう恐怖が伝わってくる。
　土砂災害の現場に取材に行って被災者の体験談を聞くと、共通していることがある。それは、土砂が突然襲ってきたということだ。
　現実には、雨が降って地面に染み込み、斜面は徐々に崩れやすくなって、ある時一気に崩壊するのだろう。しかし被災

者にとっては、土砂は突然襲いかかってくることになる。もちろんその大きな理由は、土砂災害が現在の科学でも正確な発生予測が困難なため、事前に場所と時刻を的確に伝える情報がないからだ。

しかも土砂災害に見舞われた多くの地域が、最近、土砂災害を経験していない。国土交通省砂防部が2004年（平成16年）から2006年（平成18年）までに土砂災害で人的な被害が発生した場所について、過去の土砂災害の履歴を調べたところ、全体の90％までが96年以上の間、土砂災害に襲われていなかったことがわかった。土砂災害は、まさに想像もしなかった場所を襲う災害なのだ。

土砂災害発生場所での直近過去の土砂災害発生率
（国土交通省）

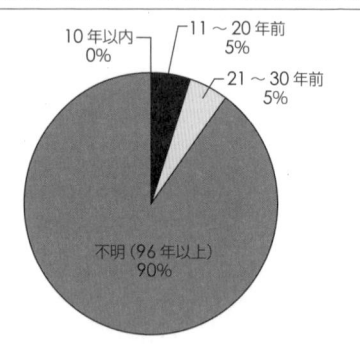

全68箇所：平成16年〜18年災害で人的被害発生箇所

- 10年以内 0%
- 11〜20年前 5%
- 21〜30年前 5%
- 不明（96年以上） 90%

2 新しくなった土砂災害の情報

気象と砂防のノウハウを合わせた情報

最近、全国の気象台と砂防部局が新しい情報の発表を始めている。
「あなたの市（町や村）で土砂災害の起きる危険性が高くなりました」という内容の「土砂災害警戒情報」だ。大雨警報が出た後に、がけ崩れや土石流など土砂災害が発生する恐れが高

第2章-4 土砂災害の被害を防ぐ

まった地域に出される。

この情報の新しい点は2つある。

1つは、警戒が必要な範囲を市町村単位で発表することだ。従来の土砂災害の警戒情報はもっと広い地域全体を対象にしていたが、「土砂災害警戒情報」は警戒が必要な市町村と解除された市町村が色分けされるなどして、従来よりも絞り込んだかたちで発表されている。

土砂災害警戒情報の発表例（気象庁）

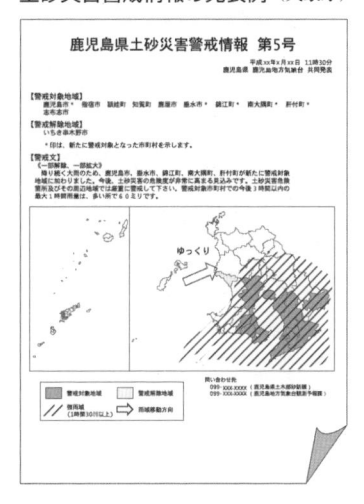

2つ目は、これまで土砂災害への注意を別々に呼びかけてきた気象台と都道府県の砂防部局が共同で発表することだ。砂防部局がノウハウを蓄積してきた土の中にたまった雨の量の解析と気象台の今後の雨量予測などを総合することで、土砂災害の危険性をタイミングよく伝えられると期待されている。

準備が整った都道府県から発表が始まったが、2008年（平成20年）の3月までに、全国のすべての都道府県で発表されるようになった。各自治体にはそれぞれの気象台から直接伝えられるほか、インターネットで誰でもみることができる。

これからこうした情報を、どう防災に生かしていけばいいかを考えていく。まず、土砂災害にはどのような種類があり、全国でどのくらいの被害があるかを見ておこう。大別すると、土砂災害と言っても3つの種類に分かれる。

3 土砂災害の3つの種類

多量の土砂や岩石が一気に流れる「土石流」

　土砂災害には、大きくいって「土石流」「がけ崩れ」「地すべり」という3つの種類がある。

　「土石流」は、山腹や川底の土砂や岩石が長雨や集中豪雨などによって、一気に下流に押し流され、谷や渓流を流れ落ちる現象だ。地域によっては「山津波」とか「山抜け」などと呼んでいるところもある。土石流は、谷や渓流に沿って数キロメートルも離れた地域にまで大量の土砂や岩石を押し出すことがあって、渓流や谷川、沢とその出口に当たる地域は危険度が高い。速さは、時速20キロメートルから40キロメートルほどもあって、谷間では土石流の高さが数メートルになることがある。土砂や岩石、倒木などを巻き込んでいることから破壊力はすさまじく、一瞬のうちに人家や田畑を壊滅させてしまう。

土石流（国土交通省）

「がけ崩れ」と「地すべり」

　「がけ崩れ」は、山麓や台地などの急斜面が、雨や地震などの影響で一気に崩れ落ちる現象だ。主に都市周辺の台地の急斜面や人家の周辺の切り土の斜面から土砂が崩れ落ち、崩れた地

第2章-4 土砂災害の被害を防ぐ

点の真下から最大100メートルくらいの比較的狭い地域を襲う特徴がある。人家の近くで突然起きると、逃げ遅れる人が多く、犠牲者の割合が高い。

がけ崩れ（国土交通省）

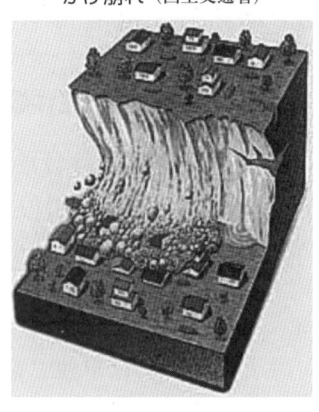

「地すべり」は、ゆるい斜面の一部または全部が、ゆっくりと長時間にわたって下に向かって移動する現象のことをいう。大雨や長雨のあとや、雪どけ時に発生することが多い。一般的に「がけ崩れ」に比べて移動する斜面の範囲が広く、土砂の量が多いために大きな被害になることがある。また、一旦動き出した斜面を完全に停止させることが難しいのが現状だ。

地すべり（国土交通省）

4 増える土砂災害

増える土砂災害の発生件数

　土砂災害の発生件数は、毎年のように増える傾向にある。1988年（昭和63年）までの10年間は、1年間の平均で783件だったのが、1997年（平成9年）までの10年は837件、2007年（平成19年）までの10年では1,144件となっている。最近では、毎年、全国各地で1,000件以上の土砂災害が起きているのだ。

　また土砂災害は単独でも起きるが、大雨はむろんのこと、地震でも、火山の噴火でも起きる。つまり、大きな災害が起きると、それにともなって土砂災害も増えるという特徴がある。このところ大きな地震や、かつてはなかったような猛烈な雨が降るようになって土砂災害は、発生件数とともに犠牲者が増える傾向にある。

　1966年（昭和42年）から2004年（平成16年）の間に起きた自然災害の死者のうち、阪神・淡路大震災の犠牲者を除くと、

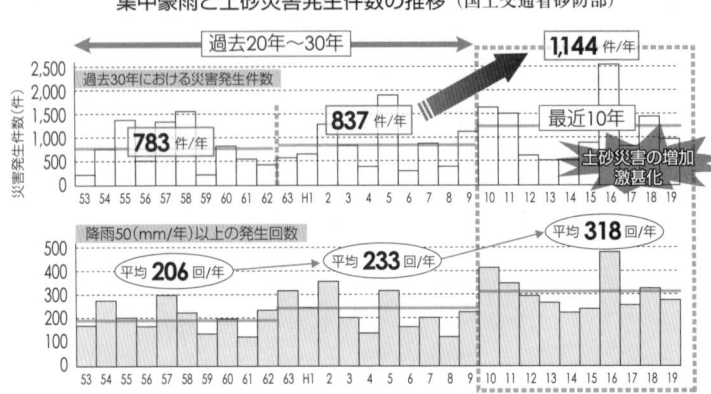

集中豪雨と土砂災害発生件数の推移（国土交通省砂防部）

全体の44％が土砂災害によるものだ。

しかも、犠牲者に占める高齢者の割合が多い。

2005年（平成17年）9月に日本列島を縦断した台風14号では、全国で160件の土砂災害が発生し、土砂災害だけで22人が亡くなったが、このうち15人が65歳以上の高齢者だった。土砂災害の発生した場所の多くが山あいの地域だったことから、過疎と高齢化の影響などでスムーズな避難が難しかったものとみられている。

自然災害による原因別死者・行方不明者数
（昭和42年～平成16年・国土交通省）

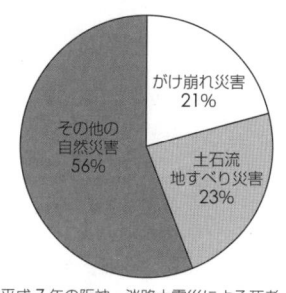

- がけ崩れ災害 21%
- 土石流地すべり災害 23%
- その他の自然災害 56%

平成7年の阪神・淡路大震災による死者・行方不明者数は除く

増える土砂災害の危険箇所

2003年（平成15年）3月に発表された住宅が5軒以上ある土砂災害の危険箇所数をみると、危険渓流は全国で8万9,518箇所もあって、前回1993年（平成5年）の調査の時よりも1万箇所も増えた。また、がけ崩れの危険箇所は全国に11万3,557箇所で、こちらも前回の1997年（平成9年）から2万7,000箇所増えた。

残る地すべりの危険箇所は、この時は調査されなかったが、1998年（平成10年）の調査ではおよそ1万1,000箇所あることがわかっている。

こうして、全国にある土砂災害の危険箇所は21万4,000箇所余りに上っているが、このうち砂防ダム（砂防えん堤）などの施設が整備されているところは20％にとどまっているのが現状だ。

コラム 災害弱者の施設を土砂が襲う

山口県防府市の土砂災害

2009年(平成21年)の7月は、北からの寒気が強く、日本列島に夏をもたらす太平洋高気圧が北上しきれない状態が続き、日本海を次々に低気圧が北上し、各地で悪天候と猛烈な豪雨が続いた。北海道の大雪山系のトムラウシ山などでは、風速20メートルを超える強風に雨も加わる悪天候に見舞われ、中高年を中心にした登山グループが相次いで遭難し、合わせて10人が亡くなった。

また21日には、九州の北部や山口県に1時間に100ミリを超える猛烈極まりない雨が降って、各地で洪水や土砂災害が発生した。

中でも、山口県防府市では100箇所を超える場所で土石流や土砂崩れが起き、合わせて14人が亡くなった。とりわけ関心を集めたのは、裏山から流れ込んだ土石流によって7人の入所者が亡くなった老人ホームの被害だった。

土石流が流れ込んだ老人ホームの1階部分

土砂災害の危険箇所に多い高齢者の施設

過去にも高齢者など災害弱者の施設が土砂災害に巻き込まれたケースがあって、1993年(平成5年)8月の集中豪雨では、鹿児島県吉野町の病院が土砂崩れの直撃を受けて、入院患者9人が犠牲になった。また1998年(平成10年)8月には、福島県西郷村にある

福祉施設の裏山が崩れ5人が亡くなった。

　国土交通省の調査では、全国には土砂災害の危険箇所に建てられている高齢者や障害者などの施設は1万3,818施設（平成20年度末）にのぼっている。

　こうした施設を作るには一定の広さの敷地が必要なうえ、予算の面からも比較的安い値段の土地を探すことが多く、町の中に用地を確保することが難しかったりして、郊外の危険箇所に建てられるケースが多いとみられている。

　こうした施設を守るために効果的なのは、斜面の上の方に砂防えん堤（砂防ダム）を建設するなどの砂防工事をして土砂の流れを止めることだ。防府市の土砂災害の時にも効果をあげた砂防えん堤があったが、被害にあった老人ホームの上流には建設されていなかった。

土砂や流木を止めた防府市の砂防えん堤（砂防ダム）

　全国の土砂災害の危険箇所にある老人ホームなどの施設のうち、2008年（平成20年）末現在、上流に砂防えん堤があるのは31％にすぎない。高齢化の進展などで、次々に危険箇所に施設が作られる上に、最近の国や自治体や財政状況から、従来のように公共工事が進められなくなっているからだ。

検討すべき対策

　検討すべき対策は主に2つある。まずは、砂防えん堤など防災施設の整備を進めることだ。老人ホームなどの施設には、一人では避難が難しい人がたくさんいる。優先的に砂防工事を進める必要があ

る。と同時に、土砂災害の危険箇所に、これ以上高齢者などの施設を作らないようにする取り組みも強力に進めなくてはいけない。

　２つ目は、自治体は福祉の部局や地域の人たちと協力して、早めの避難体制を作ることだ。その際の目安にして欲しいのは、気象台と都道府県の砂防部局が一緒に出している「土砂災害警戒情報」だ。この情報は大雨警報が出た後に、土砂災害の危険性が高まった市町村に出される。また近隣の被害に注意することも早めの対応に役立つ。防府市で災害が起きる前に大雨に見舞われていた隣の島根県では、すでに32箇所でがけ崩れが起きていた。そうした近隣の被害に敏感になることでも早めの避難を進めることができる。

5　岩手・宮城内陸地震と土砂災害

大きな土砂災害を起こした地震

　2008年（平成20年）６月14日、土曜日の午前８時43分頃に飛び込んできた地震の一報は、岩手県の内陸南部でマグニチュード7.0の地震が起きたというものだった。その後マグニチュードは7.2に訂正されたが、1995年（平成７年）の阪神・淡路大震災（M7.3）とほぼ同じ規模の地震だった。

　地震が起きた東北地方南部は陸側の岩盤の下に太平洋側の岩盤が沈みこんでいる影響で、東西に圧縮される力が加わっていて地震のエネルギーがたまりやすい。

　国は阪神・淡路大震災以降、確認されている主な100余りの活断層の調査を続け、長期的な地震発生確率を評価しているが、岩手県の内陸南部にはこれまで明らかな活断層は見つかっていなかった。つまり、これまで知られていなかった未知の断層が

動いたのだ。

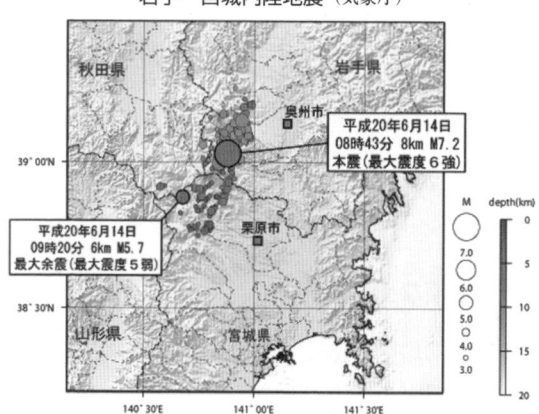

岩手・宮城内陸地震（気象庁）

平成20年6月14日
08時43分 8km M7.2
本震（最大震度6強）

平成20年6月14日
09時20分 6km M5.7
最大余震（最大震度5弱）

未知の断層が地震を起こす

　阪神・淡路大震災以降に内陸で起きた主な地震には、2000年（平成12年）の鳥取県西部地震、2004年（平成16年）の新潟県中越地震、2007年（平成19年）の能登半島地震や新潟県中越沖地震などがあるが、いずれもそれまではっきり知られていなかった未知の断層が引き起こしたとみられる地震だ。

　つまり、近くに知られている活断層がないからといって、私たちは安心してはいけないということになる。

　断層は地下深くにあったり、表面に厚く土が積もっていたりするとわかりにくく、まだ知られていない断層が各地にあるとみられる。日本で暮らす以上、マグニチュード7クラスの地震は、いつどこで起きてもおかしくないと考えて備える必要があるということだ。

【未知の断層が引き起こしたとみられる最近の地震】

2000年（平成12年）	10月6日	鳥取県西部地震（M7.3）
2003年（平成15年）	7月26日	宮城県北部の地震（M6.4）
2004年（平成16年）	10月23日	新潟県中越地震（M6.8）
2005年（平成17年）	3月20日	福岡県西方沖地震（M7.0）
2007年（平成19年）	3月25日	能登半島沖地震（M6.9）
	7月16日	新潟県中越沖地震（M6.8）
2008年（平成20年）	6月14日	岩手・宮城内陸地震（M7.2）

山あいでの大規模な土砂災害

　私は、岩手・宮城内陸地震発生の2日後から被災地を取材した。この地震の被害の大きな特徴は、山あいの地域で大規模な土砂災害が起きたことだった。

　最も大きな山崩れの現場を、宮城県栗原市の中心部から20キロほど離れた荒砥沢ダムから見ることができた。ダムに向かう山道にはひびが入り、アスファルトの道路は持ち上がって大きな亀裂もできていた。最後は歩いてダムまで行ったが、山あいほど揺れが激しかったことを実感した。

　ダム湖の向こうに山崩れ現場を望むことができた。山の斜面が一面に崩れ落ち、大量の土砂がダム湖に流れ込んでいた。長さは約1,500メートル、幅は800メートル、崩れた土砂の量は5,000万立方メートルから1億立

宮城県栗原市の荒砥沢ダムから見た山崩れ現場（2008年6月17日）

方メートルとみられている。2004年（平成16年）の新潟県中越地震で山古志村で起きた地すべりの量の40倍から70倍という膨大な量だ。

災害の原因と「せき止め湖」

　山の形が変わるような大規模な土砂崩壊が起きた要因ははっきりしていないが、専門家によって指摘されている主な理由は3つある。
① 　一帯が固い地盤の上に、栗駒山の火山灰などの噴出物によってできた比較的やわらかい地盤がのっていたこと。
② 　雪どけ時期の終わり頃にあたり、地盤に大量の水がしみこんで、滑りやすくなっていたこと。
③ 　震源が山あいだったことから、直下から地盤を持ち上げるような揺れがあって、あたかも滑り台を滑るように土砂が崩れた可能性があること。

　こうした大量の土砂が河川の流れをせき止めて湖のようになる『せき止め湖』が、宮城県の迫川と岩手県の磐井川の流域に、主なものだけでも15個できた。
　せき止め湖は、過去の地震でもできたことがある。江戸時代の終わり頃の、1847年（弘化4年）に長野県で起きた「善光寺地震」や1858年（安政5年）に富山県と岐阜県の県境付近で起きた「飛越地震」では、大きなせき止め湖ができ、その後の地震や大雨で決壊し下流の善光寺平や富山平野に甚大な被害をもたらした。
　こうした被害を出さないようにするために、宮城や岩手の現場ではポンプで上昇する水を排水するとともに、迂回する水路

を作って水を流すための対策が進められた。

広がった不確実な情報

　被災地では、多くの人の不安が不確実な情報となって広がった。地震発生から4日後の6月18日、せき止め湖が決壊する恐れがあるという情報が流れ、行方不明者の捜索活動が中止され、住民に避難が呼びかけられた。その後土砂の専門家が調査したところ、差し迫った危険はないという見解がだされ、一連の騒ぎはおさまった。

　同じようなことは過去の地震でも起きたことがある。阪神・淡路大震災の後にも「マグニチュード6くらいの余震が起きる可能性がある」という情報が、「また震度6の地震がくる」という情報になって広がり、地元の気象台に問い合わせがあった。

　ともに災害後に正確な情報を伝えることが、いかに大切かを物語るできごとだ。

6　岩手・宮城内陸地震からみえた課題

山あいの地震からみえたもの

　岩手・宮城内陸地震の被災地が、2004年（平成16年）の新潟県中越地震と共通していたのは、地震後にあちこちで孤立した人がいたことと被災者に高齢者が多いことだった。

　新潟県中越地震では各地で起きた土砂崩れで道路が寸断されたり、通信手段が途絶えたりして、山古志村（現在は長岡市山古志地区）の14の集落など61の集落が孤立し、ヘリコプターでの救出に3日間かかった。

岩手・宮城内陸地震でも、山あいに点在する集落や温泉などで多いときには約650人が孤立した。

新潟県中越地震のあとに、内閣府が大きな地震などで孤立する恐れのある集落を調べたところ、農業集落と漁業集落を合わせて、全国には1万9,238箇所もあることがわかった。こうした地区の通信手段の確保やヘリコプターの活用は重要だが、緊急時の連絡のための衛星電話を備えているのは1.4％、ヘリコプターの駐機スペースがあるところは19％にとどまっていた。

山あいの集落は規模が小さいうえに、過疎と高齢化が進んでいる。中には、人口に占める65歳以上の割合である高齢化率が50％を超え、冠婚葬祭など最低限の共同生活の維持も難しい、いわゆる"限界集落"と呼ばれるところもある。

対応すべき課題

中山間地域の山あいの集落が孤立しないようにするために、集落に通じる道路を複数建設したり、土砂災害を防ぐための砂防えん堤（砂防ダム）などの施設を次々に作るのは、なかなか難しい。

短期的には、衛星電話などの通信手段の確保をはかるとともに、夜間でも飛べるヘリコプターを増やし、照明設備のある駐機場を作っておくことが重要だ。

静岡県の取り組み

静岡県には孤立の可能性のある集落が377箇所あるが、県が費用の3分の1を補助することで衛星携帯電話の整備を進めている。2007年（平成19年）8月までに、237箇所の整備が終わっ

た。また2006年（平成18年）から、自衛隊に協力してもらってすべての集落に実際にヘリコプターで離着陸し、操縦士の観点から地形などをチェックしている。

　さらに、都市部の自治会とは違った備品の配備を見直そうとしている。かつて、各集落に縦3.6メートル、横5.4メートルのシートに地区の名前を書いたり、ケガ人がいるとか食糧が欲しいなどといったメッセージを書いて配った。これは必要なメッセージを書いたシートを、上空から見やすい場所に置いてもらうという烽火のようなアイデアだ。最新の機器に慣れない高齢者でも、シートにペンキで文字を書いてヘリコプターに示すのであれば、使いやすいのではないかというのだ。

　そういえば新潟県中越地震の時にも、道路に「SOS」と書いて救助を求めていた孤立集落があった。静岡県の防災担当者は「中山間地域の集落が多いので、いざという時にどこの救助を優先させるかを判断する上でもシートは役に立つと思う」と話していた。

　最近の地震は、日本のどこにでもある地方都市とその周辺の山あいの地域が、大きな地震の襲われたときに、どんな課題に立ち向かう必要があるかを考えさせている。

　日本の国土の70％を占める中山間地域をどう守っていくのかは、日本の社会が抱える課題に真摯に向き合うことにつながっている。

コラム 都市から始まるサクラ前線

都市で早まるサクラの開花

　土砂災害が多くなっている原因の1つに、かつてはなかったような猛烈な雨が頻繁に降るようになった最近の気象の変化があるといわれるが、そうした気象の変化は、日本の春を告げるサクラの開花にも顕著な影響を引き起こしている。

　2009年(平成21年)に、全国で最も早くサクラが開花したのは福岡市で、平年より2週間近く早い3月13日だったが、最近のサクラの開花には、2つの大きな異変が起きている。

　1つは、都市部の開花が一段と早まっていることだ。2007年(平成19年)には九州や四国よりも早く東京のサクラが最初に開花し、2008年(平成20年)も東京や名古屋が九州などと同じ日、そして、2009年(平成21年)は福岡が一番だった。

　1980年代頃までは、最も早い開花は種子島や鹿児島、宮崎、高知などだったのだから、ずいぶんな様変わりだと言える。

　原因はサクラが気温に敏感で、コンクリートに覆われた都市部が周辺よりも暖かくなるヒートアイランド現象の影響を受

4月1日にサクラ(ソメイヨシノ)が開花している地点　　(気象庁)

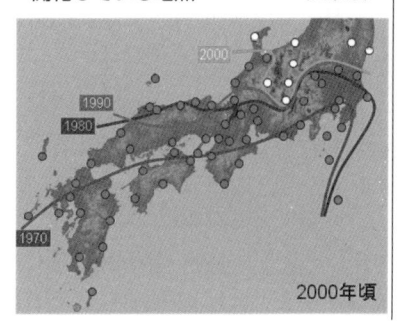

2000年頃

けているとみられている。

　この100年間に日本全体の平均気温は1度上昇したが、東京や福岡など大都市部は2度から3度も上がった。

　東京を例に10年ごとの開花日をみると、1980年代は3月30日だったが、2000年代には3月23日と7日も早くなった。この間、全国のサクラの開花も4.2日早まっているが、東京など大都市部は一段と早くなっている。

東京の開花日の年代別変化（気象庁）

1980年代	3月30日
1990年代	3月26日
2000年代	3月23日

温暖化で遅れるサクラの開花

　都市部とは逆に、温暖な九州の南部などで開花にブレーキがかかって、遅れる傾向がはっきりしてきた。2008年（平成20年）までの10年間は温暖化の傾向が続いて、全国のほとんどのところで開花が平年より早かった回数が多いが、鹿児島市では7回、宮崎市では5回も平年より遅れた。

　温暖な地方で開花が遅れ始めたのも温暖化の影響で、サクラは春の気温が高いほど早く咲くとは限らない。冬の寒さが重要で、ある程度寒い日が一定期間続かないと芽が育つようにならないという性質がある。

　鹿児島市の1月の平均気温を調べると、1940年代は6.2度だったが、2000年代は8.9度で、2.7度も高くなっている。

　「日本のような温帯の植物には、冬の寒さが重要だ」と指摘している研究者がいるが、このまま温暖化が進むと、今世紀の終わりころには北からサクラ前線が動き始めるというようなことになりかねない。

> 最近のサクラ前線に起きている異変は、地球温暖化やヒートアイランド現象への対策を、一層急ぐ必要があることを教えているように思える。

7 大雨洪水警報の基準が変わった

新しい大雨洪水警報

地域の防災力を高めるためには、行政も住民も様々な努力が必要だが、正確な情報の提供という問題は常に重要だ。

2008年（平成20年）5月28日から、大雨洪水警報が発表される基準に地域ごとの災害の起こりやすさが加えられたのも、そうした地域の防災を進めるための努力の1つである。

大雨が降って、がけ崩れや土石流などの土砂災害が起きる恐れが高まった際には大雨警報が、また川が溢れて洪水が起きやすそうになった際には洪水警報が気象庁から発表されている。これらの警報がでるとNHKではテレビやラジオで速報するし、対象となった自治体は防災担当者が参集するなどして体制をとるようになっている。

より正確な情報へ

これまでは警報が出ても被害がほとんどないという事例も多く、警報の精度を高めることが課題になっていた。

鹿児島市の洪水警報を例に、少し具体的にみてみると、従来の洪水警報発表の基準は1時間の雨量が50ミリ、24時間の雨量は200ミリで、どちらかの基準を上回ると洪水警報が出されて

いた。

　最近の15年間（1991年から2005年）に洪水警報が発表された回数は113回あったが、警報が対象とする床上浸水が5棟以上の被害がでたのは9回だった。

　基準の範囲が広いことから、注意報で対応できるようなケースでも警報が出されていたわけだ。災害が起きないのはいいことだが、そうしたケースがあまり多くなると、せっかく警報を出しても人が聞いてくれないイソップの寓話の中の狼少年のような情報になってしまう。

　そこで、これまでの基準に地域ごとの特徴を加味することにしたのだ。具体的にいうと、これまでの基準は、「1時間」と「3時間」と「24時間」の降水量だけだった。つまり観測地点だけのデータをもとに判断していた。しかし、最近は狭い範囲で雨の降り方が極端に変わることがあるし、洪水は流域全体に降った雨の量が影響する。そこで、地域ごとのそうした特徴を指数にして、警報を出すかどうかを判断することにした。

　先ほどの鹿児島県の例に、新しい基準に当てはめてどう変わったかみてみると、1時間の雨量を78ミリに引き上げた上に地域の特徴を基準にしたところ、床上浸水5棟以上の被害がでた9回はすべてとらえたうえに、警報の発表回数を20回に減らせることがわかった。

　同じように土砂災害の危険性を呼びかける大雨警報も、降った雨が土の中にどのくらい浸み込んでいるかをデータにして基準に加えることにした。

　こうして、気象庁は大雨洪水警報の精度を高めることで、各自治体が早めに避難勧告などを出せるようにしていきたいと話している。

第2章-4　土砂災害の被害を防ぐ

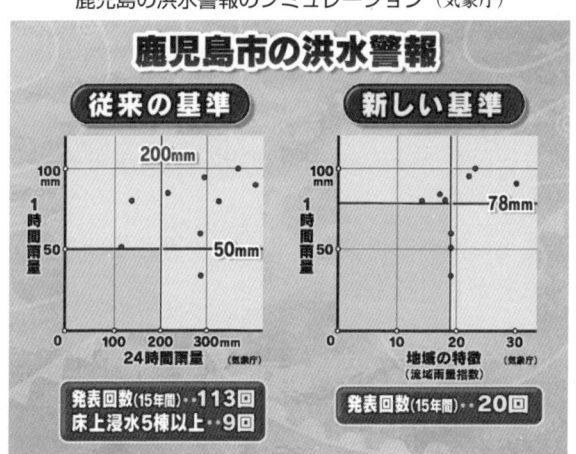

鹿児島の洪水警報のシミュレーション（気象庁）

鹿児島市の洪水警報

従来の基準
200mm
50mm
1時間雨量
24時間雨量（気象庁）
発表回数(15年間)‥113回
床上浸水5棟以上‥9回

新しい基準
78mm
1時間雨量
地域の特徴（流域雨量指数）（気象庁）
発表回数(15年間)‥20回

新しい情報を防災に生かすために

　新しい大雨洪水警報を生かして、地域が早めに避難勧告などを出す取り組みを進めるためには、いくつか課題がある。

　1つは、警報が対象とする地域を狭くする必要があることだ。現在、警報が対象としている地域は、○○県の△△地方というようになっていて、複数の市町村が含まれているところが多い。しかし洪水や土砂災害は、もっと狭い範囲で起きることから、自治体の防災担当者などからは、警報も市町村単位くらいを対象に出して欲しいという要望が強まっている。気象庁は新しい基準の検証とともに、より狭い地域を対象に警報を発表できるよう取り組んで欲しい。

　2つ目は、基準の変更によって警報の切迫感が高まっていることを、気象庁や地元の気象台は、それぞれの自治体や住民に丁寧に説明する必要がある。警報の名前も出し方も変わらない

が、警報と災害発生の関係が密接になっていることを、情報を受ける側がよく理解していなといけないからだ。

　3つ目は、警報が発表された自治体や住民は、従来にも増して危機感をもって対応する必要がある。これまでよりも、警報が発表される回数は減るが、対応しなければ大きな被害につながりかねない。

　情報の変更に関わる認識を情報を出す方と受ける方が共有して、防災に生かして欲しい。

コラム　雨の降り方と土砂災害

停滞前線による大雨

　大雨は土砂災害を引き起こす最も大きな要因の1つだが、一口に大雨といってもいろんな降り方や条件がある。

　まず、大雨が降りやすい条件からみていこう。主なケースは3つだ。

　1つ目は、停滞前線により大雨が降る場合だ。梅雨前線や秋雨前線などの停滞前線の上を低気圧が移動すると、大気の状態が不安定になり集中豪雨が発生しやすくなる。1999年（平成11年）6月に起きた災害は、このタイプだった。それまでに相当量の雨が降っていた福岡市で1時間に79.5ミリもの豪雨が降って、市内を流れる御笠川

1999年6月29日の天気図（気象庁）

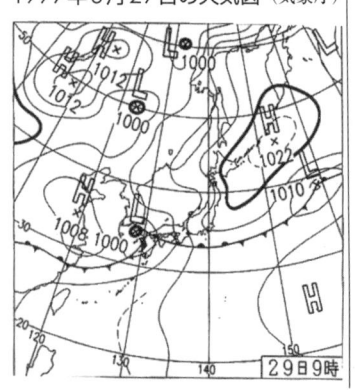

が溢れ、ビルの地下にいた女性が閉じ込められて亡くなった。また、この停滞前線による雨は中国地方も襲い、広島市や呉市の斜面に造成された住宅地で、がけ崩れや土石流が発生し、死者・行方不明者は広島県だけで32人にのぼった。

台風による大雨

2つ目は、停滞したり、ゆっくりした速度の台風によって大雨が降る場合だ。強い雨雲を伴った台風が進路を阻まれたり、上空の偏西風の流れが偏っていたりすると、停滞したり、速度が遅くなったりして、長時間にわたって大雨が続くことになる。2001年（平成13年）の8月に発生した台風11号は、進行方向の前面にある高気圧の影響で、時速15キロほどのゆっくりしたスピードで紀伊半島に上陸し、その後も停滞気味で、紀伊半島を横断するのに半日近くかかった。和歌山県那智勝浦町では一日の降水量が672ミリにも達する大雨となって、各地で河川が氾濫したり浸水したりの被害がでた。

2001年8月20日の天気図（気象庁）

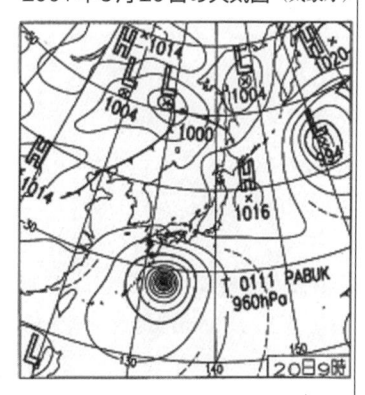

停滞前線と台風による大雨

3つ目は、停滞前線がかかっているところに、台風が接近してきて大雨が降る場合だ。梅雨前線や秋雨前線が停滞しているところへ、南から台風が接近してくると、前線に向かって台風から暖かい湿った空気が次々に流れ込み大雨になる。豪雨による災害が最も起きやすいパターンだ。1998年（平成10年）の8月末には、本州付近に

前線が停滞し南からは台風4号が北上し、栃木県と福島県境付近を中心に豪雨となり、栃木県那須町では一日の雨量が607ミリに達した。また、2000年（平成12年）の9月には、本州付近に停滞した低気圧と沖縄付近にあった台風の影響で、東海地方を中心に豪雨となり、名古屋市の一日の雨量が428ミリにのぼった。この豪雨で、名古屋市

2000年9月11日の天気図（気象庁）

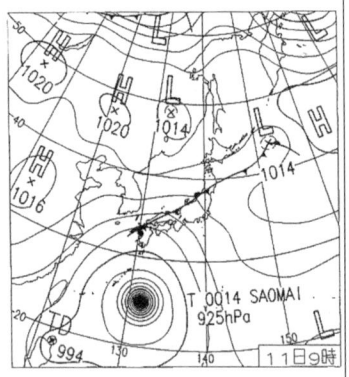

内を流れる新川の堤防が決壊し、名古屋市周辺は伊勢湾台風以来の浸水となった。東海豪雨の死者は10人、新幹線や地下鉄などが混乱するとともに、電話、ガス、水道などのライフラインにも大きな被害がでて、都市の水害対策を問い直す契機となった。

このほか、地理的な要因によって大雨が降ることがあるし、都市部が周辺に比べて気温が高くなるヒートアイランド現象の影響で、都市部で猛烈な雨が降ることもある。2008年（平成20年）には、各地で狭い範囲に短時間猛烈な雨が降って被害がでて、予測と対策の難しさから"ゲリラ豪雨"と呼ばれた。

さらに正確な雨の予測を

雨は、降り方にも特徴がある。夕立などに多い、短時間に集中して激しい雨が降るタイプや梅雨時や秋の長雨などに多い、長時間降り続くタイプ。また、長時間降り続くなかに短時間の激しい雨が含まれるタイプもある。

様々なタイプの雨で、毎年のように各地で土砂災害や洪水の被害がでているが、どこでどのくらいの雨が降るかを狭い範囲で正確に

> 予測するのは難しい状況だ。観測技術の進展で詳細なデータが揃いはじめているし、気象の研究も進んでいる。近い将来、狭い範囲で短時間降る雨についても、正確な予測ができるようになってくれることを期待したい。

8 土砂災害の被害を減らすために

土地開発の規制の対策

　増える傾向にある土砂災害の被害を減らすために、どうしたらいいだろう？　抜本的な対策といえるのは、土砂災害の恐れがある場所の土地開発の規制を進めることだ。

　2001年（平成13年）4月に施行された土砂災害防止法によって、そうした対策が取れるようになった。この法律では、土砂災害の危険があるところを、都道府県知事が「特別警戒区域」に指定すると、その場所に新しい住宅などを建設するには、知事の許可が必要になる。つまり指定によって、危険箇所への新たな開発を規制することができるようになっている。2009年（平成21年）7月31日現在で、全国で約5万7,600箇所が指定されている。

　個人の土地利用を規制する法律なのだから、土地の所有者の権利と防災のバランスを図るのが難しいと指摘されているが、土砂災害への抜本的な対策として、全国の都道府県は法律の適用をもっと積極的に考えるべきだろう。

準備情報による早めの避難

　もう1つの対策が、早めの避難を進めることだ。その取り組みを進めるために、2005年（平成17年）、国は「防災基本計画」に「避難準備情報」を盛り込んだ。

　それまで災害の危険が迫ってきたとき、市町村は2段階の情報で住民に避難を呼びかけていた。一段階目が「避難勧告」で、これは住民に避難を促す情報だ。もっと災害の起きる恐れが高まった際にだすのが「避難指示」で、これはいわば自治体による避難の命令にあたる。

　ところが2004年（平成16年）の洪水や土砂災害で、多くの高齢者が逃げ遅れるなどして亡くなったことから、高齢者などいわゆる災害弱者（災害時要援護者）には一般の人よりも早い段階で避難を始めてもらう必要があることがわかった。

　そこで市町村は「避難勧告」の前の段階で「避難準備情報」を発表し、一般の人には文字通り避難の準備をしてもらうとともに、高齢者などにはこの段階で避難を始めてもらうことにした。

　新しい情報は出来たが、それで問題が解決したわけではなかった。

　2005年（平成17年）の土砂災害で犠牲者がでた11箇所のうち、自治体から「避難勧告」が発表されたところは7箇所で、発表されなかったところは4箇所だった。しかもその内訳をみると、災害が起きた後に避難勧告がでたのが6箇所で、事前に出たのは1箇所しかなかった。

　確かに、住民に避難勧告や避難指示を発表するのは、市町村長にとっては大きな決断だ。私が取材した市町村長は、避難を実施しても実際に災害が起きない、いわゆる空振りに終った場合、住民から苦情がでるのではないかと心配だからという話を

していた。また夜中に避難所を開設するには人手と時間がかかるうえに、高齢者などを、夜間の山道などを安全に避難誘導できるか不安だなどといった答えがあった。

9 避難情報を早めに出すために

新居浜市立川地区の取り組み

　2004年（平成16年）、土砂災害の前に避難情報を発表して人的な被害を防いだケースがあった。

　愛媛県新居浜市の立川地区は、1976年（昭和51年）の土砂災害をきっかけに防災体制を見直した。立川地区は、新居浜市の中心部から5キロほどの山あいで230人ほどの人が暮らしているが、見直した避難対策は、1時間の雨量が40ミリ、または連続雨量が200ミリに達した場合、市と自治会が連絡を取りあって避難について検討するというものだ。また、地区内の連絡体制を定めるとともに、各世帯の状況を把握して高齢者などの避難や搬送などについて話しあいを行った。

　2004年（平成16年）の台風21号のときの立川地区の対応を、時系列に沿ってみてみる。

　　　　2004年9月29日の台風21号の時の立川地区の対応

午前9時過ぎ　　市の防災スピーカーが台風の接近を伝える
　　　　　　　　午後に地区の役員会の開催を決める
午後2時48分　　積算雨量が200ミリを超える
　　　　　　　　市の担当者と協議し、住民に避難の準備を呼びかける
午後3時30分　　市が立川地区に避難勧告を発表
　　　　　　　　地区では決められた役割によって、高齢者などの避難
　　　　　　　　誘導と寝たきりの人の搬送

午後4時30分　　地区全員の避難が終了
　　午後6時30分　　大規模な山崩れが発生し、住宅5棟が全半壊
　　　　　　　　　　地区の犠牲者はなし

　9月29日の午前9時すぎ、市の防災スピーカーが台風の接近を伝えたのを受けて、午後に地区の役員会を開催することを決めた。午後2時48分に積算雨量が200ミリを超えた。この段階で、気象庁の雨量予測をもとに市の担当者と協議したうえで、住民に避難の準備をするように伝えている。午後3時30分、市が立川地区に避難勧告を出した。その頃、地区では決められた役割によって、高齢者などの避難誘導と寝たきりの人の搬送が行われていた。そして、1時間後の午後4時30分、全員の避難を終えている。大規模な山崩れが起きたのは、その2時間後の午後6時30分のことである。住宅5棟が全半壊したが、犠牲者は出さなかった。
　行政のみに頼らない防災への取り組みが生きたのである。

行政と住民の連携

　こうして土砂災害の特徴と事前に避難できた例をみてくると、土砂災害対策に必要なものがみえてくる。
　主な課題を地方自治体と地域の住民に対してと分けて指摘しておきたい。
　まず、地方自治体の課題は2つある。
　1つは地域住民との連携が重要だということだ。避難をスムーズに行うためには、情報を具体的な行動に移すことができる地域の組織だった体制が必要だからだ。日ごろから市町村と地域がいざという時に備えた取り決めをしておくとともに、地域の体制作りを進め、訓練を繰り返しておく必要がある。

2つ目は市町村長は空振りを恐れずに、避難勧告や避難指示をだす必要があることだ。土砂災害の危険箇所は山あいが多く、過疎と高齢化が進んでいる。そうした地域の人たちが安全に避難するためには、時間的な余裕も必要だ。空振りを恐れずに早めの避難を判断して欲しい。

また住民も避難のタイミングを市町村に頼るだけでなく、自分が住んでいる地域の異常や危険を示す兆候などに注意して、自分たちの判断で逃げることも重要だ。

コラム　前兆を土砂災害の避難に生かす

山梨県丹波山村の対応

がけ崩れや土石流などが起きる前に、流れてくる水が濁ったり、地鳴りがしたりといった現象が観察されることがある。

そうした前兆現象を生かして避難したケースがあった。山梨県の北東部に、東京都や埼玉県と境を接する丹波山村という村がある。丹波山村の人口は870人、面積は100平方キロメートルだが、村の全域が多摩甲斐国立公園に属し97％が山林になっている。

この村を、2007年（平成19年）9月、台風9号が襲った。丹波山村では、9月4日の午前8時から雨が降り始め、その後4日間にわたって降り続き、総雨量は511ミリに達した。

この雨で、5日の夜丹波山村では、沢から土砂が押し出してきて、村と外をつなぐ国道411号線が通行止めになり、村は孤立状態になった。6日になると、不安を感じた一部の住民が自主的に避難を始めたが、村も午後2時に、2つの地区の53世帯115人に避難勧告を発表し、住民は公民館に避難した。

その5時間半後の午後7時半に、気象台と県の砂防部局が避難を促すための「土砂災害警戒情報」を発表した。午後10時に上岡沢で土石流が発生し、住宅や学校などが土砂に埋まる被害を出した。しかし、早めの避難が功を奏し、人的な被害はなかった。

　都道府県と気象台が発表する「土砂災害警戒情報」の前の避難勧告というのは、ずいぶん早いようだが、岡部政幸村長は、「沢近くの住民から『川の水量が上がり盛り上がって流れていて、普段と全く違っている』とか『石がぶつかるような音がする』『泥水が住宅の窓まで飛んでくるほどの勢いだ』などといった通報が相次いだことが避難勧告を発表したきっかけだった」と話していた。

山梨県丹波山村の雨量と対応（「砂防と治水」2008年6月号）

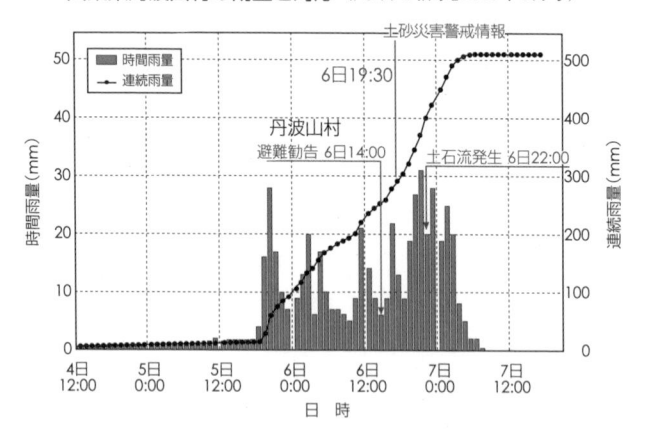

土砂災害と前兆現象

　土砂災害の前に必ず前兆現象があるわけではないだろうが、取材したいくつかの土砂災害で前兆現象があったという話を聞いた。
　そこで国土交通省が、2004年（平成16年）と2005年（平成17年）の土砂災害のうち、住民が前兆現象を確認した時刻と災害発生時刻

が分かっている52件について詳しく分析した。

 確認された前兆現象は、土石流が「地鳴り、山鳴り」「石のぶつかる音」「水の異常な濁り」など154例、がけ崩れが「小石がパラパラ落ちる」「斜面の湧水」「流木、倒木の発生」など35例になった。

 時間的な切迫性を整理すると、まず、土石流は、2、3時間前から渓流や沢の流れの「水位が上昇」して「水が異常に濁る」ようになり、1、2時間前には「流れる石のぶつかり合う音」が聞こえたり、「流木や倒木」が目立つようになる。そして「地鳴り」がしたり、それまで上昇していた「水位が激減」したり「土臭いにおい」がしたり、「渓流内で火花」が起きるようになると、直前の兆候だという。

 「土臭いにおい」や「地鳴り」は、既に上流で土石流が発生し始めている可能性があるし、渓流や沢の水位が急に減るのは、崩れた土砂が上流の流れをふさいだ可能性があるからだ。

土石流の前兆現象と発生時間（国土交通省）

直前	1～2時間前	2～3時間前
渓流内の火花	石のぶつかる音（転石）	水位の上昇
土臭いにおい	流木、倒木の発生	水の異常な濁り
水位の激減		
地鳴り		

 がけ崩れの場合は、2、3時間前に斜面からの「湧き水が増えた」り「斜面の表面を水が流れる」ようになり、1、2時間前になると「小石がパラパラ落ち」てきて「わき水が濁る」ようになってくる。そして「わき水が急に止まった」り、逆に勢い良く「噴き出した」り、「斜面がふくらんできた」り、「地鳴り」がしたり、「亀裂ができた」りしたら、がけ崩れが迫っている兆候だと整理している。

がけ崩れの前兆現象と発生時間（国土交通省）

直前	1〜2時間前	2〜3時間前
わき水が止まる わき水が噴き出す 斜面がふくらむ 地鳴り 亀裂ができる	小石がパラパラ落下 わき水が濁る	わき水の増加 斜面に流水が発生

むろん、これらの前兆現象と発生時間はあくまで目安であって、こういう状況が確実に土砂災害に繋がるということではない。また、こうした前兆がなく土砂災害が起こることも十分考えられる。

情報を避難に生かす

土砂災害の被害を防ぐためには早めの避難が重要だ。土砂災害の危険ヵ所を抱えた自治体は、気象台や県からの情報に注意するだけでなく、消防団や住民などからの前兆現象や異常を知らせる通報を避難に生かす仕組みを考えて欲しい。

また、土砂崩れの危険があるがけなど斜面の近くや土石流が起きやすい沢沿いに住んでいる住民は、紹介したような前兆を見たり聞いたりした場合はむろんのこと、雨の降り方や周囲の状況に異常を感じたら、自治体から避難勧告が出ていなくても、それが自分にとっての前兆現象だと受け止めて早めの避難を心がけて欲しい。そして、避難が空振りに終わった場合は、被害がなくて幸いだったと考えるようにして欲しい。

コラム 専門家と一般のズレ

つながらなかった携帯電話

 2006年(平成18年)の10月、日本付近を通過した発達した低気圧によって各地で被害がでた。

 中でも大きな被害となったのは、宮城県女川町沖のサンマ漁船である。10月6日の午後10時過ぎ、16人乗りのサンマ漁船「第7千代丸」は、低気圧の急速な発達による荒天に巻き込まれて座礁した。当時の海上では風速30メートル以上の暴風が吹き、波が7メートルにも達する大しけだった。

 この災害では、「第7千代丸」がまさに遭難していた10月6日の午後10時30分過ぎに、54歳の乗組員の1人が家族の携帯電話に電話をかけていた。

 電話を受けた家族は、父親の船の遭難が伝えられた午後11時過ぎに、着信履歴に気がつき、かけなおしたが応答はなかったという。

 このときの低気圧の発達では、「第7千代丸」のほかにも、伊豆諸島の新島の沖で遊漁船が転覆し、北アルプスの奥穂高岳の岐阜県側の尾根で山岳遭難が起きるなどして、死者・行方不明者は合わせて33人にのぼった。

 乗組員から家族に電話があったといったニュースを耳にすると、こうした一人ひとりの死が33人分あったということに、改めて気付かされる。

変わる情報の提供

 低気圧の急発達による災害を防ごうと、気象庁は、2007年(平成19年)の台風情報の見直しに合わせて、台風から変わった低気圧や十分な警戒が必要な低気圧についても、台風と同じように情報を発

表することにした。

　災害をもたらす低気圧については「爆弾低気圧」とか「台風並みの低気圧」といった言葉を使ったらどうかという提案もあったが、「爆弾という表現は不適切」とか「最大風速が20メートル程度の弱い台風もあって、その程度の低気圧に大きな警戒を呼びかける必要はない」といった考え方などから見送られている。

　科学者や技術者などの専門家が許容できる表現と一般の人たちに警戒を促す表現をどう考えるかは、難しい問題だが、「集中豪雨」や「直下地震」といったマスコミが作った言葉が、今では専門家も使うようになった例もある。

　専門家と一般の人たちとのズレを埋めていく作業は、防災や社会の安全対策を考える上ではとても重要なことである。社会との接点をもたない技術者や科学者の離れ小島のような専門性は、こと防災や安全など社会の多くの人が理解しなくてはいけない分野では、存在価値が問われる時代になっているといえるだろう。

10 土砂災害警戒情報を生かす防災

地域の防災力を高める情報の活用

　この章の最後に、情報を伝える側の責任についても触れておきたい。

　「土砂災害警戒情報」は、気象庁と都道府県の砂防部局から自治体と地域の住民に発表される情報である。つまりは、土砂災害について豊富な知識を持っている人から、あまり多くの専門知識を持たない人に伝えられる。また、時間的な余裕や人手が比較的あるところから、より危険が迫っている現場へ伝えら

れる情報でもある。したがって、情報の送り手は、情報の受け手がきちんと内容を理解し、それを生かせたかどうかまでを確認する重い責任があると考えるべきだと思う。

　気象庁や国土交通省砂防部、それに土砂災害の研究者には、土砂災害が発生するメカニズムの解明に向けた研究を急ぎ、精度の高い情報の提供を目指して欲しいと思うが、現状では限界があることを理解した上で、自治体は地域の避難体制を整え、空振りを覚悟して避難勧告や避難指示を発表する必要がある。

　土砂災害は、専門家にとっても、どこが、いつ崩れそうかの正確な予測が難しい上に、地域の住民が外から見ても危険性が見えにくい。そうした中、「土砂災害警戒情報」は、現在の科学が迫りうる最も精度の高い危険情報として位置づけられている。したがってこの情報を生かして早めの避難を進める努力に地域の力を結集していく必要がある。

　自治体は情報を防災に生かせる内部の体制を整備するとともに、普段から地域の住民と協力して避難の体制作りを進めて欲しい。また、地域の住民は避難が無駄になっても無事だったことを喜べるような心づもりを作って欲しい。さらには自治体からの情報がなくても、周囲の状況に異常を感じたら自らの判断で早めの避難もして欲しい。

　そうした各段階の取り組みのいずれもが機能したとき、地域の防災力はさらに高まって土砂災害の犠牲者を減らすことができるようになると思う。

第2章-5
火山の噴火被害を防ぐ地域の力

1 予知された噴火

2009年の浅間山の噴火

　2009年（平成21年）2月2日、長野と群馬の県境にある浅間山で小規模な噴火が起きた。気象庁は、前日の2月1日の午後1時に「火口周辺警報」を発表し、噴火警戒レベルを「レベル2」の「火口周辺の立ち入り規制」から「レベル3」の「入山規制」に引き上げ、『早ければ数時間から1日ほどの間に中規模な噴火が起きる恐れがあり、山には入らないで欲しい』と呼びかけた。そして噴火は、その予測通り、13時間ほど後の翌2日の午前1時51分頃に起きた。

　噴煙が山頂の火口から高さ2,000メートルまで上がり、火口の周辺に噴石が飛び散ったほか、上空の強い風にのって火山灰が南東の方向に広がり、東京の都心や横浜、さらには200キロ

噴煙を上げる浅間山（2009年2月17日）

離れた房総半島や伊豆大島でも確認された。

最初の噴火予知は北海道の有珠山

　北海道の有珠山の2000年（平成12年）の噴火が、初めての噴火予知だった。

　有珠山は、北海道の南西部に位置した標高732メートルの火山で、気象庁が「噴火の危険度が高い」として、常時観測している火山の1つだ。山の北側の洞爺湖との間には、ホテルや旅館が軒を連ねる洞爺湖温泉があって、年間400万人の観光客が訪れるが、過去300年の間に、約30年から50年の間隔で8回の噴火を起こしている。

　2000年（平成12年）の噴火の際には、噴火の2日前の3月29日に「今後、数日以内に噴火が発生する可能性が高い」という内容の緊急火山情報が発表され、地殻変動の観測や亀裂や断層群発達といった情報がでて、31日の午後1時8分に噴火した。情報を受けて、地元の自治体が避難勧告を発表し、周辺の1万人余りの住民が噴火の前に避難し犠牲者はなかった。国道や土産物工場の建物付近にも噴火口ができたことを考えると、事前の避難がなければ人的な犠牲者がでていた可能性があった。

2　火山の情報が変わった

地域の防災力で被害を防ぐ

　2009年（平成21年）の浅間山の噴火の時に出された「火口周辺警報」や引き上げられた噴火警戒レベルは、2007年（平成19年）12月から気象庁が新しく発表するようになった火山の情

報である。火山の噴火による被害や影響は周辺の多くの自治体が関係するため、地域が連携して防災力を高め被害を防ぐことが求められる。新しい情報は、周辺の自治体や住民、さらに観光客や登山者に、火山活動の危険度に応じて適切な防災行動を促し、被害を防ぐことを目的としている。

警報は大きくいって2つの段階に分けられている。登山者などを対象にした「火口周辺警報」と住民に避難などを求める「噴火警報」だ。

警戒レベルは火山の実態に合わせて

噴火警戒レベルは5段階に細分化されているが、2009年（平成21年）6月現在、火山の観測体制や周辺の自治体などの警戒体制が整っている富士山や桜島、浅間山など25の火山で導入されている。

「レベル1」は「平常」、「レベル2」は火口から少し離れたところまで影響が出そうな「火口周辺の立ち入り規制」、次が「レベル3」で火口から山麓の住宅の近くまで影響がでそうな「入山規制」となる。

ただ同じ「レベル2」や「レベル3」であっても、山ごとに規制の範囲が違っている。それは火山ごとに開発のされ方が違うため、山ごとの対応が必要だという理由による。例えば鹿児島県の桜島は火口から南に3キロ余りのところに集落があるが、浅間山は火口から4キロの範囲にあるのは博物館など観光施設だけだ。したがって浅間山の「入山規制」は4キロだが、桜島は2キロになっている。また北海道の有珠山は火口から3キロから4キロほどのところに温泉街があるから、活動が始まると比較的早く住民の避難を進めなくてはいけないことになる。

噴火警戒レベル （気象庁）

予報警報の略称	対象範囲	レベルとキーワード	火山活動の状況	住民等の行動	登山者・入山者への対応
噴火警報	居住地域	レベル5 避難	居住地域に重大な被害を及ぼす噴火が発生、あるいは切迫している状態にある。	危険な居住地域からの避難等が必要（状況に応じて対象地域や方法等を判断）。	
		レベル4 避難準備	居住地域に重大な被害を及ぼす噴火が発生すると予想される（可能性が高まってきている）。	警戒が必要な居住地域での避難の準備、災害時要援護者の避難等が必要（状況に応じて対象地域を判断）。	
火口周辺警報	火口から居住地域近くまで	レベル3 入山規制	居住地域の近くまで重大な影響を及ぼす（この範囲に入った場合には生命に危険が及ぶ）噴火が発生、あるいは発生すると予想される。	通常の生活（今後の火山活動の推移に注意、入山地域）、状況に応じて災害時要援護者の避難準備等。	登山禁止・入山規制等、危険な地域への立入規制等（状況に応じて規制範囲を判断）。
	火口周辺	レベル2 火口周辺規制	火口周辺に影響を及ぼす（この範囲に入った場合には生命に危険が及ぶ）噴火が発生、あるいは発生すると予想される。	通常の生活	火口周辺への立入規制等（状況に応じて火口周辺の規制範囲を判断）。
噴火予報	火口内等	レベル1 平常	火山活動は静穏。火山活動の状態によって、火口内で火山灰の噴出等が見られる（この範囲内に入った場合には生命に危険が及ぶ）。		特になし（状況に応じて火口内への立入規制等）。

噴火警戒レベル導入火山 （気象庁、2009年6月現在）

雌阿寒岳、十勝岳、有珠山、北海道駒ケ岳、樽前山、岩手山、吾妻山、安達太良山、那須岳、磐梯山、草津白根山、浅間山、御嶽山、伊豆大島、三宅島、富士山、箱根山、九重山、雲仙岳、阿蘇山、霧島山（新燃岳）（御鉢）、口永良部島、桜島、薩摩硫黄島、諏訪之瀬島

つまり噴火警戒レベルは火山の活動のレベルではなく、地元の防災対応のレベルになっている。

さらに「レベル4」になると、山麓の住宅地まで重大な被害を及ぼす噴火が起きる可能性がある段階で、住民に「避難準備」を求めることになり、最も高い「レベル5」になると、大規模な噴火が切迫している状態で住民は「避難」することになる。

3 火山情報の変遷

火山の情報は1965年から

火山の情報を、気象庁が発表し始めたのはそう古いことではない。1965年（昭和40年）1月からで、活動が活発な伊豆大島の三原山、長野県と群馬県にまたがる浅間山、熊本県の阿蘇山、それに鹿児島県の桜島の4つの火山については、毎月定期的に情報を発表し、それ以外の火山については必要に応じて臨時に情報を発表するかたちだった。

その後1973年（昭和48年）に、火山の噴火により被害を受ける恐れがある地域に、避難施設や防災施設を整備して住民の安全を確保することを求める「活動火山対策特別措置法」が施行された。そして5年後の1978年（昭和53年）に一部が改正され、気象庁に火山情報の通報義務が加わることになった。

これを受けて1979年（昭和54年）に、いわば火山の警報にあたる「火山活動情報」、火山の注意報にあたる「臨時火山情報」、きめ細かく火山の状況を発表する「定期火山情報」が設けられた。

そして1993年（平成5年）には、「火山活動情報」の名称が「緊急火山情報」に変わるとともに、「緊急火山情報」や「臨時火山情報」を補うために「火山観測情報」が新設された。

火山情報の変遷

1965年（昭和40年）火山情報（定期）と火山情報（臨時）の発表。
1973年（昭和48年）「活動火山対策特別措置法」施行。
1978年（昭和53年）「活動火山対策特別措置法」の一部改正で気象庁に火山情報の通報義務。
1979年（昭和54年）「火山活動情報」「臨時火山情報」「定期火山情報」の発表始まる。
1993年（平成5年）「火山活動情報」の名称を「緊急火山情報」に変更し、「火山観測情報」を新設。
2003年（平成15年）火山活動の状況を6段階に分けた活動度のレベル化を導入。
2007年（平成19年）噴火警報と噴火警戒レベルの導入。

最初は地域の防災対応がとりにくかった

　2007年（平成19年）12月から情報の出し方を変えたのは、それまでの情報では、自治体や住民がとるべき防災対応がはっきりせず、防災対応がとりにくかったからだ。

　2003年（平成15年）からは、火山の活動状況を「レベル0（兆候なし）」「レベル1（静穏）」から「レベル5（極めて大規模）」までの6段で示す活動レベルが導入された。これは、周辺の開発が進んでいるかどうかといった火山を取り巻く状況は考慮に入れないで、火山そのものの活動状況をレベル化して示したものだった。このため、周辺の自治体や住民の防災対応は別に考えなければいけなくて、自治体の防災担当者などから、情報が発表されてもどう対応していいかわからないといった声が上がっていた。

　また「緊急火山情報」や「臨時火山情報」という名称も、どういう情報かわかりにくかった。そこで、ＮＨＫなどのメディアは「火山の警報にあたる緊急火山情報が発表されました」と

第2章-5　火山の噴火被害を防ぐ地域の力

か、「火山の注意報にあたる臨時火山情報が発表されました」といった注釈をいちいちつけて伝えていた。

コラム　火山とともに生きるまちづくり

地域をまるごと博物館にする

　北海道の有珠山周辺では火山をテーマに地域をまるごと博物館にしてしまおうというエコミュージアム（自然博物館）の取り組み「洞爺湖周辺地域エコミュージアム」が始まっている。有珠山は、

洞爺湖周辺地域エコミュージアムの地図

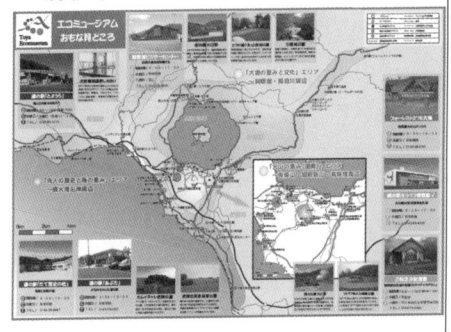

明治以降だけでも4回噴火していて、周辺に噴火がもたらした痕跡がいくつも残されているのだ。

　地域をまるごと博物館にしてしまおうという考えは、1960年代のフランスで、過疎や産業の停滞に悩む農村や漁村の地域振興策として始まった。自然や農場、港それに地場産業などのすべてを展示物と考える新しいタイプの野外博物館で、日本でも山形県や鹿児島県などで取り組んでいる。

いくつもの発見があった有珠山

　有珠山では火山を研究する上で、いくつもの画期的な発見があっ

た。例えば1910年(明治43年)の噴火では温泉が湧き、それが今の洞爺湖温泉になっているが、このときの観測によって、地下のマグマの動きを示すとみられる「火山性微動」が発見され、有珠は近代火山学の発祥の地と呼ばれる。

その33年後の1943年(昭和18年)からの噴火では、麦畑の中に高さ420メートルの昭和新山ができた。この山ができる様子を、当時地元の郵便局長だった三松正夫さんが克明にスケッチした。このスケッチが「ミマツダイヤグラム」と呼ばれ、噴火によって新しい山ができる様子を日をおって記した貴重な記録として、世界でも高く評価されている。

その34年後の1977年(昭和52年)からの噴火では、大量の火山灰がでるとともに、地殻変動が起きた。この地殻変動で壊れた病院の建物が当時のまま残っていて、火山災害の破壊力を見せつけている。

そしてその23年後の2000年(平成12年)の噴火では、日本で初めて噴火の予知が行われ、防災対応に生かされた。このときにできた北西山麓の火口周辺には、枕木を敷いた散策路が整備されて歩けるようになっている。

ミマツダイヤグラム (三松正夫記念館)

MIMATSU DIAGRAM

SHOWA SHINZAN

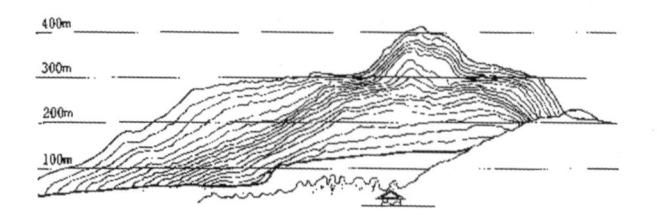

こうした火山研究の成果や過去の噴火の痕跡などを整備して、見て、学んでもらえる観光地を目指そうというのが有珠のエコ・ミュージアムだ。

観光と防災に役立つ取り組み

　有珠山での取り組みの主な狙いは観光客の誘致と地元の防災対策を進めることの２つだ。観光という点から言えば、どちらかというと通過型だった観光を、修学旅行や家族連れなどに滞在してもらえるものにしていきたいとしている。合わせて住民の防災意識の向上にも役立てたいという狙いがある。地域の中で災害の体験や防災の教訓を継承していくことで、火山を正しく理解し、共に生きていく町づくりを進めようとしているのだ。

　有珠山ばかりでなく、全国の火山の周辺にはきれいな風景と温泉があって、観光地になっているところが多いが、噴火を話題にすると観光客が減ってしまうのではないかと、地元にアレルギー感情があることが多く、これまで火山の防災対策はなかなか進んでこなかった。

　そうしたなか、防災も観光の売り物にしていこうという有珠山のエコ・ミュージアム構想には大いに期待したいと思っている。

4　噴火を予知する

地殻変動の変化をとらえて噴火を探る

　有珠山や浅間山で噴火の予知が可能になった背景には、地殻の微細な変化を捉えることができるようになった観測技術の進展がある。火山で大規模な噴火が起きる際には、事前に地震が多くなったり、山に亀裂ができたりといった地殻変動が起きる

ことが多い。しかも、噴火は火山の周辺で起きる。

　もちろん、前触れもないまま突然噴火にいたる火山があったり、噴火が爆発的なものになるのか、そうでないのかや噴火後にどんな展開をたどるかなど、今の科学ではわからないことも多いが、最初の噴火が起きるかどうかについては、ある程度情報をだすことでできるとみられるようになってきた。

　それは、大規模な噴火は地下の大量のマグマの移動によって起きるからだ。マグマが上昇すると岩盤を破壊して地震が起きたり、大量のマグマが地表近くまでくると山が膨らんだり、亀裂ができたりといった地殻変動が起きる。そうしたマグマの動きを最新の地震計やＧＰＳによって、ほぼリアルタイムで捉えることが出来るようになった。

　また火山は過去の噴火と似たような形で噴火に至ることがあるので、そうした過去の噴火の研究からも予知の手がかりを得ることができる。

0.1ミリの地殻の膨らみが決め手

　浅間山の周辺には、火口を囲むように地震計やＧＰＳ、望遠カメラなどの観測機器が置かれているが、山頂の北北東2.5キロほどのＦ点に置かれた地面のわずかな傾きを観測する「傾斜計」と呼ばれる機器が、2009年（平成21年）2月、マグマの上昇によって山頂付近がわずかにふくらむ前兆をとらえた。

　浅間山は2004年（平成16年）9月にも中規模な噴火をしたが、この時も、同じＦ点の「傾斜計」が0.1マイクロラジアン＝1キロ先の地面が0.1ミリ上昇するという極めて小さな山のふくらみをとらえていた。そして2009年（平成21年）も噴火の前日に、同じ「傾斜計」が、2004年に匹敵する変化を観測したこ

とが決め手になったのだ。

2004年(平成16年)の浅間山は、3か月にわたって噴火を繰り返したが、「傾斜計」の変化と噴火との関係をみると、変化から数時間から30時間ほどの間に噴火したケースが多くなっている。

こうしたことから、2009年(平成21年)の噴火で、気象庁は時間を絞って噴火を予知することができた。

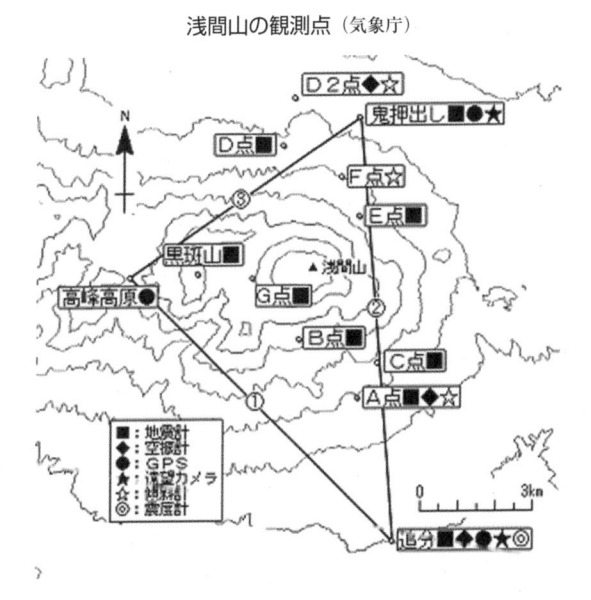

浅間山の観測点 (気象庁)

2004年の噴火と傾斜計の変化

9月 1日　約29時間後に中規模噴火
　　23日　約3.5時間後に中規模噴火
　　29日　約14.5時間後に中規模噴火
10月 6日　噴火なし
　　10日　傾斜計に変化はなく小規模噴火
11月14日　約27時間後に中規模噴火

さらに有珠山と浅間山では、いずれにも地域の自治体や住民に、予知を防災に生かせる体制があったことも忘れてはならない。

地道な調査や研究が予知を支える

 噴火の予知ができるようになった背景には、火山の研究者たちの地道な調査と研究があることを忘れてはいけない。

 長崎県の雲仙普賢岳は、1990年(平成2年)に噴火し、翌年には火山灰や溶岩のかけらなどが一緒になって斜面を流れ下る「火砕流」が発生し、合わせて44人もの犠牲者を出した。一連の雲仙普賢岳の活動は最新の観測機器で詳細にとらえられ、その後も様々な調査が行われ、雲仙普賢岳は世界でも研究が進んでいる火山の1つだといっていい。

 その雲仙普賢岳で、2003年(平成15年)、内部を掘削調査して噴火のメカニズムに迫ろうという大がかりな調査が行われた。内部構造の調査には、東大や九州大学のほかにアメリカやドイツの研究機関も参加した。掘削は、山の北側から山頂直下に向かって1年以上かけて行われ、マグマの通り道に迫ってマ

1991年6月の雲仙普賢岳の噴火により発生した火砕流
(陸上自衛隊提供)

グマの一部を取り出そうというものだった。掘削の距離は1,200メートルにも及び、固まっているもののマグマの温度は400度以上あるとみられていた。活動が終わったばかりの火山で、これだけ深いところまでの掘削が行われたのは、世界でも初めてのことだ。

　火山による噴火の違いは、マグマの中に含まれるガスの成分が影響しているのではないかと考えられているが、こうした地道な調査によって、噴火の予知に結びつく火山の研究が着実に進んできたのだ。

5　噴火の予知を生かす地域の防災力

有珠山周辺の協議会

　過去にたびたび噴火を経験した北海道の有珠山の周辺では、自治体による調整のための「協議会」がいち早く作られ、行政と住民が一体となった防災への取り組みが進められてきた。
　「有珠山火山防災協議会」には、周辺の自治体だけでなく、北海道や地元の気象台や警察、消防、自衛隊、保健所などの関係機関が参加し、北海道大学の火山の研究者などと密接な連携をとった活動が進められた。

有珠山周辺市町村の防災対応

1977年（昭和52年）	8月	有珠山噴火
1981年（昭和56年）	4月	有珠山火山防災協議会設立 （伊達市、洞爺湖町、壮瞥町、豊浦町）
	10月	有珠山火山防災計画策定
1995年（平成7年）	9月	有珠山火山防災マップの作成、配布

1977年（昭和52年）の11月に、有珠山の噴火の特徴などについての住民向けの講演会が開かれ、1983年（昭和58年）からは、小学校3年生から5年生を対象にして、火山学者などによる「子ども郷土史講座」が毎年開かれている。「子ども郷土史講座」は、有珠山や昭和新山への登山などの体験学習を通じて、火山への認識を深めてもらう狙いがある。

　また1990年（平成2年）からは、やはり火山学者の協力で、住民向けの「昭和新山・有珠山登山学習会」が毎年行われているし、自治体の職員向けの講習会や住民向けの講演会やシンポジウムなどが繰り返し開かれている。

　さらに1995年（平成7年）には、有珠山が噴火した場合、どんな被害がどの程度の広がりで起きる恐れがあるかを地図上に示した「有珠山火山ハザードマップ」を発行した。その後内容を見直し、2002年（平成14年）には「有珠山火山防災マップ」を地元の全世帯に配布した。

　こうした火山の麓の自治体と住民の備えがあったことで、火山の噴火の危機感を伝える情報を、住民や観光客のスムーズな避難に結びつけることができたのだ。

有珠山防災マップ（2002年版）

浅間山での対応

　2009年（平成21年）2月の浅間山でも、気象庁から「火口周辺警報」が出たことを受けて、地元の自治体は素早く対応した。火口から4キロの範囲内には住宅はないものの、群馬県側には博物館などがあって、夏場は多くの観光客が訪れる。冬場は営業していないということだが、嬬恋村は職員を出して周辺に人がいないかどうかを調べたほか、防災行政無線を通じて「火口から4キロ以内に立ち入らないよう」呼びかけた。

　また嬬恋村と長野県軽井沢町を結ぶ道路のうち8キロの区間を通行止めにした。さらに軽井沢町は、駅の噴火警戒レベルの掲示板を2から3に書き換え、小諸市とともに登山口に看板を出したり、防災無線のスピーカーで呼びかけた。この呼びかけに応じて、登山者が山から下りてきたという。

　こうした素早い地元の対応ができたのは、2005年（平成17年）に長野県と群馬県の自治体や防災機関、それに国の出先機関などが参加した火山防災の連絡会議が作られていたからだ。

　火山の防災対策を進めるにあたって、こうした連絡会議や協議会の存在は重要だ。麓の自治体や防災機関は同じ歩調で対策をとることができるように、普段から情報を共有しておき、いざという時のために連携を強めておく必要がある。

浅間山火山防災対策連絡会議のメンバー

小諸市、佐久市、軽井沢町、御代田町、長野原町、嬬恋村、長野県、佐久地方事務所、群馬県、吾妻県民局、小諸警察署、佐久警察署、軽井沢警察署、長野原警察署、佐久広域連合消防本部、吾妻広域町村圏振興整備組合消防本部、利根川水系砂防事務所、前橋地方気象台、長野地方気象台、軽井沢測候所

コラム 9,400年ぶりの噴火

研究者を驚かせた噴火

　南米チリの首都サンティアゴから、南に凡そ1,200キロ離れたところにあるチャイテン火山は標高1,000メートルほどの火山で、2008年（平成20年）4月の末に、突然、地震が観測されるようになり、5月になって噴火した。一時、噴煙の高さが30キロメートルにまで及び、広い範囲に火山灰が降るなどして、周辺の住民4,000人以上が避難した。この火山の噴火が火山の研究者や防災関係者を驚かせたのは、約9,400年ぶりに噴火したことだった。当初、火山の研究者も山の名前を間違えたほどで、チャイテンが火山だと思っていなかった研究者もいたという。

使われなくなった「休火山」「死火山」

　かつて「活火山」「休火山」「死火山」という言葉を学校などで習った覚えのある人がいると思う。当時の定義では、「活火山」は現在活動している火山、「休火山」は歴史時代に噴火の記録があるものの現在は活動していない火山、「死火山」は歴史時代に噴火の記録のない山、あるいは今後噴火する見込みのない火山のことだった。

　しかし最近はこうした分類はなくなり、「休火山」「死火山」という言い方はしない。その理由は、火山には様々な噴火のかたちがあることがわかってきたからだ。

　国際的な活火山の定義を参考に、日本でも活火山の定義は「過去2,000年以内に噴火した火山」だったのが、2003年（平成15年）3月からは「過去1万年間に噴火した火山、または現在活動している火山」に改められた。南米、チリのチャイテン火山の約9,400年ぶりの噴火は、改めて「過去1万年」という長さが意味のあるものだっ

たことを印象付けた。

　実際に、この200年間に世界で大規模な噴火をしたフィリピンのピナツボ（1991年）やインドネシアのクラカトア（1883年）など15の火山のうち、11の噴火は人間がわかっている範囲では史上初めての噴火だった。火山の活動を人間の時間感覚でとらえることの難しさを改めて痛感させられる。

6 予測が難しかった2000年の三宅島噴火

三宅島での噴火の予知

　初めて噴火が予知された有珠山の噴火から3か月後、伊豆諸島の三宅島の雄山で火山活動が始まった。私たちはこの噴火で、火山の活動は複雑で、すべてを理解するのは難しいと思い知らされた。

　三宅島は、東京から南に約180キロの海上にある、直径約8キロ、周囲約38キロのほぼ円形の島で、中央に標高775メートルの雄山がある。雄山はわかっているだけで、1085年（応徳2年）以降15回の噴火をしているが、最近は1940年（昭和15年）、1962年（昭和37年）、1983年（昭和58年）、2000年（平成12年）に噴火している。昭和の3回の噴火は約20年おきで、いずれも山腹での割れ目噴火だった。

　前回の噴火から20年近くが過ぎ、気象庁や研究者が次の噴火に向けて準備を強化していた2000年（平成12年）6月に活動が始まった。有珠山の経験を踏まえ、気象庁は三宅島でも前例のない情報の出し方をした。

　6月26日の午後6時過ぎから、三宅島の直下で群発地震が

発生し、急速に活発化した。気象庁は「2、3時間のうちにも噴火の恐れがある」として緊急火山情報を発表して警戒を呼びかけた。気象庁が噴火の前に緊急火山情報を発表したのは、3月の有珠山に続いて2度目のことだった。

三宅島（2003年1月）

その後、前例のない早さで安全宣言が発表された。火山活動が始まって3日後の6月28日、「島の東側や山頂で噴火の恐れはない」として事実上の安全宣言が発表されたのだ。

このあたりまで、気象庁や火山の研究者は三宅島の観測や見通しに、ある程度自信をもっていた。というのも、三宅島は約20年ほどの間隔で噴火していたことから、地震活動が始まってから1時間から3時間ほどの短い時間で噴火にいたることが多いなどのデータの積み重ねがあった。また、有珠山でも威力を発揮した精度の高い観測技術によって、地下のマグマの動きを細かく捉えることができたからだ。

2000年の三宅島噴火の際の情報－1

6月26日19時30分　臨時火山情報第1号
　　　　　　　　　「18時30分頃から地震増加」
　　　　19時33分　緊急火山情報第1号
　　　　　　　　　「噴火の恐れ、厳重警戒」
27日9時25分　火山観測情報第13号
　　　　　　　　　「警察庁によると、三宅村焼却炉西方海上350メートルの地点に変色水域を確認。色はコバルトブルーで次第に濃くなっている」

| 11時30分 | 臨時火山情報第5号
火山噴火予知連絡会（伊豆部会）コメント
「三宅島西山腹に貫入したマグマは西方海域の地下に移動。西方海域で海面変色水が認められ、すでに海底で噴火が開始した可能性がある。西山腹での噴火も否定できない」|
| 28日17時45分 | 臨時火山情報第7号
火山噴火予知連絡会（伊豆部会）コメント
「マグマの活動中心は西方海域へ移動。西海岸付近での噴火の可能性は完全に否定できない。なお、島の東部や山頂付近での噴火の可能性はない」|
| 29日18時00分 | 臨時火山情報第8号
火山噴火予知連絡会（伊豆部会）コメント
「陸域及び西方海域におけるマグマ活動は停止しつつある。陸域及び海面に影響を及ぼす噴火の可能性はほとんどなくなった」|

過去の経験では予測できなかった活動

　三宅島の噴火は、活動が長引くにつれて判断が難しくなっていった。ここ数回の噴火とは違う活動パターンになったからだ。具体的には、噴火と山頂付近の陥没が起きた。7月4日から地震が増加し、7月8日の18時過ぎに突然、山頂部で噴煙の高さが800メートルほどの小規模な噴火が発生した。そして、山頂部で大規模な陥没が始まった。このとき気象庁は「今後も小規模な噴火が起きる恐れがある」と見解を示した。しかしその後、噴火はさらに大規模になり、陥没も進んだ。陥没は最終的には直径1.8キロ、深さ約500メートルにもなるカルデラとなった。こうした展開は火山の研究者にとっても予想外のことで、同様のことは約2,500年前にも起こったことがあると伝えられた。

　さらに8月の中旬になると、火口から火山ガスの放出が始

まった。放出された火山ガスは毒性の高い二酸化硫黄で、当初は一日に4万トンを超える量が放出された。

こうした事態の変化を受けて、気象庁や火山の研究者も、それまでの見方を修正せざるを得なくなった。

そして9月1日、三宅島の3,800人のすべて住民が島の外に避難することが決まった。その後2005年（平成17年）2月1日、住民への避難指示が解除されるまで、避難生活は4年5か月に及んだ。2009年（平成21年）になっても二酸化硫黄を含んだ火山ガスの放出が続いていて、住民が暮らすことができない地区が残されている。

2000年の三宅島噴火の際の情報－2

7月4日	山頂直下で地震発生。
5日18時30分	火山観測情報第70号
	「4日から山頂直下で地震発生。山頂部では噴気の増加や火山灰の放出の可能性。山頂付近では注意が必要だが、山麓に影響を及ぼすことはないと考えられる」
8日18時55分	臨時火山情報第9号
	「18時43分頃、山頂火口から火山灰噴出」
	噴煙の高さ800メートル、北東に流れる。
9日	山頂火口の陥没確認。以降、陥没拡大。
14日5時15分	火山観測情報第88号
	「4時14分山頂火口で噴火。噴煙の高さ1,000メートル。北東部に降灰」
	島の北部では大規模な降灰。その後も断続的に噴火。
15日16時10分	火山観測情報第92号
	「15時50分ころ山頂火口で噴火」
17時00分	火山観測情報第93号
	「噴煙の高さ約1,500メートル。噴石は外輪山の外まで飛んでいる」
8月18日17時20分	臨時火山情報代14号

	「17時2分山頂で噴火。噴煙高度5,000メートル」 島内の広い範囲で降灰。 三宅村役場では大粒の石が降り、車のフロントガラスが割れているのを確認
22時55分	火山観測情報第176号 火山噴火予知連絡会（伊豆部会）コメント 「17〜18時には噴煙の高さは8,000メートル以上に上がる。今回の噴火は、今までの中で噴出が最も活発。今後も山頂において本日と同程度かやや大きな噴火が発生する可能性。山頂では噴石、島内では火山灰に注意が必要。山麓での噴火の可能性はなし。火山灰、雨による泥流に注意」 以降も断続的に噴火。
8月31日21時45分	臨時火山情報第18号 火山噴火予知連絡会（伊豆部会）コメント 「29日4時30分ころの噴火では、山頂から北東側と南西側に向かって、それぞれ5キロメートルと3キロメートルの低温で勢いのない火砕流が発生。時速は10キロメートル。そのうち北東側のものは海まで達する。当面は18日や29日の規模を上回る噴火の可能性。火砕流に警戒。マグマが直接関与している場合は、将来より強い火砕流になる可能性。噴石、泥流、火山ガスに注意。山麓での噴火の可能性なし」
9月1日18時10分	火山観測情報第205号 「9月1日に観測した二酸化硫黄放出量は約3,000トン／日」 東京都災害対策本部会議開催 「防災関係、ライフライン等要員を除く村民の島外避難決定」
2日〜4日	三宅島住民の島外避難

火山の科学を防災に生かす

　2000年（平成12年）の三宅島の噴火を振り返ると、火山活

動の始まりを予測し情報を出すことはできたものの、その後の推移や展開を予測することはできなかったといっていい。

当時、火山噴火予知連絡会の井田喜明会長は「火山活動については、まだまだわからないことが多いが、できるだけ踏み込んで見通しを示すことで防災対応に役立ててもらいたい」と話していた。

地球の活動の歴史から考えて、それぞれの火山について人間が知っていることはまだまだ少ないと思い知らされる事象だった。現在の火山学や科学が火山活動の全体を把握できているわけではないことを理解した上で、現在の科学の成果をどうやって防災に生かしていくかという視点が重要だ。

そのためには、わかりやすい情報を、タイミングよく発表し、必要なところにきちんと伝わる仕組みを作っておかなくてはいけない。と同時に、そうした情報を生かすことのできる火山の周辺の自治体や住民の防災体制という受け皿作りが必要なのだ。

三宅島取材（2002年7月）　　　　　火山灰が積もった自動車

コラム 登山者への新しい情報提供

携帯電話を活用する

　2009年（平成21年）5月の浅間山の山開きから、浅間山の麓の長野県小諸市や群馬県嬬恋村などの自治体と防災のＮＰＯが協力して、登山者に携帯電話で防災情報を伝える全国で初めての取り組みを始めた。

　この仕組みは、登山者が携帯電話で「浅間山倶楽部ポータルサイト」に入り、入山登録すると、登山中に天候が急変しそうな気象情報がでたり、火山の噴火警報が発表されたりした場合には、その情報がメールで送られてくるものだ。

浅間山倶楽部ポータルサイト

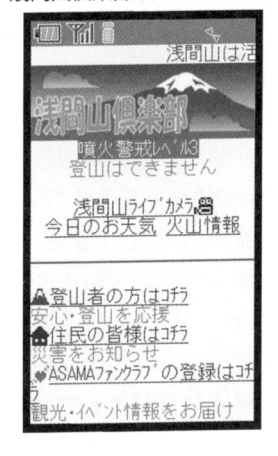

　またポータルサイトからは、国土交通省が浅間山の状況を監視するために設置している監視カメラの映像を見ることができ、噴煙が上がるなど山の状況が急変した時には「下山が可能か」とか「ケガをしていないか」といった安否を確認するメールも届き、万一の場合には警察などと連絡を取り合って救助に向かう仕組みになっている。

　これまで登山客への情報は、山に設置したスピーカーで伝えていたが、スピーカーから遠いところでは聞こえなかったり、反響などで聞きにくいといった声があったということで、携帯電話を利用したシステムに期待が集まっている。

7　噴火警報を生かすために

火山の監視を進める

　日本は火山の多い国で、世界にある約1,500の活火山の7％にあたる108の活火山がある。しかも日本の活火山の特徴は、山頂や火口近くまで開発が進んで、集落や別荘や温泉があったりするところが多く、ひとたび大規模な噴火が起きると大きな被害がでる恐れがあることだ。

　年間3,000万人の登山客や観光客が訪れる富士山も、300年ほど前の1707年（宝永4年）には、当時の江戸の町にも火山灰が降るほどの大噴火をした。その後は静かな状態が続いているものの、いつかはまた噴火するとみられている。

　そうした火山の防災対策を進めるには、まず、火山の周辺に観測機器を設置して、静かな時から観測を続け、微小な変化などを監視することが必要だ。しかし気象庁などが、観測を行っている火山は北海道の有珠山や九州の桜島など、最近噴火したり、活動が活発な火山が中心で、全体の半分以下の41の火山にとどまっている。

　活火山に指定している以上、近くに住んだり、観光に訪れたりする人の安全や安心を確保していくためにも、静かな状態の時から観測を続け、データをとっておくことが必要だと思う。

求められる火山の防災対策

　今後、火山の防災対策を進めていくためには、研究の推進と火山の麓の地域の防災体制作りが不可欠だ。

　まず火山研究の推進と観測体制の整備だが、火山はひとたび

大噴火した場合には大きな被害と周辺の広い地域に影響がでるが、人の生活時間でみると、めったに大噴火は起きないことから、最近、噴火していない火山は忘れられがちで、観測体制は十分とはいえない状況にある。しかし2,000年（平成12年）の有珠山や三宅島の例をみると、精度の高い噴火警報を出すためには十分な観測と研究が重要だ。研究者は、20世紀の日本の火山は比較的静穏な時期だったと指摘し、21世紀は規模の大きな噴火が起きる恐れがあると警告している。

　2つ目は、火山ごとの防災体制作りを急がなくてはいけない。その鍵は、地域の取り組み、つまりは地域の防災力にかかっている。火山は一つひとつ特徴があって、爆発的な噴火をする火山もあれば、粘り気の少ない溶岩が流れ出す火山もある。また火口周辺や山麓の開発の進み具合もまちまちだ。したがって、それぞれの火山の周辺の自治体が連携を強め、防災機関同士、行政と研究者、それに住民が日ごろから火山についての認識を深め、広域の避難体制を整備したり、連携のための防災訓練を繰り返しておくことが必要だ。

自治体の連携が大切

　地域の体制作りの中で、核になるのが周辺の自治体の連携だ。多くの火山は複数の自治体に登山口があったり道路がつながっていたりするが、過去の噴火では、隣り合った市町村の一方の登山口や道路を通行止めにしたものの、もう一方から登山客や車が入ってしまったなど規制が錯綜したことがあった。

　したがって、麓の市町村や警察、消防などが協議会や連絡会を作って、普段から情報を共有し、いざというときに連携して対策をとる必要がある。

しかし2009年（平成21年）4月現在、全国にある108の活火山のうち、こうした協議会ができているのは浅間山や桜島、それに富士山や有珠山など23の活火山にとどまっている。

地域の防災力を向上させよう

　最近の観測や研究によって、火山の噴火についての理解は格段に進んだといえる。その具体的な成果が「噴火警報」と「噴火警戒レベル」の情報につながり、情報と防災対応が従来よりわかりやすくなった。
　つまりは、地域が噴火に対する防災の力を高めることで、被害を少なくできる可能性も格段に高まったということだ。
　もちろん今までみてきたように全ての火山の活動が理解できたということではないし、今までわかったと思っている火山も次の噴火の時にはまったく違った活動をみせる可能性もある。
　しかし、今わかっている知見と情報を生かして被害を減らすために、それぞれの地域で協議会を作るなど具体的な取り組みを進めて欲しい。火山の防災対策を進めるために、火山に強い自治体と地域を育てていくことが重要なのだ。

第2章−6
地域の防災に消防の力を生かす

1 地域の防災と消防

消防は地域の防災の要

　日常生活で急病になったりケガをしたりした時、災害が迫ってきた時や起こった時、多くの人が救助や救援を求めるために連絡するのが119番だ。消防自動車や救急車が駆けつけ、消火をしたり、救助をしたり、ケガ人の応急処置をして病院に運ぶ。消防は、火災はむろんのこと、様々な災害や事故や事件でも、社会の安心や安全を支える重要な役割を担っている。

　忘れることができないのは、1989年（平成元年）の東京のマンション火災での出来事である。幸い、この火災で死者は出なかったが、子ども3人を含む6人がケガをした。当初、火災現場では、建物の中に子どもが残されているという情報があって、近所の主婦たちが心配そうな面持ちで、声を上げながら、勢いよく立ち上る煙を見つめていた。

　ところが、オレンジ色の制服を着た消防のレスキュー隊員が次々に建物に入り始めると、主婦たちは黙って、その様子を見つめるようになった。それは、消防が助けてくれるに違いないという期待の現われだったと思う。

　同じような光景は、2004年（平成16年）の新潟県中越地震でも見た。大量の土砂の中に閉じ込められた、当時2歳の男の子を救出する場面で、多くの被災者がレスキュー隊員の動きを固

唾をのんで見つめていた。
　こうした市民の強い信頼感は、消防が、これまでの活動によって培ってきたものだが、逆に、そうした消防の活動から現在の社会の抱える課題もみえてくる。ここでは、消防が直面している問題とともに残されている課題を考えたい。
　まず、社会的に大きな関心を集めたいくつかの火災と課題を紹介する。次に消防の進むべき方向を探り、最後は、地域の防災力の要というべき消防団についても考えてみたい。
　最初に扱うのは社会の高齢化が進んでいる中で起こった悲劇だ。

2　高齢化社会の陰で

小規模福祉施設での火災

　群馬県渋川市の「静養ホームたまゆら」の火災は、2009年（平成21年）3月19日の深夜に起きた。木造平屋建ての本館と別館2棟の、合わせて3棟が全半焼し10人が亡くなった。亡くなった人の中には、全身に火傷を負ったり、多量の一酸化炭素を吸い込んだ人がいて、介護が必要な人たちの避難がいかに難しいかを痛感させられた。
　高齢者を入所させ、食事や介護などのサービスを提供する施設は、都道府県に届け出ることが義務付けられている。しかし、この施設は届け出ていなかったうえ、必要な手続きをしないまま増改築を繰り返し、定期的な避難訓練も行なっていなかったなど、杜撰な運営が次々に明らかになった。介護が必要な高齢者をあずかる施設には高い防火意識が求められることは言うまでもない。まずは施設の責任が厳しく問われなくてはならない。

スプリンクラーの設置

　福祉施設では、もともと6,000平方メートル以上の建物でスプリンクラーの設置が義務付けられていたが、1987年（昭和62年）に17人が亡くなった東京都東村山市の特別養護老人ホームが2,014平方メートルだったことから、基準を1,000平方メートル以上に広げた。

　しかし、2006年（平成18年）に7人が亡くなった長崎県大村市の認知症高齢者ホームは279平方メートルとさらに小規模だったことから、2009年（平成21年）4月1日に施行された改正では、基準を275平方メートル以上へと広げた。

　しかも、財政状況が厳しい小規模な福祉施設に配慮し、水道管に連結する簡易型のスプリンクラーの設置を認めている。従来からホテルや病院などで使われている業務用のスプリンクラーは1分間に80リットルの水が出て一気に火を消す力があるが、建物の規模によっては1千万円を超える工事費がかかり、小規模な施設には負担が大きい。一方、住宅用に開発された簡易型のスプリンクラーは1分間に出る水の量は15リットルで消火能力には限界があるが、1平方メートル当たりの工事費は1万円ほどですむ。それでも初期消火や延焼の防止、それに避難時間の確保などに効果が期待できることが実験で確かめられている。

　しかし、まだ課題が残っている。それは、火災が起きた渋川市の3つの建物はいずれも275平方メートルよりも小さく、新しくなった基準でもスプリンクラーを設置する必要がないことだ。今のところスプリンクラーの設置基準を見直す動きはないが、福祉施設の場合、自力で避難することが難しい人たちが多くいるわけで、広さに関わらずスプリンクラーの設置を考えて

欲しい。

福祉施設の火災とスプリンクラーの設置基準

スプリンクラーの設置基準は6,000㎡以上

1987年6月　東京都東村山市の特別養護老人ホーム「松寿園」火災
　　　　　　（2,014㎡・17人死亡）
<u>設置基準を1,000㎡以上に（1987年10月2日公布、1988年4月1日施行）</u>
2006年1月　長崎県大村市認知症高齢者グループホーム
　　　　　　「やすらぎの里」火災（279㎡・7人死亡）
2008年6月　神奈川県綾瀬市障害者ケアホーム「ハイムひまわり」火災
　　　　　　（317㎡・3人死亡）
<u>設置基準を275㎡以上に（2007年6月13日公布、2009年4月1日施行）</u>

行政の情報の共有を進める

　火災が起きた群馬県渋川市の老人ホームには、東京都墨田区からの紹介で多くの高齢者が入所していたが、群馬県や地元の渋川市はそうした事情を知らなかった。一方、墨田区は群馬県が施設の安全管理について立ち入り調査をする予定だったことを知らなかったという。また、消防にも施設にどのくらい自力困難な人がいるのか、いざという時の避難体制はどうなっているのかといった情報はなかったようだ。

　行政同士がそれぞれの情報を共有していれば、もう少し監視の目を強めることができただろう。

　急速な高齢化が進む中、小規模な高齢者施設が町の中に増える傾向にある。行政のどこかの部局がつかんだ情報を、必要な部局同士で共有し、それを対策に生かす方策を考えなくてはいけない。

　そのためには、消防は市町村の福祉部局や介護関係者、それに自治会や消防団など、高齢者や町の動きに詳しい人たちとの

連携を、さらに密接にすることが必要だ。渋川市の火災後、厚生労働省が調べたところ、同じような無届けの施設が全国に少なくとも579もあって、2007年（平成19年）より200余り増えていることがわかった。そうした情報を消防も共有できるようにして、立ち入り調査などを進める必要がある。

3 高齢者を火災から守る

増える高齢者の火事の被害

　平成に入ってから、住宅火災の年間の死者数は900人前後で推移してきたが、平成15年に1,000人を超え、その後5年連続して1,000人を上回っている。背景にあるのは急速な高齢化の進展で、平成19年の死者の59.6％が65歳以上の高齢者だ。

　火災による死者は、もともと女性よりも男性のほうが多い傾向にあるが、2006年（平成18年）のデータをもとに、男女別に、それぞれの年代でどんな傾向があるかを調べるために10万人あたりの死亡率をだしてみると、男女ともに65歳以上の高齢者がずば抜けて高くなっている。

火災による年齢階層別死者発生状況（放火自殺者を除く）
（平成20年版消防白書）
（平成19年中）

年齢（歳）	人数
0〜5	39
6〜10	19
11〜15	20
16〜20	17
21〜25	20
26〜30	18
31〜35	16
36〜40	33
41〜45	54
46〜50	61
51〜55	72
56〜60	146
61〜64	100
65〜70	145
71〜75	144
76〜80	173
81〜	352
不明	1

5歳以下の乳幼児の死者数39人（2.7％）
65歳以上の高齢者の死者数814人（56.9％）

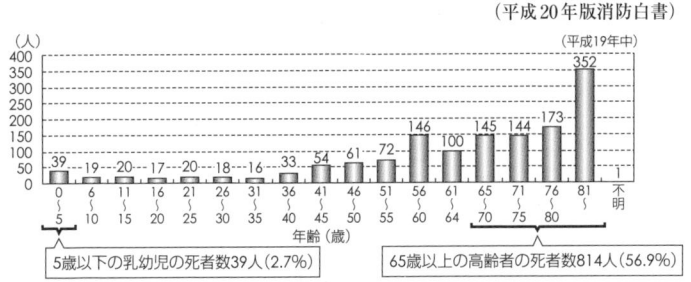

男性では、10歳代から30歳代までは0.5を下回っているが、65歳以上になると3.0を超えて6倍以上になる。また女性も65歳以上は、10歳代から30歳代の4倍以上だ。

　さらに、男性の中高年も注意が必要で、高齢者を除くと、女性は各年代ともに死亡率が1.0を下回っているが、男性は45歳から60歳にかけて高くなっている。特に55歳から59歳までの男性は、ここ10年ほどで死者が倍増していることがわかる。

住宅用火災警報器の設置を急げ

　総務省消防庁の分析をみると、高齢者が犠牲になった火災には、時間帯や火事の原因に大きな特徴がある。まず時間帯だが、午後10時から翌朝の6時までに亡くなった人が多い。寝ている間に火災が起きて延焼し、逃げ遅れて亡くなるケースが目立つのだ。また、何に火が着いたかをみると、最も多かったのが寝具、次が衣類、3番目が紙屑など屑類となる。高齢者の世帯の生活実態をみると、旧式の石油ストーブや電気ストーブを

火災による経過別死者発生状況（放火自殺者を除く）

（平成20年版消防白書）

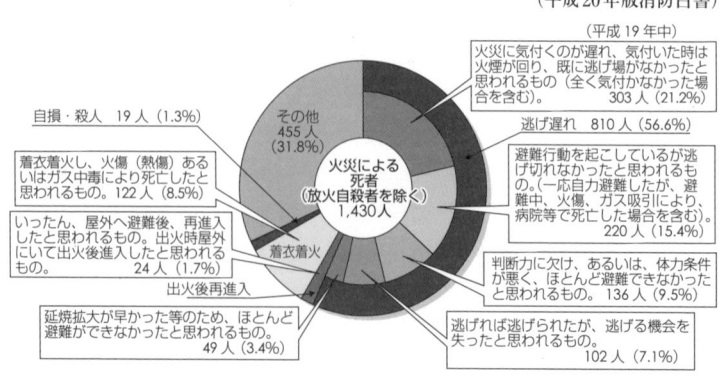

（平成19年中）

- 火災に気付くのが遅れ、気付いた時は火煙が回り、既に逃げ場がなかったと思われるもの（全く気付かなかった場合を含む）　303人（21.2%）
- 逃げ遅れ　810人（56.6%）
- 避難行動を起こしているが逃げ切れなかったと思われるもの。（一応自力避難したが、避難中、火傷、ガス吸引により、病院等で死亡した場合を含む）　220人（15.4%）
- 判断力に欠け、あるいは、体力条件が悪く、ほとんど避難できなかったと思われるもの。　136人（9.5%）
- 逃げれば逃げられたが、逃げる機会を失ったと思われるもの。　102人（7.1%）
- 延焼拡大が早かった等のため、ほとんど避難ができなかったと思われるもの。　49人（3.4%）
- 出火後再進入　いったん、屋外へ避難後、再進入したと思われるもの。出火時屋外にいて出火後進入したと思われるもの。　24人（1.7%）
- 着衣着火し、火傷（熱傷）あるいはガス中毒により死亡したと思われるもの。　122人（8.5%）
- 自損・殺人　19人（1.3%）
- その他　455人（31.8%）
- 火災による死者（放火自殺者を除く）　1,430人

使っていたり、手の届くところに雑然といろんなものが置かれていたりといった危険な状態が放置されていることが多くなっている。

高齢者を火事の被害から守るために大切なのは、住宅用火災警報器の設置を急ぐことだ。2007年（平成19年）に火災で亡くなった人の56.6％が逃げ遅れが原因だった。そこで、2006年（平成18年）の6月1日から、新築住宅には住宅用火災警報器を設置することが義務付けられた。また、古い住宅についても、各市町村がそれぞれ条例を定めて、2011年（平成23年）までに義務化を進めることにしている。

コラム　高齢者を守るための工夫

防災用品で高齢者を守る

高齢者を火災から守る方法の1つに、燃えにくく加工された防災用品を使用する方法がある。これは、福祉施設だろうが一般家庭だろうが大切な考え方だ。現在、福祉施設では、カーテンと絨毯は防炎用品の使用が義務付けられているが、シーツや布団、パジャマは個人の嗜好品としてとらえられ、使用を求められていない。

防炎用品は、マッチやライター、煙草の火くらいでは簡単に火がつかない。火災で10人が亡くなった群馬県渋川市の老人ホームでも煙草を吸っていた人がいたということだが、煙草の火くらいでは簡単には燃えださない防炎用品を使ってもらうようにすべきではないだろうか。

防炎用品の値段は様々だが、普通の布団やカーテンの1.3倍くらいのものもある。高齢者を守るために、一般の住宅でも火災警報器

とともに、防災用品の普及を進めて欲しい。

地域で高齢者を守る

　総務省消防庁は、火災の早期発見のために住宅用火災警報器の設置を進めているが、消防団や自治会が高齢者の家を回って100％の設置を図ったところがある。例えば、東京都荒川区は全世帯に区が配布したし、桧原村も補助金制度を設け、2008年（平成20年）に全世帯に設置した。また、臨港消防署は消防団員による取り付けを実施し、世田谷区も2009年度（平成21年）に高齢者世帯に2個を無料配布することにした。

　そうした活動を通して、高齢者世帯の部屋の中を片付けたり、寝具やカーテンを燃えにくい防災用品に変えてもらう呼びかけをしているところもある。

　消防署や消防団などが中心になって、近隣とのつながりを見直すような地域レベルの取り組みで高齢者を火災から守って欲しい。

4 雑居ビル火災を防ぐ

大阪市浪速区個室ビデオ店火災

　2008（平成20年）年10月1日、大阪市浪速区の雑居ビルに入っていた個室ビデオ店の火災は、15人が亡くなる大惨事となった。原因は放火とみられ、火災の起きた日の午後になって男が逮捕された。

　火災で15人もが亡くなったのは、2001年（平成13年）に44人が亡くなった新宿区歌舞伎町ビル火災以来のことだ。

　同じ雑居ビルの火災ということで、2つの火災の概要を簡単

第2章-6　地域の防災に消防の力を生かす

に整理して、課題を考えてみよう。

　火災が起きたのは、歌舞伎町が午前1時頃、大阪は午前3時頃と、どちらも深夜で、店の床面積は歌舞伎町が83平方メートルだが、大阪の個室ビデオ店は254平方メートルと3倍ほどの広さがある。原因はいずれも放火とみられている。

　歌舞伎町で多くの人が亡くなった飲食店は4階にあったが、大阪の個室ビデオ店は1階だった。多くの消防関係者が驚いたのは、比較的逃げるのが容易と考えられてきた1階の店舗で15人もの人が亡くなったことだ。

　もう少し詳しく大阪の雑居ビルについて記すと、ビルがあった場所はなんばの繁華街近くの私鉄の駅から少し入った通りで、周辺にはパチンコ店やラーメン屋などはあるものの、いわゆる歓楽街ではない。火災があったビルの上の階には事務所や住宅が入っていて、近くの人は、この個室ビデオ店は、当初からホテル代わりに利用する人を当て込んだ店ではないかと話していた。

　亡くなった人の中にも、終電に乗り遅れた会社員や様々な理由で安い宿泊場所を求めていた人が含まれているとみられ、被害を一層傷ましいものにした。

大阪市浪速区個室ビデオ店火災

平成20年10月1日　午前3時頃
雑居ビル（7階建て）
1階　個室ビデオ店（254㎡）
死者15人　　負傷者10人
放火

新宿区歌舞伎町ビル火災

平成13年9月1日　午前1時頃
雑居ビル（地上4階、地下2階）
4階　飲食店（83㎡）
死者44人　　負傷者3人
放火とみられる

雑居ビルの違反を防ぐ

 2001年（平成13年）の歌舞伎町の火災の後に指摘された問題の1つは消防の問題で、消防設備や防火体制がとられていない違反件数の多さであった。火災の後、全国の消防が同じような雑居ビルに立ち入り調査したところ、消火器や自動火災報知設備がなかったり、防火管理者を選任していなかったりといった違反が、全体の92％でみつかった。

 こうした実態を受けて、翌年消防法が改正され、消防による事前の通告なしの立ち入り調査が可能になったほか、対策を怠った場合の罰金が最高1億円に引き上げられた。

 その後、違反率は徐々に減ってきた。それでも5年たった2006年（平成18年）暮れの段階で、雑居ビル全体の51％にはなんらかの違反があるという状況だ。

 火災のあった大阪の雑居ビルには、2007年（平成19年）5月、大阪市消防局が立ち入り調査に入っていて、その段階では重大な違反はなかったという。ただ、助かった客が火災を知らせる警報が鳴ったのは逃げ出した後だったと話しているし、従業員が初期消火や避難誘導をしなかったこともわかってきた。

 設備の点検や従業員への教育や避難訓練がきちんと行われていたのかなど、店の防火体制を厳しく検証する必要がある。

2方向への避難路の確保

 2001年（平成13年）の歌舞伎町の火災の後に指摘された課題に、火災があったとき、2方向への避難が確保できるようにすることがある。歌舞伎町のビルはペンシルビルと呼ばれる細長い建物で、階段が1つしかなかった。この階段が唯一の避難

路だったのだが、防火扉の前に物が置かれていたことなどから煙が充満し、多くの人が逃げ場を失った。

そこで、2003年（平成15年）に建築基準法の施行令が改正され、風俗店などが入るビルには、2方向への避難ができるように階段を作ることなどが義務付けられた。ただ、法律の施行前に建築されたビルには適用されない。

一方、大阪市浪速区の個室ビデオ店には2箇所の出入り口があったものの、個室が並んだスペースの出入り口は1つだけで、実質的な避難路は1つしかなかった。

もし、個室が並んだスペースでも2方向避難ができるようになっていれば、助かった人がいた可能性があると専門家は指摘している。店の状況や業態に合わせて、実質的な2方向避難の確保を進める必要がある。

雑居ビル火災のたびに指摘される問題に、めまぐるしく変わる店の変化や新たな業種にどう対応するかという問題がある。2008年（平成20年）の大阪市浪速区の火災で浮き彫りになったのは、ネットカフェや個室ビデオ店など、街の中に次々に現れる新たな業種が、店の中を小さく区切って個室にし、寝泊りさせていた実態だった。しかし、寝具などの提供がないことから規制の厳しい旅館業法の対象ではなく、風俗店でもないから営業時間に制限のある風営法の対象でもない。火災が起きた時点では、こうした店がどのくらいあるかもはっきりしていない状況だった。

個室の店舗の調査結果

2009年（平成20年）10月1日、大阪市浪速区で起きた雑居ビル火災を受けて、全国の消防が同じような店を一斉に立ち入

り調査した。

　個室ビデオのほか、カラオケボックス、ネットカフェ（漫画喫茶を含む）など個室形態の店舗について、初めて一斉に立ち入り調査を行ったもので、全体の違反率は65％で、個別にみると個室ビデオが87％と最も高く、次いでテレフォンクラブが79％、ネットカフェが76％といずれも高い違反率となった。

　違反の内容は、消防訓練をしていなかったり、消火器を置いてなかったり、避難のための誘導灯がなかったりといったものだった。

　大阪市浪速区の個室ビデオ店は宿泊目的で利用していた人がいたが、泊まれるようになっていたのは、ネットカフェが最も多く62％、個室ビデオが47％だった。

　同じような被害を繰り返さないようにするためには、まずは、店側の防火意識の向上を図る必要がある。また、火災は早期発見が重要で、自動火災報知設備の設置を急ぐことも重要だ。自動火災報知設備の設置は、2008年（平成20年）の10月から個室形式の店には義務付けられたが、小規模な店には2010年（平成22年）3月31日まで猶予がある。利用者の安全を確保するために、なるべく早くすべての店で設置が進むよう指導して欲しい。

放火をどう防ぐ

　2001年（平成13年）の新宿区歌舞伎町ビル火災も2008年（平成20年）の大阪市浪速区個室ビデオ店火災も、火災の原因が放火だったとみられることが対策を難しいものにしている。

　確かに、放火は火の気がないところに火を持ち込まれるわけで、防火対策は難しいが、不特定多数の人が利用する施設では、

第2章-6　地域の防災に消防の力を生かす

放火はどうしても乗り越えないといけない課題だ。

　2007年（平成19年）中の全火災の原因をみると、放火と放火の疑いを合わせると20％余りを占め、トップとなる。しかもこの傾向は10年間続いている。

　こうしたデータは、不特定多数の人が集まる施設では、放火される恐れがあることを前提にした防火対策を考える必要があることを教えている。

　建物の周りを常に片付けておくとか暗がりを作らないようにするといった予防対策とともに、火がつけられてもすぐに発見できるように、一定以上の大きさの火を感知すると警報が鳴るような監視カメラを設置するなどの対策を講じる必要がある。不特定多数の人が利用する建物や施設の防火管理者は、常に放火をされない、万一されてもすぐに発見し初期消火できるよう、放火も想定した防火体制作りが必要だということだ。

　つまりは、消防には社会の変化に対応した取り組みが求められ続けることになる。

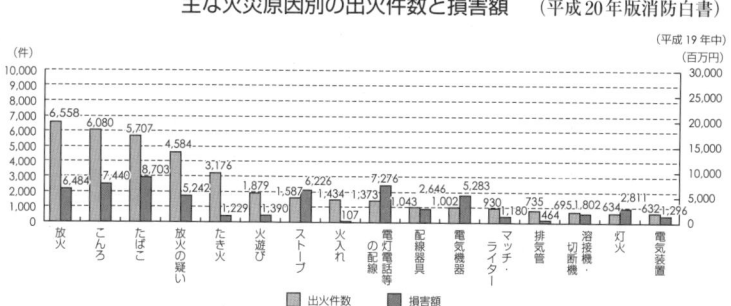

主な火災原因別の出火件数と損害額　（平成20年版消防白書）

（平成19年中）

原因	出火件数	損害額（百万円）
放火	6,558	6,484
こんろ	6,080	7,440
たばこ	5,707	8,703
放火の疑い	4,584	5,242
たき火	3,176	1,229
火遊び	1,879	1,390
ストーブ	1,587	6,226
火入れ	1,434	107
電灯電話等の配線	1,373	1,043
配線器具	2,646	1,002
電気機器	7,276	5,283
マッチ・ライター	930	1,180
排気管	735	464
溶接機・切断機	695	1,802
灯火	634	2,811
電気装置	632	1,296

247

コラム　救急トリアージが問いかけるもの

横浜市のコールトリアージ

　横浜市では、2008年（平成20年）10月から、患者の容態によって優先順位をつけて救急車を出動させる全国で初めてのコールトリアージ・システムの運用をはじめた。

　トリアージというのは、一般的には、災害時に治療や搬送の優先順位を決めることをいうが、横浜市のシステムは、119番通報の内容をコンピューターに入力すると、ケガや病気の緊急性を、コンピューターが過去のデータなどから即座に判断し、その結果に応じて救急隊員を現場に向かわせるものだ。通報を受けた際のチェック表を見ると、通報した人が本人か家族か、患者の年齢などといった基礎的な情報のほかに、会話ができるか、意識はあるか、呼吸はあるか、歩けるかなどといった情報を入力すると緊急性が5段階で示される

横浜市のトリアージシステム略図（横浜市安全管理局）

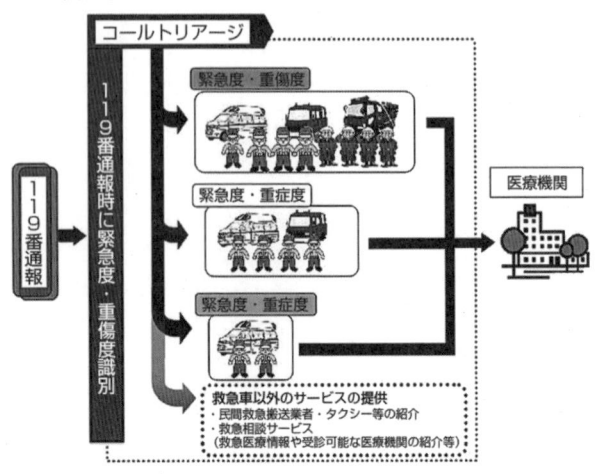

ようになっている。

　一般に、救急車は3人の隊員が乗って運用されているが、このシステムでは、緊急性が高いと判断した場合には、最寄りの救急車のほかに市内に細かく配置している消防自動車も出動させ、最大で9人が駆けつける。また、緊急性が中程度の時は4人が、緊急性が低い場合は2人が現場に向かう。新しく救命活動車も作り、救急車がでている場合でも応急の機材を積んで2人が駆けつけ、救急車の到着まで対応することにしている。

　3か月間の運用では、救急隊員が現場に駆けつける時間が緊急性の高い患者のほうが、そのほかの患者より50秒ほど早くなった。

システム作りの背景と3か月の検証

　横浜市が5年がかりで新しいシステムを作った背景には、救急車で運ぶ患者の多くが、結果として緊急性が低かったという事情がある。平成19年に救急車で運ばれた人は14万人近くいたが、到着した医療機関で60％は軽症と診断された。

　コールトリアージを始めて3か月の検証結果をみると、この間に救急車で運ばれた患者は3万4,829人で、緊急性が高いと判断された患者の半数近くが死亡、重症、重篤だった。また、緊急性が低いと判断された患者の80％が軽症で、概ねトリアージは症状とあっていた。

　しかし、軽症と判断した中に一人だけ、「重篤」と診断された患者がいた。この患者は40歳代の女性で、食物アレルギーで気分が悪くなり、駅員が通報した。その時は緊急性が低いと判断されたが、その後に症状が悪化した。その後、女性は病院で治療を受けて快方に向かい、翌日には退院したということだ。

　横浜市では「緊急性が低いと判断しながら、実際には症状が重かったトリアージをしてはならないと思っている。詳しい調査をしたう

えで、トリアージの精度を高めていきたい」と話している。

一連の取り組みによって、横浜市の2008年(平成19年)の救急件数は15万2,811件で、ピーク時の2005年(平成17年)の16万536件に比べて10％近く減った。

救急医療をめぐる問題

横浜市の取り組みから、救急要請の背景に社会の様々な問題があることがわかる。

1つは、社会から孤立した高齢者などが増えていることだ。横浜市では、この10年ほどで65歳以上の高齢者の救急搬送が50％近く増えた。

たとえば、2008年(平成20年)12月に78歳の男性からかかってきた119番通報は、「ベッドから落ちて、自分で戻れない。助けて欲しい」という内容で、同じような通報は年間に2,000件から3,000件あるという。厚生労働白書によると(平成15年版)、高齢者の男性の30％が、また女性の20％が近所の人とほとんど話をしないと答えている。急速に高齢化が進む中、高齢者を地域のコミュニティで見守っていける社会全体の仕組み作りを急ぐ必要がある。

また、地域の医療体制に関わる問題もある。横浜市が20歳以上の3,600人にアンケート調査したところ、徒歩で行ける範囲に夜間・休日でも診てもらえる病院が「ある」と答えた人は34％で、「ない」が46％となっている。どこへ行ったら診てもらえるかわからないから、救急車を呼ぶ人が増えているわけだ。厚生労働省は、医療機関同士の連携を強めて、地域ごとに救急患者を断ることのない病院を位置づけたいとしているが、救急医療を含めた地域の医療体制の再構築は救急件数を減らす面からも重要だ。

そして、最後は一人ひとりのモラルに関わる問題だ。緊急の事態ではないのに救急車を呼ぶことで、命にかかわる救急患者への対応

が遅れるとすれば、大きな問題だということを社会全体が認識する必要がある。

東京でも始まった緊急搬送トリアージ

2009年（平成21年）4月1日からは、東京消防庁が全国で初めて、救急現場で患者の容体をみて救急車で運ぶ必要があるかどうかを判断する「救急搬送トリアージ」の本格的な運用を始めた。

これは、救急隊員が、患者の意識や呼吸などから病気やケガの程度を確認し、緊急性がないと判断した場合には、患者の同意を得て、救急車の利用を辞退してもらうものだ。

こうした運用を始めた大きな理由は2つある。まずは、救急車を呼ぶ件数が急速に増えていることだ。東京消防庁の2007年（平成19年）の救急搬送件数は69万1,549件で、20年ほど前の1.8倍以上となった。さらに、救急車で運んだ患者の多くが「軽症」と診断されることもある。2007年（平成19年）は軽症が60％だ。

このままだと救急車や救急隊員が足りなくなって、本当に緊急な患者への対応が遅れる恐れがある。最近はタクシー代わりに救急車を呼ぶ人が増える傾向にあって、こうした人たちに適正な利用を呼びかけるのも大きな狙いで、今後こうした動きは各地に広がると思われる。

5　大規模建築物の安全確保

消防が直面する課題

都市を中心にした建物の大規模化や高層化、それに社会情勢の変化に対応した防災対策のあり方や最近の重大火災への対応

を検討していた総務省消防庁の「予防行政のあり方に関する検討会」が、2007年（平成19年）の暮れに中間報告をまとめた。

大きな柱は、大規模地震に対応した自衛消防力の確保と、社会の大きな関心を集めた2007年（平成19年）1月の兵庫県宝塚市のカラオケボックス火災や6月の東京都渋谷区の温泉施設の爆発火災を踏まえた安全対策についてだ。

ここからは、その報告を踏まえながら、時代の変化の中で消防が直面する課題をみていきたい。

大規模建築物が潜在的にもつ危険性

最近、全国で飲食店やスーパーなどが入った大規模な建物が増えている。都市部では再開発にともなって高層ビルが増え、地方ではスーパーや映画館などが入った大型の複合商業施設が次々に作られている。

データでみると、高さが31メートル＝11階建て以上の高層ビルは、1996年度（平成8年）には全国で2万3,897棟だったが、2005年度（平成17年）には3万7,524棟となって、10年間で約1.5倍に増えた。また、大型のショッピングセンターは、1996年（平成8年）には1,977棟だったが、2005年（平成17年）には2,704棟となって、こちらは10年間で約1.4倍に増えた。しかも、ショッピングセンター1つあたりの面積が広がる傾向にある。

一般的にいって、こうした大きな建物や施設は潜在的な危険性も大きい。

例えば火災で考えると、大きな建物には火を使う飲食店などの数が多く、火災の発生件数が増える。2005年（平成17年）の火災報告では、同じように不特定多数の人が出入りする建物で、

高層建築物の推移　　　　　　（総務省消防庁）

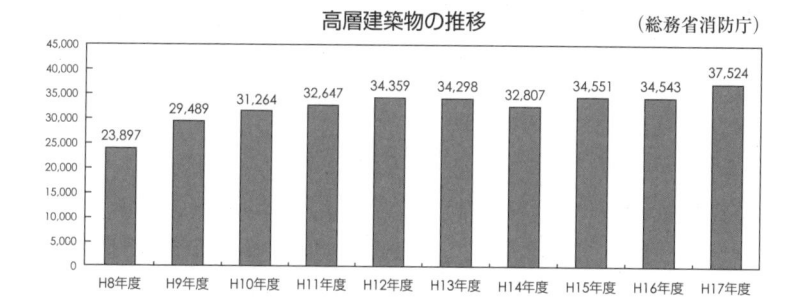

年度	件数
H8年度	23,897
H9年度	29,489
H10年度	31,264
H11年度	32,647
H12年度	34,359
H13年度	34,298
H14年度	32,807
H15年度	34,551
H16年度	34,543
H17年度	37,524

100件当たりの出火件数を比較すると、10階建て以下は0.38件だったが、11階建て以上では2.76件と7倍の開きがある。大きな建物や施設での火災を防ぐための予防対策は重要だ。

考慮すべき地震などの危険性

大きな建物では、地震などの対策も考慮しなくてはならない。火災については昔からスプリンクラーなどの設置や避難のための消防計画を作ることが義務付けられていたが、2007年（平成19年）6月に消防法の一部が改正されるまで、地震などの災害への対策は、各建物や企業の自主的な取り組みに任されていた。

2005年（平成17年）7月23日に千葉県北西部を震源とした地震で、東京23区で13年ぶりに震度5強の強い揺れがあった際、約6万4,000台のエレベーターが止まり、利用者の救出に最大で3時間近くかかった。もし、この地震で火災や建物被害なども一緒に起きていたら、閉じ込められていた人たちを安全に救出することは、更に難しくなったに違いない。

必要な地震への対策

　中間報告は、2007年6月の消防法の改正を受けて、高層ビルや大型のショッピングセンターを安心して利用できるようにするために、大規模地震にも対応した消防計画を作る具体的なガイドラインを示している。

　ガイドラインが示す主な取り組みは2つで、1つは少なくとも震度6強程度の地震を想定し、地震発生後すみやかに被災状況を確認し、閉じ込めなどの被災者の救出や初期消火を進めるとともに、停電や断水などに対する備えをしておく必要があるとしている。もう1つは、そうした消防計画に基づいて、訓練を実施し、その結果を踏まえて、計画を定期的に見直すことが重要だとしている。

　つまりは、これまで火災が中心だった建物や施設の防災対策に地震を含めた広い視点の対策を求めたものだ。首都直下地震や近畿直下地震、それに東海地震、東南海地震、南海地震など大きな地震の切迫性が指摘されているだけに、こうした先取りともいえる防災対策は強力に進めて欲しい。

社会の変化に対応した防火対策

　消防は火災についても、社会の変化や時代に合わせた対策が求められる。中間報告ではカラオケ店の火災を取り上げ、時代への対応を求めている。

　2007年（平成19年）の1月、兵庫県宝塚市のカラオケ店で火災が起きた。火災の原因は、当時1人で勤務していた従業員が油の入った鍋を火にかけたまま、その場を離れたために燃え上がったもので、初期消火はほとんど行われなかった。このため、

客として店にいた16歳から18歳までの少年3人が亡くなった。

　もともと、カラオケ店は個室形式になっているところが多く、大きな音を出すことから火災に気付きにくい特徴がある。しかもこのカラオケ店は、地上2階建て、延べ床面積が218平方メートルほどの小さな店で、自動火災報知機の設置が義務付けられていなかった。規模の小ささから消防の盲点になっていたわけだ。

　そこで「予防行政のあり方に関する検討会」は、中間報告の中で、今後はすべてのカラオケ店に自動火災報知機の設置を義務付けるべきだと指摘している。

違反は消防の取り組みで減らすことができる

　兵庫県宝塚市の火災の後、消防が全国のカラオケボックスに緊急の立ち入り調査をしたが、消防の取り組みによって違反は減らせることがわかった。小さなカラオケ店でも消火器の設置や防火管理者は必要で、立ち入り調査はそうした細かい違反がないかどうかを調べたものだ。

　1回目の調査は2007年（平成19年）の火災直後に行われ、全国にある6,750余りのカラオケ店のうち70％のところで、な

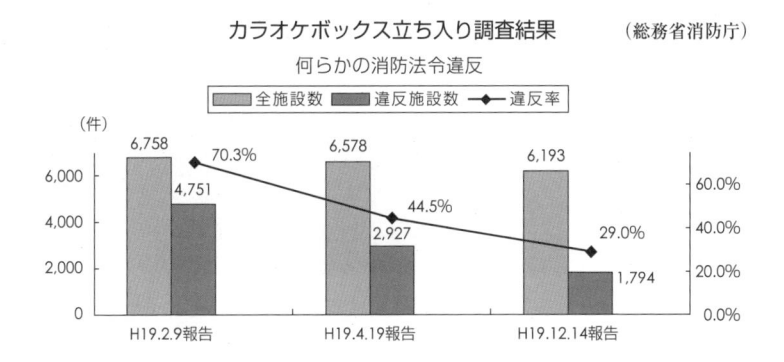

カラオケボックス立ち入り調査結果　　（総務省消防庁）
何らかの消防法令違反

報告日	全施設数	違反施設数	違反率
H19.2.9報告	6,758	4,751	70.3%
H19.4.19報告	6,578	2,927	44.5%
H19.12.14報告	6,193	1,794	29.0%

んらかの違反がみつかった。違反の多さに驚いた消防は2か月後にも調査し、今度は違反率は45％に減った。

そして3回目の調査が2007年（平成19年）の暮れに行われたが、違反率は29％に減った。

それでも3分の1近いカラオケボックスで、何らかの違反があるという状況だが、消防の粘り強い立ち入り調査と指導によって、違反を減らせることもわかったといっていいと思う。

6 東京都渋谷区の温泉施設の爆発

都会の温泉の危険性

2007年（平成19年）の6月、東京都渋谷区の繁華街近くの温泉施設で爆発が起き3人が亡くなった。爆発の起きた建物では、地下1,500メートルの深さから温泉をくみ上げていて、温泉の中に混ざっていた可燃性のガスに、なんらかの火が引火したものとみられている。

このところ住宅地や繁華街などに温泉施設が増えている。東京都の施設数でみると、1995年（平成7年）は84箇所だったのが、2006年（平成18年）には144箇所に増えている。しかも、可燃性のガスが出やすい地下500メートルを超える深さから掘っているところが増えていて、全体の35％もある。

2007年6月に爆発事故が発生した東京都渋谷区の温泉施設

安全対策が疎かだった温泉施設

　東京都渋谷区で爆発火災が起きるまで、都市の温泉施設の利用についての安全対策は考慮されていなかったといっていい。

　環境省や総務省消防庁、国土交通省など関係する省庁は多いものの、社会の変化に安全対策が追いついていなかったわけだ。

　従来、温泉の掘削は、比較的土地に余裕がある温泉地などで行われることが多く、可燃性のガスがでても屋外の場合は空気中に拡散する。ところが、都会の繁華街や住宅地で温泉を掘るようになった。

　屋内で汲み上げる場合、安全を確保するためには、温泉とガスを分離させる装置や換気扇、それにガス漏れの検知器などが必要だが、残念ながら、そうした知識は温泉施設の管理者には共有されていなかった。

　爆発の後、全国の消防が屋内で温泉を汲み上げている約480の温泉施設の実態を調査したところ、ガスの「調査をしたことがない」と答えたところが68％もあった。また、ガスの検知

温泉施設への実態調査（総務省消防庁）

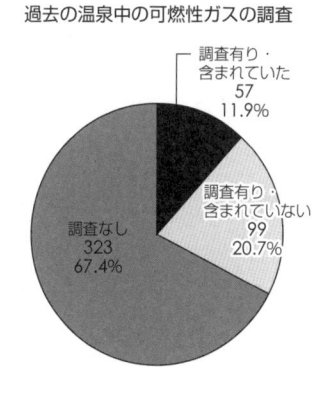

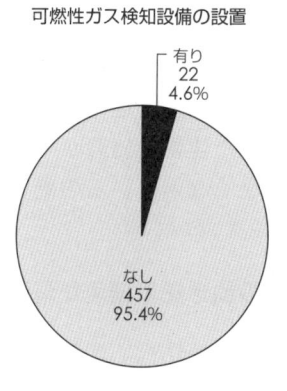

過去の温泉中の可燃性ガスの調査

- 調査有り・含まれていた　57　11.9％
- 調査有り・含まれていない　99　20.7％
- 調査なし　323　67.4％

可燃性ガス検知設備の設置

- 有り　22　4.6％
- なし　457　95.4％

設備を設置していないところも95％という結果だった。

こうした結果を受けて、総務省消防庁の「予防行政のあり方に関する検討会」は、今後は、温泉施設に対してガス漏れ警報設備の設置を義務付けることを求めている。

対策が後追いになる背景

新しい課題に対して、消防の対策が後手に回っているような印象を受けるが、そこには大きな背景がある。

1972年（昭和47年）の千日デパートビル火災や1982年（昭和57年）のホテル・ニュージャパンの火災などこれまで大きな被害がでた火災は、ホテルやデパート、工場など大きな建物にたくさんの人がいるケースが多かった。このため、消防はそうした大きな建物、たくさんの人がいる施設の対策に重点を置いてきた。

それによって、大きな建物の安全度は上がってきたが、最近は都市を中心に高層化や地下の開発が進んで、建物や空間の利用が多様化する傾向にある。また人の暮らし方も変わってきていて、24時間働いたり、遊んだりする人がたくさんいるようになった。

そうした社会の変化の中から、各地に小さなカラオケボックスが建ち、住宅地や繁華街に温泉施設ができるなど、かつてはなかった建物や施設ができて、結果として従来の対策では追いつかなくなっているのだ。

社会の動きを見据えた消防の課題

私は、消防は心配される地震災害や社会の急激な変化に対応

していく視点を、もっと強く持つ必要があると思っている。

そのためには、まず、立ち入り調査の重点化を考える必要がある。大きな建物やたくさんの人がいる施設だけでなく、定期的に小さなビルや新しい利用方法の施設などにも立ち入り調査をして、違反が多い業態をみつけたら、重点的に立ち入り調査をし、対策を進めるなどの取り組みを考えて欲しい。

2つ目は、そうした調査から社会や町の変化を読み取り、新しい時代に合った防火や安全対策を考えることだ。

東海地震や東南海地震、南海地震、それに首都直下地震や近畿直下地震などの地震の発生が心配されるなか、社会の安心や安全を確保するための消防への期待は大きいものがある。心配される大規模地震の被害想定に合わせた対策やめまぐるしく変わる社会の動きに対応した対策を進めて欲しい。

消防の課題をみてきたこの項の最後に、地域の防災の要である消防団について考えてみたい。

コラム　子どもたちの事故を防げ

意外と多い家庭での事故

2009年（平成21年）4月、東京消防庁は、過去10年分の子どもの事故のデータを分析した結果をまとめた。

2007年（平成19年）までの10年間に、救急車で医療機関に運んだ事例などの中から、0歳から12歳までの子どもが関わった事故や火災19万6,000件を抜き出して分析したもので、全国でも初めてのことだ。

まず、注意したいのは子どもが事故にあってケガをする場所だ。

最も多かったのは路上・公園などで全体の44％だが、2番目が家庭など住居の中で39％もあったのだ。

灰皿にあった煙草の吸殻を口に入れたり、使用中のアイロンのコードを引っ張って高温のアイロンでやけどをしたり、シュレッダーに指を挟まれたりといった事故があった。

意外なことに、水の事故も家庭の中の方が多いことがわかった。

水の事故と聞くと、屋外の水遊びや遊泳中の事故を連想するが、2006年（平成18年）と2007年（平成19年）の水の事故82件の内訳をみると、家庭の中が80％を占めている。

子ども3人を風呂に入れていて、7か月の女の子を浮き輪に入れて遊ばせながら、他の2人の体を洗っていたら、浮き輪がひっくりかえって女の子が溺れていた事故や、居間で遊んでいた子供の姿が見えなくなって探したら、風呂の浴槽に落ちていた事故も報告されている。

子どもの事故全体で死亡したり入院したりしたケースは7％だが、

子どもの事故の発生場所
（東京消防庁）

平成10年（1998年）〜平成19年（2007年）の10年間
総件数：19万5,761件

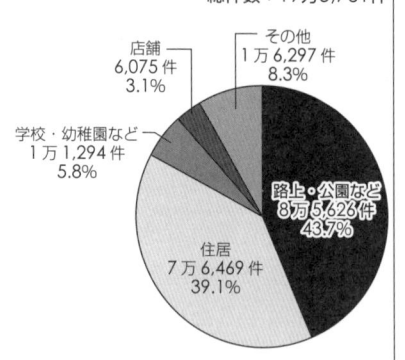

- その他　1万6,297件　8.3%
- 店舗　6,075件　3.1%
- 学校・幼稚園など　1万1,294件　5.8%
- 路上・公園など　8万5,626件　43.7%
- 住居　7万6,469件　39.1%

子どもの水の事故の原因
（東京消防庁）

平成18年（2006年）〜平成19年（2007年）の2年間の82件の内訳

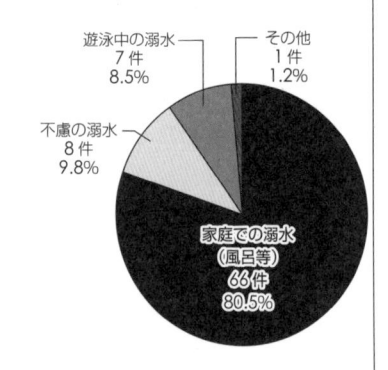

- その他　1件　1.2%
- 遊泳中の溺水　7件　8.5%
- 不慮の溺水　8件　9.8%
- 家庭での溺水（風呂等）　66件　80.5%

水の事故では60％もある。水の事故は命に関わることが多くなりがちで、小さい子どもがいる家庭では、風呂に水が入っている時などは特に注意が必要だ。

幼い子どもほど注意が必要

東京消防庁の調査から、幼い子どもほど事故にあう件数が多いことがわかった。年齢別にみると、最も多いのが1歳児で約3万件、次いで2歳児の約2万3,000件、3歳児の約1万8,500件、0歳児の約1万7,000件の順になっていて、0歳から3歳までで、12歳までの子どもの事故全体の半数近くになる。

事故の内訳は、転倒、転落が多くなっている。0歳から3歳頃の子どもは、這うことができるようになり、つかまり立ちをするようになり、よちよちと歩き出すようになるなど、短い期間に急に成長し、動きも活発になっていく。

実際に、子どもと一緒に風呂に入るために、子どもを洗濯機の上にのせて衣服を脱いでいたら、子どもが動き出して落ちたケースや自転車の補助椅子に乗せていたら、激しく動いてバランスを崩して落下した事故が起きている。

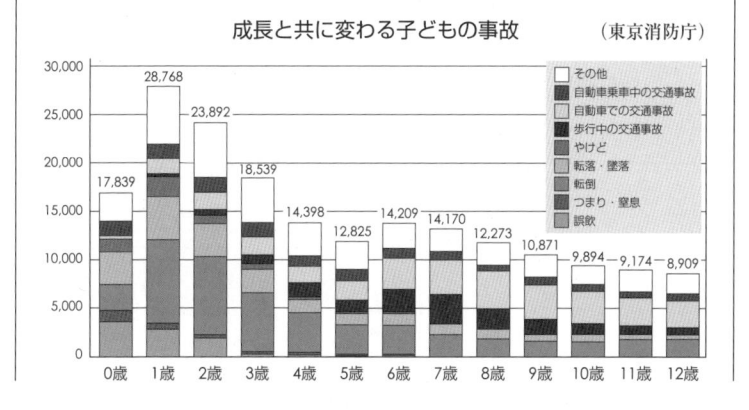

成長と共に変わる子どもの事故 （東京消防庁）

年齢	件数
0歳	17,839
1歳	28,768
2歳	23,892
3歳	18,539
4歳	14,398
5歳	12,825
6歳	14,209
7歳	14,170
8歳	12,273
9歳	10,871
10歳	9,894
11歳	9,174
12歳	8,909

凡例：その他／自動車乗車中の交通事故／自動車での交通事故／歩行中の交通事故／やけど／転落・墜落／転倒／つまり・窒息／誤飲

東京消防庁では、子どもの動きが日ごとに活発になっていることに気づかず、ついそれまでと同じように接していて、事故になったケースもあるのではないかと話している。

　年齢が上がるにつれて活動の範囲が広がり、事故の種類も変わっていく。6歳から8歳の小学校へ入学する頃になると転倒や転落は減り、外に出る機会が増え、自転車や歩行中の交通事故が多くなる。また9歳から12歳くらいになると、スポーツをしている時に衝突したりする事故が多くなってくる。さらにこの頃には火遊びが増えてくるが、火遊びは親や教師の目が届きにくい午後4時頃が最も多い。

事故にどう対応するか

　事故が起きた際に迷ったら119番で救急車を呼んだり、消防や医師会などの相談窓口に電話をしてアドバイスを受ける必要がある。

　ただ、東京消防庁では事故の分析からいくつか具体的な対処方法も紹介している。例えば、転倒や転落でケガをした子どもの顔色が悪かったら、救急車が来るまでの間に着ているものを緩め、毛布などで温めてやること。また、衣服に火がついた時には子どもが走りださないように注意して、転がって火を消せばいいこと。さらに、火災の煙は上の方が濃くて下の方が薄くなっているので、姿勢を低くして床に近いところの空気を吸うようにして逃げることなどだ。

　こうした教訓を生かして、家庭での子どもの事故防止をはかって欲しい。

7 消防団の活性化を図る

消防団は地域の防災の要

　消防団は地域の防災力の要の組織の1つであることに変わりはないが、現在大きな転機を迎えている。

　消防団は、江戸時代に町は自分たちの手で守ろうと作られた「町火消し」がルーツだといわれ、300年の伝統がある。その名の通り、火事が起これば仕事を中断して消火に駆けつけるが、最近の活動はそれだけではない。

　2006年（平成18年）の1年間に、全国の消防団が出動した回数は57万5,000回余りあったが、その内訳をみると、住宅火災や山火事の消火活動のほかに、救助活動や風水害での土のう積みなどの出動、それに花火大会やお祭りなどの警戒、行方不明者の捜索など様々な現場にでかけている。

　背景には、地域のコミュニティが薄れる傾向にあるなか、組織だった活動が必要な場面で、多くの要望が消防団に寄せられているという事情がある。

　そうした身近な存在でありながら、消防団の実態はあまり知られていない。

　日本の消防は市町村ごとに活動する自治体消防として運用されているが、その大きな特徴が市町村の消防本部と住民のボランティア精神に支えられた消防団の2つの組織が活動していることだ。そうした消防のあり方は、1948年（昭和23年）に公布された消防組織法によって整った。

　消防団は全国のほとんどの自治体で組織されているが、東京都や大阪市などのように大きな力をもった消防本部がある都会よりも、地方のほうが役割が重要だ。消防署から離れた地域

が多い地方では、火事のときに真っ先に駆けつけるのは消防団というところが少なくないし、山火事や土のう積みのように人海戦術が必要な災害も消防団が頼りだ。

全国消防操法大会（2008年）

2007年（平成19年）4月1日の段階では離島や小さな村など40の自治体には消防本部はなく、消防団だけが消防活動を担っている。

消防団が直面する2つの危機

消防団が、直面している一番大きな危機は、団員数が減り続けていることだ。全国の消防団員は1954年（昭和29年）には200万人を超えていたが、平成に入った頃に100万人を下回り、

全国の消防団員数の推移　　　（総務省消防庁）

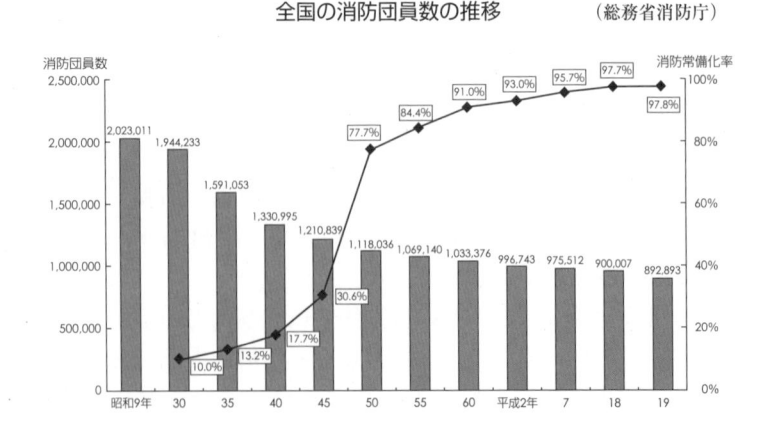

2007年（平成19年）には90万人を割り込んだ。

また、団員の高齢化が進んでいるのも悩みの種で、1965年（昭和40年）には30歳未満の若い団員が全体の45％いたが、2008年（平成20年）には23％に減っている。これらは地域の防災力を考える上では大きな問題だ。

そこで、各地で若い団員を増やそうという取り組みが行われている。

静岡県長泉町の取り組み

静岡県長泉町は、2007年（平成19年）に消防団員の数を40人ほど増やした。長泉町は、静岡県の東部に位置する人口4万人ほどの町で、新幹線の三島駅に近くサラリーマン世帯が増えている。

長泉町の消防職員は45人で、年間に1,000件以上ある救急出動に24時間体制で対応すると、住宅火災や日頃の防火、防災活動に対応するには消防団の力が欠かせない。

そこで消防団員を増やそうと、町内で説明会を開いたところ、消防団の実態があまり知られていないことがわかった。様々な場面で活躍しているにも関わらず、説明会の会場で「消防団はどんな仕事なのか？」という質問まで飛び出した。

消防団は、普段は会社員だったり、農業をしていたり、小売店を営んでいたりといった仕事をもった人たちが、いざというときに集まる組織だが、身分は「非常勤の特別職の地方公務員」で、国の基準では、年に3万6,000円の報酬と一回出動するごとに数千円の手当てがでることになっているが、自治体によってはもっと少ないところや、手当てがないところもある。つまりはボランティア精神に支えられた組織なのだ。

長泉町の消防団は訓練も入れると年に70回ほど出動しているから、ほぼ5日から6日に1回の割合となる。しかも火災や災害は深夜や明け方、悪天候の中で起きることもあるから、とてもいい加減な気持ちで続けられる仕事ではない。
　説明会では「企業に協力を呼びかけて欲しい」「職場からの選出はできないのか」といった意見がでたというが、実際にそうした動きは始まっている。

増えるサラリーマン消防団員

　全国の消防団で会社員の割合が増えている。会社員の団員は1965年（昭和40年）には全体の27％だったが、2007年（平成19年）には70％を占めている。かつて消防団員はいつも地元にいる人が多かったのが、最近は周辺の市町村に通勤している人が多くなった。
　背景には、農業や漁業の後継者が少なくなり、地方に大きなスーパーなどが進出し、小売店の営業も難しくなるなど産業構

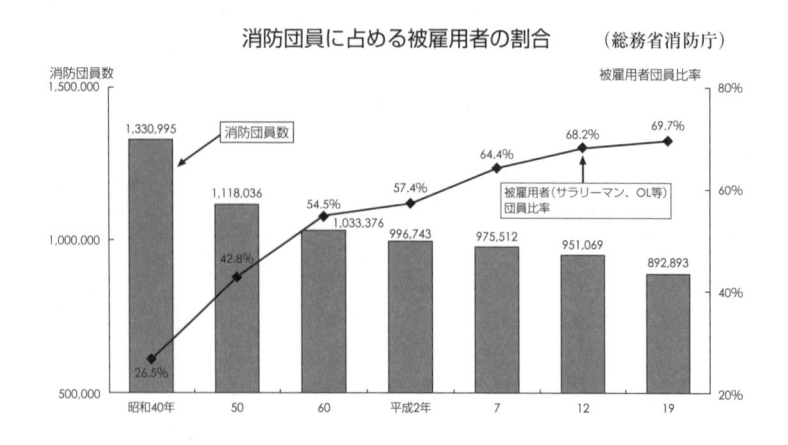

消防団員に占める被雇用者の割合　　（総務省消防庁）

年	消防団員数	被雇用者団員比率
昭和40年	1,330,995	26.5%
50	1,118,036	42.8%
60	1,033,376	54.5%
平成2年	996,743	57.4%
7	975,512	64.4%
12	951,069	68.2%
19	892,893	69.7%

造が変わったことから、企業や事業所で働く人が増えているという事情がある。

このため、昼間の時間に火災などが起きても地元にいない人や勤務時間中で活動に参加できない人が増えているのだ。

地元企業が支える消防団

群馬県との境に位置する人口1万4,000人余りの埼玉県小鹿野町では、地元の事業所と協力関係を築いて、消防団の活動を活性化している。

この町で、最も大きな事業所である「秩父富士」は、電気の制御器具などを製造しているが、2008年（平成20年）には従業員660人のうち78人が消防団員になっていた。

小鹿野町の中や周辺から通っている従業員が多く、火災が起きると従業員の住んでいる地域だったり、近くに親戚や知人の家があることが多かったことから、会社では地域の防災に積極的に関わっているのだという。

町の消防から火災などの連絡があると、各職場に直接連絡したり、一斉放送を流したりして、消防団員の従業員は勤務時間中でも活動できるようにしている。また、訓練に参加する場合には、勤務時間の変更ができる。

会社の構内には大きな消防自動車が置かれ、自衛消防隊の訓練も熱心に行っていると

秩父富士の敷地内に置かれた消防自動車

いう。会社ぐるみで防災に取り組んでいる理由については「消防団や自衛消防隊で鍛えられた社員は、組織の中で動くことの重要性を学ぶことができ、会社にもメリットがある。また、日頃から火の元の確認に気を配ってもらえば、会社の危機管理にも役立つ」と話していた。

コラム 時代に合った消防団を

"坊ちゃん消防団"の発足

減り続けている消防団員の確保のために「機能別消防団」という試みを進めているところがある。「機能別消防団」は、消防団の仕事全部をするのではなく、やりくりができる範囲で、特定の仕事に限って受け持ってもらおうという考えだ。

2006年（平成18年）4月、愛媛県松山市に、全国で初めての大学生の消防団が誕生した。それまで、個人として消防団に参加している大学生はいたが、大学生だけの消防団ができたのは全国で初めてのことだった。松山市内の4つの大学と1つの短大に通う男女合わせて74人が参加した。

松山市の大学生消防団は火事の消火はしないが、大きな災害が起きたときに、避難所の開設や運営、物資の配布、それに外国人の被災者の通訳を受け持つことになっていて、松山を舞台にした夏目漱石の小説にちなんで、"坊ちゃん消防団"という愛称もあると聞いた。

また、2007年（平成19年）には、札幌市に地元の大学の山岳部員が参加した「山岳救助隊」が発足した。最近の中高年の山歩きブームの影響で、滑落事故や山菜とりで行方がわからなくなるなどのケースが増えているのに対応した消防団だ。

災害が起きると、被災地に大学生など多くの若者がボランティアに駆けつけ、生き生きと活動している姿を目にする。そうした若い人たちの意欲を、行政が上手に掬い上げる工夫の1つとして参考になると思う。

このほか機能別消防団には、郵便局の職員による消防団や水上バイクの愛好者たちの消防団もある。普段から地域の事情に精通している郵便局の職員の消防団には、災害時の情報収集などが期待されているし、水上バイクの消防団には、水害が起きた際の救助や物資の輸送などが求められている。消防団も少しずつ変わってきているのだ。

"技あり"消防団員表彰される

2009年（平成21年）5月、東京都台東区のアパートで火災が起きた。アパートには、日本語がほとんど話せない中国人の男女6人が暮らしていた。現場に駆け付けた上野消防団の女性消防団員は、かつて航空会社の客室乗務員をしていたことから語学が得意で、英語のほかに中国語も話せるため、現場の情報収集やケガをした人などの気持ちを落ち着かせる活動をした。この女性消防団員の活動がなかったら、中にとり残された人がいるかどうかの確認が遅れ消火活動が困難になった可能性があるとして、5月28日に東京消防庁の総監表彰がおくられた。

東京消防庁では、こうした特技を持った団員を2006年（平成18年）から「特殊技能団員」に指定しているが、そうした団員に総監表彰が贈られたのは初めてのことだった。

東京には多くの外国の人が暮らしていて、中には、暖房器具を使ったことのない国から来て、電気ストーブを炬燵の中に入れて使っていた人がいた。そうした人たちに、日頃から防災や防火の知識を普及したり、今回のように被災した場合には様々な国の言葉の通訳が

必要だが、消防の職員だけでは対応しきれない。そこで、「特殊技能団員」に活動してもらおうというわけだ。

ほかにも、建設会社に勤めるなどして重機の運転免許を持った「特殊技能団員」もいる。大きな地震が起きた際に、住宅などの瓦礫を撤去したり、電柱などが倒れて通れなくなった道路の復旧作業などをしてもらうことが狙いだ。また、機材や資材を運搬する大型トラックの運転免許を持った団員や災害時にケガ人などの救助にあたってもらう医師や看護師の団員、さらにはガス溶接技能を持った団員など、東京には1,600人近い「特殊技能団員」がいる。

消防団のハイテク化

時代に合わせて消防団の装備の充実を図ろうという動きもある。

消防団の活動の範囲が広がっているにもかかわらず、全国の消防団は、消火用のポンプ以外の機材や器具はほとんど配備されていない状況だ。2004年（平成16年）の新潟県中越地震で救助活動に当たった消防団などから「必要な機材が不十分で、円滑な活動ができない」といった声が上がっていた。そこで、消火用のポンプのほかに、倒れた住宅などに閉じ込められた人を救うためのエンジンカッターやチェンソーといった救助用の機材、それに、突然心臓が止まってしまった人を助けるために電気でショックを与えるAEDと呼ばれる器械、さらにはケガ人を運ぶための担架などがコンパクトに装備された車が交付されることになった。

全国の消防団の活動

消防団多機能型車両（日本消防協会）

を支援している日本消防協会が、2008年度（平成20年）と2009年度（平成21年）の２年間で、全国の都道府県に１台ずつ交付することにしている。

地域の実情に合わせて、団員の確保や装備などの面でも、消防団の充実、強化に向けた取り組みを進めて欲しい。

8 世界に学ぶ消防団の将来像

世界で活躍、ボランティア消防

「世界にも消防団のような組織があるのだろうか」「どんな活動をしているのだろうか」といったことは、これまではっきりわかっていなかった。

日本消防協会が調べたところ、各国にも日本と同じようにボランティア精神に支えられた消防組織（義勇消防）があって、地域の防災を支えていることがわかった。

2008年（平成20年）５月、日本消防協会が世界に呼びかけて初めての「消防団国際会議」を開いたところ、アメリカやドイツ、オーストラリア、中国など10か国から代表が集まった。世界で消防団の人数が多いのは、ドイツの約104万人、日本が89万人、アメリカが82万人、オーストリアが23万人、オーストラリア22万人などとなっている。中国も人数は多いが軍が中心なので、少し性格が異なっている。

役割も似通っていて、ドイツでは人口10万人以上、アメリカでは人口２万5,000人以上の比較的大きな市や町は、市町村の職員である消防隊員が中心だが、それ以下の人口の少ない地方では消防団が防災を担っている。

世界が悩む消防団の課題

　国は違っても世界の消防団が、日本と同じような悩みを抱えている。悩みは、大きくいって2つある。

　1つは団員数の減少が続いていることだ。ドイツではこの5年間に約2万人、アメリカでも10年間に1万5,000人の団員が減ったという。その背景にあるものも共通していて、核家族化の進展や共働き家庭の増加、それに災害が多発する傾向にあって活動時間が増え、それを負担に感じている人が多いことなどだという。

　2つ目の悩みは、団員の中に占める会社員の割合が増えていることだ。このため、勤務時間中に火事や災害が起きた場合、職場を離れて活動することが難しい人が多くなっている。そうした課題にどう取り組むと良いかのヒントも国際会議で披露された。

消防団国際会議（2008年5月）

消防団存続への知恵

　大会では、様々な工夫で団員の減少や会社員の比率の増加という問題を乗り越えようとしている世界の取り組みが発表された。それらのなかには、日本にも参考になることがいくつもあった。
　まず後継者の育成だが、ドイツでは10歳から17歳までの青少年の消防組織を作っていて、約25万人が参加している。そ

して17歳まで活動を続けた若者のほとんどが、その後地域の義勇消防に入っているというのだ。

さらに、会社員の団員が活動しやすい取り組みが実施されている国もあった。アメリカやドイツでは、州によっては勤務時間中の消防団活動を理由とした解雇を禁止したり、勤務時間中に活動した場合は、その時間の給与相当額を市町村が会社に支払う制度を作っているところがあった。

日本でも、企業の協力を得ないと消防団活動は難しいとして、消防団員が多い企業や勤務時間中の活動をしやすくしている企業を「消防団協力事業所」として表彰し、企業の社会貢献を広く社会に紹介しようという制度が2007年（平成19年）から始まっている。

9 地域の防災力と消防

消防が支える地域の防災力

ここまで述べてきたことからも、消防団を含めた消防が、いかに地域の防災と密接に関係しているかがわかる。火災や自然災害はむろんのこと、事件や事故などの被害を減らしていくために解決すべき課題は多いが、消防が安全な社会を作っていくための大きな1つの原動力となっていることは間違いない。

地域のコミュニティが薄れていることが指摘されるが、時代を元に戻すことはできない。過疎や高齢化、都市化の進展など社会の変化の中で、防火や防災の課題は変わっていく。したがって、消防は常に時代の動きを敏感に反映していなくてはならない。消防団も、また時代の変化に対応していく必要がある。

このところの地震被害や想定を超える豪雨災害の頻発は、私

たちに、新しい形の地域のコミュニティの再構築によって、地域の防災力を高める必要があることを教えているように思える。そのために、消防が果たす役割も期待も大きいというべきだと思う。

第3章
シンポジウムの作り方、進め方

1 シンポジウムについて書いてみたい

　最近、あちこちから防災をテーマにしたシンポジウム（パネルディスカッション）への参加を求められることが多い。司会者としてのコーディネーターを頼まれることも、災害と防災を取材してきた立場からのパネリストを頼まれることもある

　多くのシンポジウムは、行政、研究者、ＮＰＯなどの団体、地域の住民、それにマスコミなどが、地震や火山の災害や洪水や土砂災害などについて、それぞれの立場から多角的に問題点や課題を整理し、今後の防災対策や具体的な防災対応に役立てていこうというものだが、実際に関わってみると、パネリストがテーマに添って役割をきちんと果たし、聴衆にきちんとシンポジウムの意図が伝わる場合もあれば、パネリストにとっても聴衆にとっても今一つ残念な内容になってしまうものもある。

　防災が最終的には、一人ひとりの住民の防災意識の向上や具体的な備えにかかっていることを考えると、各地で様々な形で行われているシンポジウムを、よりわかりやすく、より実践的なものにしていくことは、地域の防災の力を高め、多くの人の防災意識を高める上で重要だと思う。

　そこで、この章では、実りあるシンポジウムを行うにはどうしたらいいのかを考えてみたい。

　もちろん、シンポジウムには決まった形があるわけではない

し、手法や構成も千差万別だ。したがって、これから書くことは、私が放送局に勤め、番組作りなどに関わってきた経験を生かしながら、シンポジウムという形式を通して防災の大切さを訴えてきたことから感じている、きわめて私的なシンポジウムの作り方や進め方だということを断っておきたい。

2 なんといってもテーマが大事

　シンポジウムを成功させるために最初に考えるべきことは「テーマ」だと言えば、「当たり前ではないか」といった反論の声が聞こえてきそうだ。

　たしかに、多くのシンポジウムが「地震」や「火山の噴火」や「台風」「土砂災害」などをテーマにしているが、私が考えるシンポジウムのテーマはもっと絞り込んだもののことだ。

　例えば「洪水の被害を減らすために、情報をどう生かすか」「住宅の耐震化を進めるための行政と住民の役割は何か」といった具体的なテーマだ。

　それは、短く、一行でまとめられるくらいであるほうが良い。せっかくシンポジウムをするのだからと言いたいことを様々に考え、狙いだけでA4判1ページになってしまうようだと、「言っておかなくてはならない

日本災害情報学会 公開シンポジウム
「災害発生…
　　情報の出しかた・受けかた・活かしかた」
（2006年1月28日）

第3章　シンポジウムの作り方、進め方

こと」を紹介するだけに追われ、話題が散漫になってしまう。シンポジウムとは、1つのテーマを多くの立場から多角的に考えることで、聴衆が考えを深めていくことができる場なのだと思う。

　シンポジウムの主催者が「何を言いたいのか」がしっかり決まっていれば、その目的に向かってコーディネーターやパネリストはアイデアを出せるし、話を整理していくこともできる。逆にいえば、テーマが整理されていないと、コーディネーターやパネリストは、「何に向かって努力すると良いのか」「目的地がどこなのか」がわからないまま、あたかも地図もなしに船出することになってしまう。

　いかに手馴れたコーディネーターやパネリストでも「シンポジウムのテーマを決める」ことはできない。講演を頼まれた場合は、具体的なテーマや狙いは講演者自らが考えなくてはいけないが、シンポジウムで、それぞれのパネリストが自分勝手にテーマや狙いに向かって話し始めたら、全体としてバラバラになってまとまりのないものになってしまう。

　手馴れたコーディネーターとパネリストを揃えればなんとかなると感じている人がいるとしたら、大間違いだといわなくてはいけない。

　一番重要なことは何のためにシンポジウムをやるかという「目的」をはっきりさせることなのだ。つまりは、シンポジウムの主張を決め、それを実りある話し合いにしていくコーディネーターとパネリストを選ぶことが、主催者の最大の仕事だといっていい。

　テーマの焦点は絞り切れないが、話巧者（はなしごうしゃ）が集まったから、なんとか面白いシンポジウムになるだろうということは決してないのである。

3 様々な立場の人に参加してもらう

　コーディネーターやパネリストを選ぶ秘訣を一言で言うなら、テーマに即して「様々な立場の人を集める」ということに尽きる。

　もともと、シンポジウムやパネルディスカッションは、いずれも集団討議をするやり方で、ギリシア語のSYMPOSIONに由来するといわれる。プラトンの著書に「饗宴(きょうえん)」があるが、夕食後などに行われる酒宴から転じて、親しい雰囲気の中で行われる討議の意味がある。数人の報告者がそれぞれ異なった見解を出し、それを素材に全員が討議する場合が多いが、中には、中心的な報告者が基調報告をして、その後に複数の討論者が議論するといった形式などがある。

　パネルディスカッションは「座談式公開討論」などと訳され、対立するような見解を持った人たちが議論することが大切とされ、学会などで利用されることが多かったが、最近は様々な催しで行われている。なお、パネラーというのは和製英語である。

　こうした由来をみてくると、シンポジウムは、1つの問題に関わる様々な立場の人の見解を浮かび上がらせ、お互いがお互いの立場に配慮しながら1つの方向性を見出すことが大きな目標だということがわかってくる。したがって、パネリストは、話が上手な人よりも、立場と主張がはっきりしている人のほうがいい。また、コーディネーターはそれぞれの立場の発言を尊重しながら、方向を導きだしていくことが大切なのだ。

コラム　わかりやすく話す

　私がコーディネーターをしたりパネリストをしたりするときに、心がけていることは、わかりやすく話そうということだ。

　わかりやすく話すというのは、立て板に水を流すように喋ることではない。間違えずに流れるように話すことを目指している人もいるが、考えながら訥々(とつとつ)と話す人の言葉の方が心に残ることは多い。私の好きな落語でも、味のある話し方というのは必ずしも流暢な話し方でないように思う。

　わかりやすく話すというのは、聞いている人にわかってもらおうと努力しながら話すということだと思う。そのために最も大切なことは、伝えたい、聞いて欲しいと思うことを、自分の言葉で真摯に話すということに尽きるが、いくつか技術的なポイントもある。

　まず、一回の発言では１つのことしか言わないことだ。話したいことがどんなにたくさんあっても、一回の発言で「それから」「それから」とつないで、複数のことを言わないようにしている。一回の発言で、複数の内容を話そうとすると、いったい何を一番言いたかったかが、聞くほうにわかりにくくなってしまうからだ。一回の発言で、多くのことをしゃべった場合、話した本人は満足かもしれないが、全体としては 発言者の間のバランスを欠くことにもなりかねない。複数の内容を言いたいときには、複数の発言回数を確保したほうがいい。

　また、発言するときには大事なことから話したほうがいいし、結論を言ってから理由を説明したほうがわかりやすい。これは、起承転結のかたちで文章を書くときとは逆になるのかもしれない。「私は、○○で▲▲だから、□□だと思います」と話す場合は、聴衆は「○○で▲▲だから」を聞いている段階では、結論が「□□」になるの

か「××」になるのかわからないから、結論を聞いた段階で理由を思い出せないことがある。しかし、「私は□□だと思う」、その理由は「○○で▲▲だから」という順番で話してもらえれば、納得しながら理由や背景を聞くことができる。

そして、専門用語やデータや数字に頼らないことも大切だ。専門用語やデータや数字は、説得力を増す材料にもなるが、多用されると、なにか誤魔化されているような気になることがある。

さらに、コーディネーターを務める場合には、パネリスト全員が納得してもらえるように発言してもらうことが重要で、自分の主張や発言を披瀝(ひれき)しすぎないようにしたほうがいいように思う。立場の違うパネリスト全員の発言を通して、シンポジウム全体としての主張を一本の矢印のようにしていくことがコーディネーターの役割だからだ。

そのためにもコーディネーターは、パネリスト全員の立場と考え方を事前に理解しておく必要がある。その上で、実際のシンポジウムの場では、事前の準備をいったん捨てて、パネリストの発言をきちんと聞いて流れを修正していかなくてはいけない。

4 取材が説得力を生む

テーマが決まり、パネリスト決まったら、テーマに関わる問題や課題を勉強するとともに、パネリストが「どんな話をしたいか」「どんな経験を持っているか」などを取材する必要がある。

取材は、主催者にとってもコーディネーターにとっても、シンポジウムの質を確保するために重要な作業だ。なぜなら、取材によって、シンポジウム全体のまとまりを強め、説得力を増

すことにつながるからだ。

　私は、長いことニュースを取材する記者の仕事をしてきたが、取材したことを原稿に書くときに、「5取材したことを、7とか10に膨らませて書こうとする」と原稿に無理が生じてしまう。逆に「10取材したことを、3くらいに絞って書こう」とすると、内容や言葉が吟味された原稿になることを経験的に学んできた。

　1分のニュースを書いたときには、そのニュースの意味合いや背景を10分や20分は語れるようでないといけないと先輩に言われたことがある。

　また、よく取材できたニュースは嚙み砕いて書くことができるが、自分自身が中途半端にしかわかっていない取材をしてしまうと、専門用語や数字に頼らなくてはいけなくなることがある。

　さらに、取材が周辺まで過不足なく広がったときには、全体状況の中で取材した事象をどうとらえればいいかがわかるので、「だから、こういうことなのだ」という結論を短く書けるようになる。

　簡単に言うと、取材の行き届いた原稿はわかりやすく、背景を踏まえた説得力があるものになるということだ。

　シンポジウムの取材も同じことがいえる。取材によって、主催者とコーディネーターは、パネリストの具体的な話の積み重ねを知り、シンポジウムの全体像をつかむことができるということだ。シンポジウムで話す内容と話の展開は互いに関係しながら整理されていく。

5 全体の構成を考える

　取材が終わったら、シンポジウム全体の構成を考えることになる。

　最初から構成にこだわると、その場での自由な発言を妨げ、自在に展開していくシンポジウムの面白さを失ってしまうのではないかといった意見を聞くことがある。

　また構成があっても、その通りに展開するシンポジウムは存在しないし、場合によっては、思わぬ所で話が盛り上がって楽しくなったりすることもあれば、構成にとらわれすぎて話が今一つ盛り上がらなくなってしまう心配もある。したがって、おおよその展開だけ決めて、後はその場のアドリブでやったほうがいいという考え方もある。

　しかし私は、主催者やパネリストはむろんのこと、会場で働くスタッフ全員が、ある程度シンポジウムの全体像を知り、パネリストも互いの発言内容や展開を理解した上でシンポジウムを進めた方が良いと考えている。それには理由がある。

　それは、全体を見通して考えられた構成があり、事前に展開を考えてから進めるシンポジウムの方が結果として必要な話が抜けることが少なく、きちんとしたシンポジウムになる可能性が高いということだ。

　また、テーマとパネリストの名前をみて、お互いに同じような話になってしまわないかと不安になることがある。ほかのパネリストがどんな話をするのかがわかっていれば、それと同じような話を避けたり、補強したりする話を用意することもできるわけだ。

　テレビの番組を作っていてわかることは、本当に優れたイン

タビューや対談は、構成を超え、作り手の想像を超えて成立する場合が多い。構成通りに進んで、最初に考えた通りに出来上がった番組は分かりやすいかもしれないが、どこか計算した通りといった感じになる場合が多い。しかし、それは構成が不要だということを意味しない。構成があってこその逸脱で、話の展開が構成を外れても、番組の狙いに合っていて、それを超える話が展開した場合にその部分が膨らむということだと思う。

構成を外れて膨らんだ話が一段落した後は、また構成に戻ることができる。構成は、話を進めていく上での「道しるべ」であり、それだけで十分意味があると思う。

体験的に言えば、構成通りに進行するシンポジウムはほとんどない。話は様々な寄り道をし、横道にそれることが多い。それでも、構成を「道しるべ」にして、コーディネーターとパネリストが協同しながら、結果として結論に向かって話をまとめることができるのだと思っている。

優れたシンポジウムは構成を超えるが、それは事前の準備と構成が、取材や構成を超える話の展開を引き出したと考えるべきだと思う。

6 構成表の作り方

これから、具体的にシンポジウムの構成表を作ってみよう。

この構成表は、テレビの番組の構成などを参考にしたものだが、一体どういう展開になるかが、主催者やコーディネーター、パネリストに分かるようになっていると思う。

テーマは「水害とハザードマップの活用」ということにしてみる。簡単に言えばハザードマップを活用して、水害の被害を

防ぐことを集まった人と一緒に考えようというものだ。
　冒頭はパネリスト紹介からはじまる。

No.1

項目	舞　台	内　　容	時間／積算時間(分)
オープニング	パネリストは舞台に並んでいる。	コーディネーターのAさん ・それでは、これからシンポジウム「自分たちの手で被害を防ぐ〜ハザードマップの活用法〜」を開始します。 ・簡単な自己紹介 ・最近かつてない集中豪雨の被害が起こることがあります。そうしたとき、防災で一番大事なことはなんでしょうか。 ・またそのために、ハザードマップをどう活用すると良いのでしょうか。 ・これからそうした問題を一緒に考えていくパネリストの人を紹介しましょう。	2/2
	Bさん一礼 Cさん一礼 Dさん一礼 Eさん一礼	・舞台向かって右から、 ・国の出先機関のBさん ・研究者のCさん ・住民代表のDさん ・地元自治体のEさん	1/3

　とりあえず、これで、コーディネーターの自己紹介とパネリストの名前の紹介が終わる。
　まず最初に構成表にある5つの要素について説明しておこう。

☆　「No.」　シンポジウムの進行を見やすくするために番号を付ける。あまり多くてはわかりにくいし、2時間（120分）以内のシンポジウムなら10くらいになるだろう。
☆　「項目」　1つ1つの話題について書くのではなく、シンポ

ジウムでのその部分の役割を書くことになる。つまり「オープニング」「地域の課題」「まとめ」など、全体の中での位置づけを書く場所だ。
☆ 「舞台」 ここには、シンポジウムの舞台でどのようなことが起こるのかを書く。舞台が暗くなってスクリーンにVTR映像が投影されるならば「VTR」、誰か新しい証言者が登場して発言するなら「○○さん登場、発言」などと書いておくと良いだろう。パネリストだけでなく、進行を担当するスタッフにとっても重要な情報となる。
☆ 「内容」 パネリストの発言の要旨や、VTRの概略などを簡単に記していく。ここに書くためにも、パネリストによく話を聞いておく必要がある。また、場合によっては、「話の展開上こういう話をして欲しい」という要望を書くこともある。
☆ 「時間」 それぞれの発言などにどのくらいの時間を割り振るかを記入しておく。この構成表の場合、司会者の自己紹介とシンポジウムの説明に2分、パネリストの名前の紹介に1分かかるということだ。時間は、順次積算していく。冒頭の挨拶などが長くなり開始の時間が変わることもあるので、シンポジウムの開始からの時間を積算していくほうがやりやすいと思う。

この構成では、シンポジウムの開始時点でパネリストは全員壇上に揃っていて、コーディネーターの挨拶とパネリスト紹介で開始するようになっている。
ここでコーディネーターが自己紹介し、シンポジウムのテーマを紹介するが、テーマの重要性やこの時期に実施する必要性なども上手く紹介すると良いと思う。さらにここでは、パネリ

ストの名前と肩書きを紹介する。

　シンポジウムによっては、全体進行をする司会者（MC）がいる場合もあるが、その場合は、MCがパネリストとコーディネーターを紹介し、その後コーディネーターに司会を委ねる形になる。

7　自己紹介の大切さ

　次の項目は、パネリストの自己紹介だ。
　以下のように、「自分の紹介」に合わせて、「シンポジウムの中での自分の役割」も語ってもらうようにしたほうがいい。

No.2

項目	舞台	内容	時間／積算時間(分)
自己紹介	コーディネーターAさん	・それでは、まず、パネリストの皆さんに自己紹介と、今回のテーマに即して自分の立場を語っていただきます。 ・Bさんから順番にお願いします。	
	国の出先機関のBさん	・自己紹介 ・シンポジウムでの自分の立場（国の防災の考えについて紹介する）	2/5
	研究者のCさん	・自己紹介 ・シンポジウムでの自分の立場（最近のこの地域の防災の課題について紹介する）	2/7
	住民代表のDさん	・自己紹介 ・シンポジウムでの自分の立場（地元の住民の代表として参加）	2/9

| 地元自治体の
Eさん | ・自己紹介
・シンポジウムでの自分の立場（主催する
　自治体の防災の責任者として参加） | 2/11 |

　冒頭のパネリスト紹介は肩書きだけなので、会場で聞いている人にはそれだけでは、どういう考え方をもった人であるかはわからない。特に「シンポジウムでの立場」を聴衆に理解してもらうために、自己紹介はとても大切だと言える。

　また、冒頭で全員に短く話してもらうのは、聴衆がパネリストを知り、シンポジウムに共感を持ってもらうために必要だと思っている。また、パネリストに全体の中での自分の立場を改めて確認してもらう効果もある。もちろんここは、テーマについて言いたい事を存分に語る場所ではないので、簡略に1〜2分ずつになる。

8　議論は簡略に、話は整理して

　これから後の流れに決まりはない。パネリストへの取材とシンポジウムの狙いや地域の状況によって変わるのだが、「課題を提起」して、そのための「解決のため話し合い」をして、結果として「必要な結論に至る」という基本的な原則は変わらない。

　もちろん、研究発表や問題提起を目的としたシンポジウムなど、様々なシンポジウムがあって、これから書こうとしているシンポジウムの構成が典型でも模範でもないことを断っておきたい。あくまでも1つの参考として読んで欲しい。

　シンポジウムの流れを紹介するために、とりあえず、ここで問題提起の部分の構成を作ってみよう。もちろん、この話の展

開は想定でしかないから、このままシンポジウムができるわけではない。

No.3

項目	舞 台	内 容	時間／積算時間(分)
問題提起	コーディネーターAさん	・かつて、この地域を大きな水害が襲ったことがある。 ・その様子をVTRと写真で見てから議論に入りたい。	
	VTR	・かつての水害の様子 ・VTRと写真	3/14
	コーディネーターAさん	・映像への感想を含め、現在の地域での課題を考えていきましょう。	
	住民代表のDさん	・かつて経験した水害の記憶 ・子供のころは川で遊んだが最近は堤防に囲まれた。確かに水害はなくなった。	3/17
	コーディネーターAさん	・この町の地理的な条件はどうなっていますか。 ・Cさんに紹介してもらいましょう。	
	研究者のCさん（パワーポイント使用）	・扇状地に広がった町で海抜は低い。 ・治水工事が行われて、30年に一度の水害には耐えられるようになった。 ・最近各地を襲う集中豪雨まですべて防ぐことはできない。	5/22
	コーディネーターAさん	・では、どのように改修が行われたのでしょうか。 ・地元自治体のEさんから説明してください。	

第3章　シンポジウムの作り方、進め方

問題提起	地元自治体のEさん（パワーポイント使用）	・30年前の川の様子と現在の川を比べてみましょう。 ・この図のように大改修が行われている。 ・最近、上流の土地開発が進み、上流の雨により水位の上昇がかつてより多い。	5/27
	コーディネーターAさん	・今後の改修の予定はどうなっているでしょうか。 ・Bさん、国の防災計画などをご説明ください。	
	国の出先機関のBさん	・策定された改修計画は終了している。 ・今後は、実情を見て新たに検討。現在進行している計画はない。	3/30

　きりがないので、この程度にする。こうして流れを作っていけば、どのように地域の課題が浮き彫りになっていくか見当がつくだろう。

　こうして議論を展開していくが、もちろんここにもいくつかポイントはある。

　まず1人の発言の時間を余り長くしないことだ。地元の研究者なら、図表などを使えばこの地域の「水害についての地理的な条件」について、1時間講演できるかもしれない。しかし、シンポジウムでは、結論だけを時間を限って語ってもらう必要がある。そのために構成表には、それぞれの持ち時間を書き、時間のコントロールをする。

　構成表の時間配分を見てわかるように、普通1回の発言は2分～5分程度だろう。この時間は飽くまで目安だが、開始から30分くらいで問題提起が終わる予定ということになる。

　また、このように話のポイントを整理しておくと、パネリストの話が重なることもない。この構成では、この地域の治水に

ついて、複数のパネリストが語ることになっているが「地理的な条件」は研究者、「ここ30年の治水工事」については地元の自治体の責任者、「治水工事の今後の計画」については国の出先機関の担当者が話すと分担している。構成表を見て互いにこれを了解していれば、複数の人がこの地域の治水について話しても話題が重なることはない。

9 結論までの筋道

　これから先は、パネリストが話したいことで変わってくる。このシンポジウムでは、「ハザードマップの活用」を進めることが結論なのだから、災害からどう身を守るかという話をして、ハザードマップについて話をすることになる。「ハザードマップとはどういうものか」「どういう重要性があるか」「どういうように活用した例があるか」「活用の注意点は？」などを語り合い、「住民がハザードマップを活用して自分たちの命を自分で守る努力が大切」という所まで話を展開させることになる。

　もちろん、防災について国や地方自治体の責任は重いから、ハザードマップの話に入る前に、自治体の仕事や責任も語る必要がある。また、避難勧告や避難指示が出た場合には、ともかく安全な場所に逃げることが大切ということにも触れる必要がある。そうした話をしながら、結論に辿り着くのがシンポジウムだということになる。

　以上のことを考え、参考に分かりやすい流れを1つ記しておく。

〔問題提起〕
　まず、何が問題なのか、シンポジウムのテーマを語り合う。

とりあえず、構成で紹介した冒頭の部分などに当る。

〔先進事例紹介〕
　どうすると解決できるか、過去の成功した例や、全国の先進事例などを紹介する部分だ。ＶＴＲを使用したり、具体例を証言するために人を呼ぶことも可能だろう。もちろん、パネリストが紹介する場合もある。今回で言えば、ハザードマップを活用して被害を防いだ例を上手く紹介すると良いだろう。

〔解決への課題〕
　目標を達成するために必要な課題を語り合う部分で、結論に向けた内容がここで出ることになる。今回で言えば、「まず、行政の努力があるべきだ」という点を語り、その上で住民や地域が「どうハザードマップを活用するか」を語りあうことになるだろう。

〔今後への決意〕
　その上で行政として、住民として、どのような注意点があり、今後どう努力をしていくかを互いに語り合い、将来へ向けての展望を探る部分となる。もちろん、コーディネーターの考えも、パネリストの意見もあるので、この流れは絶対的なものではないだろうが、結論に、聴衆が納得できることが必要となる。
　例えば住民代表として参加している人が、この結論に同意し、結論に至ったと考えることもできるだろう。

10 会場からの質問は参加感を育てる

　前項までで、No. 1「オープニング」、No. 2「自己紹介」、No. 3「問題提起」の構成表の例を紹介したが、その後のシンポジウムの中盤の構成表は省略する。省略した構成表は、前項に記した流れの例のように、No. 4「先進事例紹介」、No. 5「解決への課題」、No. 6「今後の決意」の3項目で計72分の時間を割り当て、積算時間は102分（1時間42分）になったとする。ここで、シンポジウムが結論に達した後のシンポジウムの最後を再び構成表にしておこう。話が一段落したら、会場からの質問を入れると良いと思う。

No.7、8

項目	舞　台	内　　容	時間／積算時間(分)
質疑応答	コーディネーターAさん	・話もだいぶ進みました。 ・ここで、会場からの質問を受けたいと思います。	
	時間によって人数を調整します。 会場マイクを用意	・挙手をしてください。 ・こちらで指名します。 ・まず、名前と誰への質問かを話してから発言してください。	10/112
最後の一言	コーディネーターAさん	・それでは、最後にパネリストの方から、「言い残したこと」「シンポジウムへの感想」などを語ってください。 ・まず、Bさんから	
	Bさん	・言い残したこと ・シンポジウムへの感想など	1/113

最後の一言	Cさん	・言い残したこと ・シンポジウムへの感想など	1/114
	Dさん	・言い残したこと ・シンポジウムへの感想など	1/115
	Eさん	・言い残したこと ・シンポジウムへの感想など	1/116

　最後の会場からの質疑応答には、大きくいって2つの目的がある。

　1つは、会場の観客の参加感を強め、シンポジウムの結論に共感を持ってもらうことだ。会場に集まった人は、壇上の話をずっと聞いているだけだった。それぞれの場面で思うことがあっても、発言する機会はない。会場のすべての人の思いを掬い上げる時間はないにしても、そうした人に発言する時間を用意することは重要だと思う。また、会場からの質問や意見で、理解が深まるならそれに越したことはない。

　2つめは、進行時間のクッションになるということだ。会場からの質疑応答の時間を10分〜15分ほどとっておけば、パネリストの話が白熱して延びても5分程度なら、質疑応答を短くすることで対応することができる。

　質疑応答が終わったら、最後に、最初と同じように、パネリスト全員が一言ずつ話す時間を用意すると良いだろう。これは、パネリストのための時間で短くて良いと思う。シンポジウムに参加した感想や話の展開でつい話し忘れたこと、最後にどうしても言っておきたいことがあった場合に備えた時間となる。

　そして、あとはまとめの時間だ。コーディネーターが司会に徹しているシンポジウムもあるだろうし、様々な例を自分から

提示して切り回す場合もあるだろうが、最後にシンポジウムがどういう流れでどういう結論に至ったのか整理するのはコーディネーターの重要な役目だ。短い時間で、流れを整理することで、聴衆にシンポジウムの意味が良く伝わるようにしたいものだ。

No.9

項目	舞台	内容	時間／積算時間(分)
まとめ	コーディネーターAさん	・「自分たちの手で被害を防ぐ〜ハザードマップの活用法〜」ということで様々な課題を考えてきた。 ・まず、この地域の川の歴史や現状を見直した。 ・その上で、様々な点が改善されたが、河川の改修ですべての水害を防ぐことは出来ず、やはり危険な時には住民が避難することが重要だとわかった。 ・そのために重要なのは、ハザードマップの活用で、今一度配られたハザードマップを確認して、自分の身は自分で守るという意識を持つ必要がある。 ・帰ったら、どうか家でハザードマップを見て家族で話すような時間を取ってください。	3/110
	コーディネーターAさん	・今日は、長い間ありがとうございました。これでシンポジウムを終了します。	1/120

コラム　シンポジウムに入る様々な要素

　シンポジウムには様々な彩りの要素がある。シンポジウムを生かすために使われるいくつかの手法について触れておきたい。

「PowerPoint（パワーポイント）」

　パネリストがマイクロソフト社のプレゼンテーションソフトウェア「PowerPoint（パワーポイント）」を使うことは多いが、注意したいのは、聴衆はパネリストの話を聞きながらパワーポイントを見ているということだ。主役はパネリストの発言で、パワーポイントは参考にすぎない。したがって、パワーポイント1枚に多くの文字やデータを入れると、どうしても無理が生じてしまう。論文の中の図表なら、図表をじっくり見る間は文章を読むのを中断することができるし、関心のない図表は飛ばすこともできる。シンポジウムではそうはいかないので、使うパワーポイントは1枚の画像に1つのテーマというのが原則だろう。パワーポイントを効果的に使うにはそれなりの工夫が必要なのである。

「映像」

　ナレーションを入れた短いリポートなどを作って、シンポジウムの冒頭や中間に流してテーマを際立たせたり、シンポジウムで話す具体的な災害などを紹介したりするときに使われることが多い。映像のイメージ喚起力は強く、記憶を蘇らせる力も強いので、大事な場面で上手に活用すると効果的だと思う。

「証言」や「研究発表」

　話題を持っている人を呼び、その人が発表するという形で話題を

提供する方法がある。生々しい経験談は、当人が話しているという印象と合わせて、強いインパクトを生む場合があるが、あまり時間をとりすぎると逆効果になる場合がある。また、証言とよく似ているが、例えば中学生や高校生などが調べた結果を発表するなどという方法もある。同じ内容を話しても大人が話すよりも、会場の印象は強いものとなることがある。

「クイズ形式」や「ドラマ仕立て」

クイズを出して答えてもらうなどの手法で、聴衆を話に引き込む方法もある。ちょっと迷うようなクイズを出して、○か×かで手を挙げてもらったり、正解者に話を聞くなどすると、会場の参加感は高まることがある。また、必要な話題をミニコントのように仕立てて舞台で演じてもらい、印象深くテーマや言いたいことを伝えるという方法も、場合によっては可能だろう。

11 防災シンポジウムの実例

ここで、私が過去に参加した防災シンポジウムの一部を紹介する。防災シンポジウムの企画・立案の一助となれば幸いである。なお、参加者の所属や役職は、シンポジウム開催当時のものである。

防災シンポジウム　事例1

日本災害情報学会主催
北海道大会シンポジウム「ハザードマップ」

日時：2003年10月19日（日）
場所：北海道大学理学部
概要：6名のパネリストによる問題提起の後、会場参加者も含めた意見交換が行われた。

コーディネーター
　　　山﨑　登　（NHK解説委員）
パネリスト
　　　田中　淳氏（東洋大学社会学部教授）
　　　小山真人氏（静岡大学教育学部教授）
　　　片田敏孝氏（群馬大学工学部助教授）
　　　山田　孝氏（北海道大学大学院農学研究科助教授）
　　　中西　清氏（北海道森町防災消防対策室長）
　　　田鍋敏也氏（北海道壮瞥町企画調整課長）

パネリストによるハザードマップに関する問題提起

山﨑：ハザードマップをテーマに、「防災情報に命を吹き込むにはどうしたらいいのか」「防災情報を活かすというのは、どういうことなのか」ということを皆様と一緒に考えていきたいと思います。最初に、パネリストの皆様に、「ハザードマップとの関わり」「いま課題をどんな

ふうに考えておられるのか」という辺りのお話をお伺いしたいと思います。では、東洋大学の田中先生、宜しくお願いいたします。

■専門家的正確さ・視線の揺らぎ
田中氏：ハザードマップは、専門的な知識や正確さを重視した表現が非常に多いような気が致します。例えば、火砕流と火砕サージを住民用の防災マップで区別する必要があるのか。あるいは噴出岩塊・噴石・融雪型泥流・火山泥流・土石流、様々な言葉が似たような現象に対して使われている。その辺は問題があるのではないかという気が致しました。

　2番目としては視線というか、意図が少し揺らいでしまっているのではないか。ハザードマップはいろいろな目的があるわけですが、その目的がいろいろあるために、紙面構成がそれにうまく対応していない。例えば、事前の話なのに、そこに緊急時の話が混ざって入ってきてしまっているという問題も感じました。あるいは対象者が誰なのかということもあります。住民なのか。観光客なのか。住民としてもどういう人なのかというような気も致しました。そういう面では素人の目から見ると、特に住民が使う防災用語としてはもう少し工夫が、あるいは議論が必要ではないかと思います。

山﨑：続いて静岡大学の小山先生、宜しくお願いします。

■火山ハザードマップ作成に当たっての問題点
小山氏：私は3年くらい前に、日本の火山ハザードマップを手に入る限り全部入手して分析したことがあります。

その結果は、月刊地球という雑誌に書きました。ハザードマップというものは、火山学者ですらそんなに簡単には手に入りません。関係者に接触しない限りは手に入らなくて、悪く言えば密室で作られています。

マップの分析を通じて特に問題と感じたのが、富士山以外のこれまでのハザードマップの多くが単年度事業の文献調査のみで作られていて、新規の野外調査を行っていなかった点です。富士山で初めて複数年度で、マップを作るための新規の基礎データ調査がしっかりと行われました。あとは役所の縦割りの弊害なども昔はありました。それから火山の災害履歴を十分過去にまで遡っていない例もかなりありました。火山学者が「これではだめだ」と言っても200年までしか遡ってもらえず、心配すべき現象がほとんど描けていないマップが作成される、そういった例もありました。また、低頻度現象の取り扱いは今でも難しく、特に大規模な山体崩壊をどうやって扱うかはいつも悩ましい問題です。それから委員の人選が昔から不透明です。

山﨑：ありがとうございます。次は群馬大学の片田先生、宜しくお願いいたします。

■洪水ハザードマップの効果と限界

片田氏：最近、問題だなと思っているのは、ハザードマップが災害イメージを強烈に固定化してしまうということです。ハザードマップは、住民からすればお役所からの情報ですから、非常に信頼感を持って見ている。洪水ハザードマップでは、水に浸からないとされる地域に住む住人には、洪水安全地図と見なされてしまいます。この

イメージの固定化の問題をどうするかという問題です。

もう1つは表現力の問題があります。ハザードマップは浸水深を示します。ところが一般に流速が速いと、当然ですが水深は浅くなります。サッと流れれば溜まりませんので。流速が遅ければ深さはそれなりに出てくるという、こういう関係があります。浸水が10センチ以下と予測されても、流速が早く危険な地点であれば、ハザードマップ上では浸水1メートル以下と示すことで、住民に危険度を伝えるようにしました。すると、住民も配布直後に調査をしましたらよく見てくれました。しかし、事後調査をしたら散々たる結果です。このハザードマップを見て安心感を持った、どちらかと言うと安心感をもった、これで過半数を超えます。あちこちの事例の反省を踏まえて配ったハザードマップを配って住民に安心されてしまいました。ショックでした。「なぜこんなことになるか」ということは、いまハザードマップを検討しようとしているここの皆さんの中で、きちんと考えて頂かなくてはいけない問題だろうと思います。

山﨑：ありがとうございました。続きまして、北海道大学の山田先生、宜しくお願いいたします。

■活動中の火山のハザードマップ作成の現状と問題点

山田氏：火山活動などによる地形変化をきちんと把握していく。そのための手段が必要です。土砂の発生流動堆積現象から見ると、どうしても地形が変わる。勾配が変わったり、谷幅が変わる。そういったものが変わると、土石流・泥流・火山泥流・火砕流などの流れ方が変わってきます。流れ方が変わると堆積数範囲も変わってくる。そ

うすると危険区域。あとは危険の程度も変わってくるということです。従って、噴火による地形変動に臨機応変に対応できるようなハザードマップを作っていく。またそれを改訂していくためには、どうしても地形変化というものを捉えないといけないということです。

　噴火時でも地形計測をしてデモを作って、ハザードマッピングのほうにつなげていくためには、レーザーを斜めに写実して測量するとか、あるいは泥流に限れば、火山灰がどのくらい溜まっているのかという、堆積深の分布等の微地形を測量できるようにするとか、そういった技術開発が残されていると思います。かなり話が特定化しましたが、要はこういったハザードマップを作って、学術マップを作ることはいま出来ますが、それをいかに行政マップに活用していくか。それをいかに住民が使えるか。それが一番大きな問題ではないかと思っています。

山﨑：ありがとうございました。今日はパネリストの中に行政側からの方が2人いらっしゃいます。まず、北海道森町の中西さん、お願いいたします。

■「駒ヶ岳火山防災会議協議会」とハザードマップ

中西氏：北海道駒ヶ岳の山麓の森町役場防災消防対策長の中西です。駒ヶ岳の山麓の5町で、「駒ヶ岳火山防災会議協議会」を作っており、そこの事務局次長を担当しております。

　最近のハザードマップについて感じた点が3点あります。1つは「ハザードマップや災害危険区域予測図」という言葉を使っておりますが、私ども非常に高齢者が多い地域なので、この言葉が一般的にはなりません。です

からハザードマップという言葉に変わる新しい造語というか、もっとわかりやすい表現があればと思っています。

2つ目は、住民用のハザードマップをよりわかりやすく作りたいということです。そのためには火山学者・火山情報学者・社会心理学者、商業デザインをやっているような方、それから私ども行政の職員・住民代表という形で研究会を作って、新たなものを作れればと考えております。

3つ目は、経費の問題です。私どもは2年～3年に1回、ハザードマップを入れた住民啓発用の防災ポスターや防災ハンドバッグというものを配布し続けています。火山の長い活動にあわせて、これからも2～3年おきにそれを作り続けていけるのかという問題です。

山﨑：ありがとうございました。有珠山の麓、壮瞥町の田鍋さん、宜しくお願いいたします。

■ハザードマップの問題点は「どう活用していくか」

田鍋氏：科学的知見に基づくハザードマップは、災害を理解する第一歩でありまして、それを活用していくことが減災につながっていくということだと思っております。問題点ということは、活用するということと、「情報を読み取ってどのように利活用していくか」という部分が大事だと思っておりまして、いくら良い情報がそこにあったとしても、それを読み取って判断していく、判断するのは人間である。ハザードマップは良質な判断材料の1つであるということを念頭に置いて、常日頃やっていかなければいけないと思っております。

山﨑：以上、パネリスト6人の皆様に問題提起をして頂き

ました。問題提起の中で大変おもしろい視点の話がいくつかありましたが、作る段階での話と、作った後でのマップの活用みたいなことも含めて、整理しながら話を進めたいと思います。

防災シンポジウム　事例2

新潟県中越地震被災地早春報告会実行委員会主催
新潟県中越地震被災地早春報告会
中越復興シンポジウム

日時：2005年3月5日（土）午後1時30分～午後4時
会場：ニッショーホール（日本消防会館）
概要：「希望と安心をとりもどすまちづくりを目指して」をテーマに開催。一般市民、防災ボランティア、消防関係者等、700名が参加した。

あいさつ
　　　石原信雄氏（新潟県中越地震被災地早春報告会実行委員会会長、元内閣官房副長官）

基調講演
　　　北里敏明氏（21世紀防災研究所代表、元内閣府防災担当審議官）

出席者
　　　関　広一氏（小千谷市長）
　　　星野和久氏（川口町長）

森　民夫氏（長岡市長）
　　　長島忠美氏（山古志村長）
　　　原田正司氏（内閣府防災担当審議官）
　　　山﨑　登　（NHK解説委員）

実行委員会会長あいさつ

石原氏：本日の報告会では、中越の被災の現場で日夜地震災害と向きあい、住民と接しておられる4市町村長から、得がたい経験や課題などをお話しいただき、様々な現地の情報をタイムリーに聞かせていただけることを期待している。また、今後関係者として被災地へ何がしかの貢献ができればと思っている。

基調講演
「これからの防災・危機管理と新潟県中越地震について」

北里氏：地球は生きて動いており、大規模災害とどのように共生していくかが今後とも我々人類に課された宿命だ。阪神・淡路大震災を教訓として政府も様々な角度から対策を打ってきたところであるが、新潟県中越地震ではその教訓が生かされた部分と中山間地域の地盤災害として新潟独自の課題もある。本日は、被災地で復旧・復興に取り組んでいる4人の市町村長から地震発生時の初動対応とその課題、これからの復旧・復興の課題などをお話しいただきたい。

中越復興シンポジウム

■復旧復興の課題

長島氏：山古志村は、4月1日長岡市に合併するが、中山間地域の豪雪地であり、災害査定が豪雪により済んでいないので、いつから復旧などにかかれるか心配である。しかし、あの地で生活を取り戻したいというみなの思いを実現したい。住宅再建そして生活再建という大きな問題が特に高齢者世帯に残る。復旧・復興の中でもう1つかなえていかねばならないことは、これだけの被害を受けてどういうことがあったかを全国の皆さんに伝えていく大きな役割があると思う。

森氏：災害を受けた山古志村も長岡市も知名度が高くなっている。すばらしい資源を持つ山古志村を長島さんと協力して中山間地域復興のモデルとして復興にとりかかっていくしかない。もう1つ、仮設住宅地区の人との話では、今一番の課題は家を亡くした人がどうやって再建するか。生活再建支援法は、阪神・淡路大震災の後にできてありがたいが、家を建てるにはまだまだ無力な制度だ。

星野氏：先ほど控え室で石原信雄会長から「新潟県中越地震は三重苦の災害だ」と言われたが、私もやはり台風被害、地震、豪雪と引き続く三重災害だと思う。集落の「大字」単位ごとに当初から復興を念頭において地域分散型の高齢者集合住宅を作っていく。山や自然を大切にした生活形態なので、原型復旧では進歩がない。また、集団移転しなければならない集落がある。

　手遅れにならないように最初から「復興」でいかないといけない。復旧を復興に切り替えていくべきだ。

関氏：約1万1,000戸の小さい市だか、7戸以外は皆被災した。「被災したのを記念にとっておくのではなくて後に残っているやつを記念にとっておけ」と言っている。小千谷市も「震災復興作成委員会」を立ち上げようとしているが、その前に住民がどういうまちづくりをやるかというのが一番大切なので、市民ワークショップを始めた。これからの雪どけが心配だ。学者が言うには1日日が照って雪が消えると約100ミリの雪が降ったと同じ理屈になる。天候が2～3日も続けば地盤の弱いところに水が出る。融雪災害をどうするか。どういう復旧と復興があるか大きな課題だ。

原田氏：復旧復興に対する国の支援策はいろいろあるが、先に成立した補正予算で国費で3,000億円、これは地方債と公共事業で支援するものだが、これが既に認められている。

復旧の話だが、制度的には原型復旧だ。改良復旧に関連する地域の新たな災害関連事業費はこの3,000億円に含まれている。

ただ原型復旧には補助が手厚いが、改良復旧や災害関連事業には地元負担が増える。こうした財政問題はあるが、将来を見据えた事業の取り組みが一番望ましいと考える。

次に、雪への配慮だが、今の豪雪への直接費用が全国的に当初の想定額を大幅に超える事態が生じている。オーバーフローに対しては国土交通省の国費の増額や総務省の特別交付税が用意される。7.13水害、新潟県中越地震、豪雪などでいろいろな手だてを講じても地元の財政負担が極めて膨大な額になるということは充分に分

かっているつもりだ。
山﨑：地域が復旧復具に取り組み、国がいろいろな支援をする状況を見ていくことは、今後の試金石になるだろう。

1つは、阪神・淡路大震災の教訓として地域コミュニティが破壊されてしまって仮設住宅や復興住宅に入って引き籠もりになってしまったことだ。川口町や山古志村の高齢者のことを考えた地域コミュニティ形成の取り組みによる復興は大事な視点だと思う。

もう1つは、個人の住宅再建が進まないと復興は進まないということだ。阪神・淡路大震災の後にできた生活再建支援法で、従来の生活用品に100万円補助する制度に、200万円が上乗せされた。この制度が本当に血のかよった制度として被災地域の住民たちの役立つのかどうかを見ていく必要がある。

■その他

北里氏：今年は雪解けが遅いといわれる中で復旧、復興をしていくことは大変なことだ。最後に、一言ずつ、残された課題のほか希望と安心の地域づくりなどについてお考えをお願いしたい。
関氏：生活再建支援制度は大変ありかたいと思うが、はっきり言って、血はかよっていなかったと思う。もう1つは、災害情報の伝達の問題。どんなに電話網などが断絶しても情報伝達できる技術的対策を考えていただきたい。復旧に金を使うより、長岡市や新潟市に住んだ方が楽ではないかという議論か必ず出てくるが、地域で生きる人たちの心を都会の人にもお考えいただきたい。
星野氏：財政問題が一番大変なので「最後は特別交付税で

帳尻を合わせていただきたい」と総務省にお願いしておきたい。災害にはいつ出会うかわからないので、公務員はいつでも離縁状をきちんと手元に置いて妻との関係はきちんと整理できるようにしておいたほうがいい。

森氏：日本全国で常に災害が起きるが、1つの自治体だけが毎年災害を受けるわけではない。災害救助法も生活再建支援法も改良すべき点がある。生活再建支援法については、その適用も被災した住宅の応急修理の相談もやったが、これは厄介だった。とにかく、生活再建支援法は複雑すぎるから、東京や東海地域に地震が起きたらこの制度はパンクするだろう。住宅被災調査も同じだ。そういう制度になっている。これは制度が未熟だということなので政府として検討してほしい。

長島氏：山古志村でも高齢者の住宅再建と生活再建が肩にのしかかってきている。同時に生活再建支援法は年収制限が非常にきついから働き盛りの人には不満がある。小さな村で商工業者とも座談会をしているが、避難中は休業するため生活をつないでいけない。県や国の融資条件は厳しくて借りられないという問題もある。弱小市町村では独自の融資はできない。

　また、この災害で確実に言えることとして、安心できたのは、自衛隊、消防、警察など制服だったということだ。

山﨑：地震は何処で起きるかわからないという覚悟が必要だ。わかっている活断層は、2,000だというだけで、まだわかっていないところで起きる可能性が常にある。

　地震の直前予知はまずできないという認識で防災対策を進める必要がある。また、自治体のトップの見識の高さが防災対策を引っ張る一番の大きな力になると思う。

第3章　シンポジウムの作り方、進め方

原田氏：2004年4月に成立した居住安定支援制度もその後の施行状況を見て改善する必要があるという国会「付帯決議」が付いているが、国が国費を投じて被災者の生活部分に直接支援するという制度はなかなか簡単ではない。「被災地の皆さんが最終的にはどこに住みたいかが大事だしこれを大切にすることが基本だ」というのは、私も小千谷市長と同じ考えだ。地域の魅力を中心に据えて地域の再生・再興を進める。これを県や国がバックアップし、全国の方々が支援を寄せているわけだ。国・県・市町村の連係プレーで中山間地域の復興モデルを形成していくことが我々に課された責任だ。

北里氏：ご参会の一般市民の方々はじめ、防災ボランティアや企業の方々、それに消防等の方々は、多忙な中を足を運んでいただき、被災地の4人の市町村長にその実態をうかがう良い機会になったと思う。

　どうか、夢と希望をもって安心できる地域づくりを実現していただきたい。私どもも皆さんと一緒にお手伝いさせていただくことをお誓い申し上げてシンポジウムを終わりたい。

防災シンポジウム　事例3

日本災害情報学会主催　公開シンポジウム
「災害発生そのとき…
　情報の出しかた・受けかた・活かしかた」

日時：2006年1月28日（土）午後2時〜午後5時
会場：東京大学 武田先端知ビル 武田ホール（5階）
概要：災害発生直後、どのような情報の出しかたが有効なのか、その情報を適切に受けとめるにはどうしたらいいのか、そして、その情報を救命と減災に活かすにはどう対応したらいいのかなどについて、情報の送り手、伝え手である防災機関、受け手である一般市民など多くの方々の参加を得て議論し、情報による防災、減災策を探る。第1部では3つの災害事例発表を基に災害直後の情報の取り扱いについての課題を考え、第2部では課題の解決法についてをディスカッションする。

コーディネーター
　　　　山﨑　登　（NHK解説委員）
パネリスト
　　　　島田健一氏（東京都危機管理監）
　　　　小縣方樹氏（JR東日本常務取締役）
　　　　田中　淳氏（東洋大学教授）
　　　　青野文江氏（市民防災研究所主任研究員）
　　　　谷原和憲氏（日本テレビ報道局副部長）

シンポジウム参加にあたってのコメント

山﨑：今回の企画のきっかけの1つは、東京で震度5強の地震が発生した際に、駅に多くの人が集り混乱したことにあります。きちんと情報を出せば駅にあれほど集まることはなかった。今回は災害の後に出す情報とは何かを考えてみたい。

島田氏：東京都の重点事業として災害情報を位置づけ、早急に関連のホームページを立ち上げる。そして判断ができる情報を出していくことを考えている。

小縣氏：2005年7月に首都圏で震度5強、8月には宮城県で6弱があった。結果的には大きな被害がなかったが、鉄道施設の点検等で時間がかかり、備えが十分ではなかったと思っている。今回勉強をしたい。

田中氏：社会心理学の観点から、人はなぜ避難しないんだろうかというテーマを考えている。その理由の1つが、対応行動を自己決定できるだけの情報がなかったのではないかと思う。

青野氏：市民防災研究所は関東大震災を体験した市民が自費で立ち上げた研究所で、市民の目線で防災を考え、被災したらどう対応したらいいのかを日ごろから考えている。

谷原氏：災害発生時に、テレビ視聴者のニーズは個別となる。しかし、個別に答えるには時間がない。どこに折衷点を求めるかとなる。報道側の内幕も含めて話しができればと思っている。

第1部　事例発表

■事例報告　その1
報告者　川端正信氏（静岡県地震防災アドバイザー）

　送電線トラブルが発生して電車が動かなくなった際に、車掌が頻繁に克明に状況を伝え、「これ以上の情報の持ち合わせはありませんのでご勘弁ください」とアナウンスした。「もう伝える情報がない」ことを伝えたことが信頼感や安心につながった。これぞ災害時、非常時の情報の出し方と思う。

■事例報告　その2
報告者　有馬正敏氏（MBC南日本放送報道部記者）

　台風により死者が出た集落では、情報が住民に届いていなかったことがわかった。住民の避難を確実にするには、避難場所を確保し、普段から具体的に危険性を知ってもらう。それと避難を促す防災リーダー、「逃げようよ」という騒ぎ屋を置いておかないと誰も逃げない。さらに、防災行政無線や放送が住民の行動に直接つながる情報を出す。この3つのどれか1つが欠けても住民の避難行動につながらない。

■事例報告　その3
報告者　中川和之氏（時事通信社編集委員）

　災害時のホームページの掲示板はうまくいかないと一般的に見られているが、2005年の台風14号が接近した際に宮崎市ではうまくいった。携帯電話から書き込めるもので、行政や市民から刻々と情報が書き込まれた。この掲示板は

災害対策本部の広報担当が24時間体制で対応し、役所の中の情報共有にもなった。また、書き込まれた問題の中には住民同士のやり取りで解決したものもある。

第2部　ディスカッションの概要

■災害の起きた直後に留意すること
島田氏：自助共助の判断できる情報を出していく。災害情報を発信するホームページで、地図上で色分けをして全体状況が一目でわかるようにしたい。

小縣氏：全社員にマニュアルを持たせていて、大地震の際は72時間以内は人命救助を最優先にする。そのために、事前に職員や家族の安全確保や家族の安否確認の方法を考えておく必要がある。

谷原氏：生放送中のキャスターは、地震発生時にテーブルの下にもぐって画面から姿を消してもいいと伝えている。逃げる姿が視聴者の安全行動を喚起する効果も期待できる。

■被災地の外に向かってどのような情報を出していくのか。
谷原氏：災害の全体像を伝えるのはテレビは得意とするところだが、個別性の部分は難しい。しかし、地上デジタルのデータ放送では、被害情報、交通情報、生活情報など選択でき、個別具体的に見られるようになっている。

■外に向かって情報を出すときの留意点は何か。
田中氏：外向けの情報は、応急対応を立ち上げるには有効なものがある。実は外向けの情報は被災地向けにもなっ

ている。新潟県中越地震で山古志村の人たちは自分たちのことが伝えられるのではないかとラジオにかじりついていた。伝えられることによって、自分たちは見捨てられていないと勇気づけられる。

■被災地向けの情報について
小縣氏：通常の輸送障害でもお客さまの求めていることは、①原因、②復旧見込み、③代替ルート、である。復旧見込みの情報パターンをあらかじめ作っておいて復旧見込み時間を早期に発表する、テレビなどの広域的な情報を駅や車内に流す。

谷原氏：個別の情報提供は難しい。利用できる銭湯やお店の名前を個別に1回放送するよりも、ここを見たらわかると10回紹介した方がテレビは役に立つ。数が多くなるものは、テレビは目次、インデックスみたいな役割をしたほうがいいと思う。

田中氏：阪神・淡路大震災でもそうだったが、被災地は意外と情報がない。被災直後で電力が途絶えた中で、どう情報を提供するか答えがない。また、情報を提供するだけではだめで、行動に結びつく情報の翻訳が必要だ。住民が最低限持っていなければならない知識は何か、見直しておく必要がある。

■情報を防災につなげることについて
谷原氏：メディアをSOSの発信機関として、もう少しうまく使って欲しい。SOSの情報を出してくれればメディアは対応する。阪神のときもメディアを積極的に使う自治体はなかった。お互いに利用し合いたい。

■情報を活かすには

青野氏：インターネットなどでたくさん情報が簡単に入手できるようになった。私たち市民が情報処理能力を身に付けていかなければならない。それはまた、日ごろ災害を考えているかどうかによる。

■まとめ

島田氏：2005年の地震発生時と阪神・淡路大震災発生時との決定的な違いは、誰もが携帯を持っていること。自分で情報が取れる。ただし、東京で大災害が起きたら、かつ停電になったら携帯は繋がるのか。そのときどのような情報をどのように伝えるのかで苦労することになる。

小縣氏：首都圏で最も大きな鉄道事業者として、情報の出しかたをきちんとやっていきたい。自然現象の情報を事前にどれだけ収集し、それを鉄道の運行に活用できるかが課題だ。それとお客さまにどれだけ情報が出せるかも重要な課題です。

田中氏：大きな災害になった場合、できないからやらないは間違いだ。自助の言葉が独り歩きしているが自助のための情報が提供されているのか。また、情報を理解できない人もいる。そのために情報のワンストップセンターのような、そこに駆け込めばわかるというようなセンターを作っていく必要がある。

青野氏：インターネット、携帯など便利になればなるほど私たちの危機管理が脆弱になっていると思う。二重三重の対応を身につけておく必要を感じている。

谷原氏：阪神・淡路大震災から、テレビの情報で被災地の人たちの命と生活を救うことができるのかを考えてき

た。当時よりも、情報は出せるようになっていると思っている。

　しかし、情報が多くなると判断材料が増えただけ、テレビメディアは判断の参考になることが難しくなるのではないかと悩んでいる。判断は自分でするからどんどん情報を送れという人には望ましいことだが、「ではどうすればいいのだ」という人もいる、難しい時代になっている。

山﨑：災害の前に出す情報も大事だし難しいが、災害の後に出す情報もやっぱり大事です。これからの仕事の中で災害時の情報の出し方、伝え方、活かし方を一生懸命考えていきたいと思います。

防災シンポジウム　事例4

静岡地方気象台主催　防災気象講演会

「狩野川台風から50年
　〜もう一度見直そう台風災害〜」

日時：2008年8月21日（木）午後1時〜午後3時30分
会場：沼津市民文化センター小ホール
概要：狩野川台風により未曾有の被害が起きた年からちょうど50年を迎えるにあたり、今一度、この台風を思い起こし、教訓となったものは何か、その後、防災や報道体制はどのように変わったのかを紹介する。国土交通省沼津河川国道事務所、静岡県、沼津市、ＮＨＫ静岡放送局、狩野川改修促進期成同盟会、狩

野川を守る会との共催で行われ、防災担当者、市民など約400名が来場。基調講演とパネルディスカッション、来場者の質疑応答が行われた。

コーディネーター
　山﨑　登　（NHK解説委員）
パネリスト
　宮武裕昭氏（国土交通省沼津河川国道事務所長）
　岩田孝仁氏（静岡県防災局防災報道監兼防災情報室長）
　髙橋正登氏（沼津市副市長）
　高田　斉氏（NHK気象キャスター）
　榊原昭雄氏（狩野川を守る会会長）
　饒村　曜氏（静岡地方気象台長）
司　会
　光部杏里氏（NHK静岡放送局キャスター）

基調講演

　NHKの高田斉気象キャスターによる基調講演のテーマは「台風強大化～台風情報から目が離せない～」。同氏は、2007年（平成19年）9月、狩野川台風に似た経路を通り、伊豆半島に大雨を降らせ、浸水被害をもたらした台風第9号を紹介し、「日本での気象災害の原因の半分近くは台風であり、台風災害のない年はない。」と述べた。21世紀に入り、2004年（平成16年）には10個の台風が相次いで日本に上陸し、各地に被害をもたらしたこと、台風の発生数に占める「強い台風」の割合が増加傾向にあることを紹介した。「強い台風」の多発には、地球温暖化も一因として

考えられる。日本近海の海水温が上昇することにより、台風が強い勢力を維持したまま接近することや、日本近海で発生する台風が増えることで、台風災害が増える可能性を指摘した。「最新の気象・台風・防災情報を入手できる体制」「日頃から災害への備えをしておく」「危険を感じたら速やかに避難」、そして、「自分は災害に遭わないと思う気持ちを取り払うこと」が重要だと力説した。

パネルディスカッション

　パネルディスカッションは、山﨑コーディネーターがパネリストに質問を投げかける形で進められた。

　以下、パネリストごとに発言概要を紹介する。

宮武氏：狩野川は南から北へ流れる川で、上流の雨による水位の上昇と、下流域での台風による強雨が重なるという特徴がある。狩野川台風及び伊勢湾台風は、国の災害対応における歴史の節目で、後に災害対策基本法が制定された。また、狩野川台風の後、国が狩野川を管理することになった。

　狩野川放水路は、台風前の1951年（昭和26年）に着工していたが、工事中に台風が来て計画を見直し、1965年（昭和40年）に完成した。昨年の台風第9号では、徳倉水位観測所で放水路完成以来、最高水位を記録した。放水路がなければ、さらに3.7メートル水位が高くなり、堤防も決壊したと思われる。

　最近では、情報の氾濫も問題である。最近のアンケートでは、情報の入手先はテレビが圧倒的に多く約7割、インターネットの活用は約1割に過ぎない。また、狩野

川台風当時のような地域の助け合いの強さが失われているようだ。災害時に活躍する消防団の定員割れや地元建設業者の体力不足も懸念される。

2008年（平成20年）は、7月4日早朝の大雨で黄瀬川の水位が10分間で2.7メートルも急上昇した。被災当時を思い起こすだけでなく、日頃から災害について考えていただきたい。

岩田氏：狩野川台風の3年後に、大阪で第2室戸台風の目が通過したのを経験した。静岡県は東海地震の対策のみならず、風水害対策も進んでいる。防災無線を利用した県内各市町とのネットワークを整備している。

インターネット上に「サイポスレーダー」というサイトを作っており、携帯端末からも気象庁のデータだけでなく、各地の雨量や水位の情報、数時間後の予測などを見ることができる。公助としてはいろいろやっているが、自助、共助の力が弱くなってきている。自主防災組織の役員の高齢化も問題である。地震対策も大雨対策も、住民と話し合い、地域を知って対応することが重要である。

髙橋氏：狩野川台風の当時は中学1年生で、沼津市にいた。台風はとにかく怖かったという印象である。

情報の伝達手段として、同報無線や戸別受信機を整備しているが、被害が局所的な場合は全域に流すのではなく、広報車を回したり、自治会を通じて隣の家へ声をかけて回したりすることも必要となる。情報を出すには、結果として災害が発生せず、市民から怒られることも覚悟しながら、早めの判断、決断を心掛けている。地域では、避難者、要支援者の名簿の整備も必要で、隣近所で支えあって避難することが大事である。今後も的確な情

報提供に努めるので、住民の方にも地域の災害特性などを知っていただき、早めの避難行動をお願いしたい。

榊原氏：狩野川を守る会は、1979年（昭和54年）に発足、流域98自治体で構成され、河川の美化運動や河川敷の整備に取り組んでいる。狩野川台風当時、情報収集の方法はラジオしかなく、台風は伊豆半島方向に進行中くらいの情報しかなかった。沼津の永代橋が流木でいっぱいとなり、人の乗った屋根が濁流で流されてきていた。

最近では、台風の動きが時々刻々と分かるようになったが、急激な雨による水位上昇が問題で、5分や10分で水があふれてしまう。狩野川へ流れる支川の水門管理も難しい。「災害は忘れる前にも来る」ことを、講演会などで住民に周知する必要がある。沼津市には、東海地震を想定し防災指導員が28名おり、地域の水防活動にも活かしていきたい。

高田氏：戦後の社会環境が整わないうちに大型台風が襲来し、甚大な被害をもたらした。当時は、被災地から救援要請などの「被害報道」が中心だったが、狩野川台風や伊勢湾台風を境に「防災報道」へと変わっていった。

伊勢湾台風の時、初めてNHKのカメラが気象庁に入り、予報官が直接出演するようになった。最近では、気象キャスターが台風情報を伝えるようになり、動画を使いながらきめ細かく伝えられるようになった。

台風の解説では、中心が通り過ぎてもまだ災害への注意喚起は必要であり、気をつけなければいけない。また、災害の起こりやすい場所では過去にも災害が起きており、教訓を活かしていただきたい。自分たちの土地の特性を理解し、常日頃から防災意識を高めて、情報を利

用して欲しい。これまでに経験したことのないような雨の降り方もあり得るので、きちんと伝えていきたい。

饒村氏：狩野川台風は、風の被害は少なかったが、停滞前線の影響も加わって大雨が降り、東京や横浜での日降水量の記録も、この時に出ていまだに破られていない。

　伊豆では、狩野川上流部に降った雨が下流に流れる頃、北上する台風本体の大雨が重なり、狩野川がはん濫し、伊豆だけで千名余りの犠牲者が出た。気象庁が名前を付けた最初の台風となった。狩野川台風や伊勢湾台風がきっかけで、全国20箇所の気象レーダーが整備された。

　最近では、狭い範囲に猛烈な雨が降り、被害が起こっている。かつての遊水池が宅地化され、河川の急な増水など、生活環境による変化への対応もしていかなければならない。気象台は、防災対応のための最初の危険信号を出す役割を担っている。平成16年の台風による豪雨災害を受けて、平成22年度から市町村単位で警報を発表できるように準備を進めている。台風の進路予報についても精度が向上しており、5日先までの予報ができるよう準備を進めている。引き続き、技術開発を進めていきたい。

会場からの質疑応答

　会場からの質疑応答では、「沼津の天気予報は当たらない。」「警報の発表はいつも雨が終わる頃で、解除は遅い。」といった厳しい意見があり、饒村台長は「天気予報は8、9割当たるようになってきた。」「警報は、細分区全域で安全となるまで解除できない。市町村単位の発表となれば改

善できる。技術開発を進める。」と答えた。

　最後に、山﨑コーディネーターは、「ミャンマーのサイクロンでは、川に堤防もなく、気象情報も十分になく、十万人を超える犠牲者が出た。今の日本では同様の規模の台風が来ても、これまでの情報伝達の改善や河川の整備によって、災害を減らすことができるようになってきた。あとは、自分達の命は自分達で守るという意識で、災害に強い社会を作っていくことが重要だ。」と締めくくった。

　小ホール隣の展示室には、狩野川台風の被災状況を示す数多くの写真や、防災グッズなどが展示された。気象台では、狩野川台風の概要や被害、狩野川台風前後の静岡新聞の記事、台風や台風情報に関するパネル、雨量計や風向風速計、予報警報標識を展示した。講演会の前後には熱心に見入る人達の姿が数多く見られた。

　アンケート（回収率約7割）では、講演、パネルディスカッションともに、内容について「良かった」「まあまあ良かった」との回答が約7割、時間についても「ちょうど良い」との回答が過半数を占めた。「今後取り上げてほしいテーマ」には「地震・津波」が半数近くと多く、「地球環境（温暖化問題等）」（約3割）が続いた。

12 ささやかなまとめ

　この章では、私のこれまでの経験を踏まえて、シンポジウムを企画したり、コーディネーターやパネリストになった際の心得について書いてきた。

シンポジウムに正解もなければこれといった決まりもあるわけではないから、目的に合わせて自由に考えればいい。したがって、ここで書いてきたシンポジウムの進め方や構成の仕方は、あくまで私のきわめて個人的な意見であり、感想だ。

　私がこれまでに参加したシンポジウムの中にも、基調講演などをして、講演者がそのままコーディネーターやパネリストになったケースやパネリストがそれぞれ10分から15分ほどの問題提起をしてからディスカッションに入ったケースなどがあって、それぞれに効果を上げていた。いずれの演出をとるにしても、主催者はむろんのこと、コーディネーターもパネリストも「少しでも質の高いシンポジウムにしたい」と考えているはずで、それぞれの工夫で実りあるシンポジウムを作り上げて欲しい。

　日本は災害の多い国だが、人はすぐに災害を忘れてしまう。折に触れて、災害を思い出し、教訓を反芻しながら防災意識を高めていくことが重要だ。また、防災対策は重層的に進めていかないと大きな効果を上げることができない。国は国として法律や制度の整備や徹底した情報公開を進め、自治体は住民へのきめ細かい支援をし、地域社会や住民は自分たちの安全を自分たちで守るための役割を果たしていく必要がある。

　そのために最も重要なことは、国と自治体、それに地域社会や住民一人ひとりが防災や災害情報に対する知識を深め、問題意識を共有しておくことだと思う。各地で開催される防災のシンポジウムが「やりました」というだけの主催者側の自己満足に終わらず、地域の防災力が高まるための大きな力になることを期待したいと思う。

コラム　パネリストが注意したほうがいいこと

　パネリストが注意すべきことは、自分の立場と役割に添った話を心がけることだ。メンバーの中で、自分だけしか言えないことがあるはずで、そのことを具体的に話すことが大切だ。

　同じような内容の話を何度もすることにためらいを覚える人もいるだろうが、同じ内容でも具体例や言葉を変えながら話すことができれば、繰り返すことで、自分の立場からの発言の重要性を伝えることにもなる。気をつけたいのは、あまり大所高所からの発言にならないように注意しながら、自分自身の経験や考えをもとに話すことだと思う。

　そして本番に臨んで大切なことは、きちんと「ほかの人たちの話を聞く」ことだ。自分が話さなくてはいけないことで頭が一杯になってしまい、どういう話が展開しているのかがわからなくなっているようだと、自分の話をタイミングよく話すことができなくなり、言いたいことが伝わりにくくなってしまう。また、ほかのパネリストの話を聞いていると、当日の展開の中から自分の喋るべき話題が出てくることもある。

　そして、できるだけ「明るく」「元気に」話すことで、発言の印象を良くすることができる。内容の充実した話をしていてもボソボソと聞き取りにくいような小さな声で話すと自信がなさそうにみえるが、大きな声で元気に話すと印象が良くなるから不思議だ。

現場に鍛えられて
〜あとがきにかえて〜

　私は自然災害や防災の取材をする中で、様々な災害や事故の現場に出かけ、被災者や自治会のみなさん、消防団や水防団、自治体の担当者や国や防災機関のみなさん、それに大学や研究機関の研究者など多くのみなさんに教えていただきながら仕事をしてきた。この本に書いた事柄も、そうしたお付き合いや教えていただいた中で、思ったり、考えたりしたことだ。その意味で、私は、これまでずっと現場に鍛えてもらってきたように感じている。お世話になった一人ひとりのお名前を上げてお礼を申し上げられないが、みなさんのお力添えがなければ、私の現在の仕事も、この本もなかった。まずは、深い感謝の気持ちを述べさせていただきたい。

　そうした中でわかったことは、本当にわかっていることはやさしく話せるし、きちんと理解していることは噛み砕いて語ることができるということだ。私の記者経験に照らしても、中途半端にしか取材できなったことは、専門用語や数字の多いわかりにくい原稿になることが多かった。
　その反省に立って、この本では、なるべくわかりやすく、ていねいに書くように心がけたつもりだ。また様々なデータや数字は、なるべく出典を明らかにし、興味をもたれた方が原本にあたりやすいようにした（災害の犠牲者数などは総務省消防庁のまとめによるものが多いが、過去の災害については理科年表によっている）。

最近、大きな地震災害が多発していることや想定を超える集中豪雨が頻繁に降るようになって被害が出るケースが目立っている。一方で、国や自治体の財政状況から公共事業費の抑制傾向が続き、従来のように災害を防ぐための施設を次々に整備することが難しくなってきた。さらに、少子高齢化社会に向かう社会状況の変化や地球温暖化やヒートアイランド現象の影響などで、自然環境に対する関心が高まっている。

　自然が変わり、社会が変わってきたことを受けて、災害対策や防災意識も変わる必要があると思う。

　もしかしたら、新たな基盤整備としての公共工事のあり方を模索する時代になったのかもしれないし、「これまでなかったから、これからもないだろう」という考え方は捨て、「これまで経験したことがない地震や極端な豪雨が自分の周辺で起こりうる」ということを前提に備えを進める時代がきたということでもある。

　この本の原稿を書くにあたって、NHKに入った頃からの付き合いである、NHKエンタープライズの遠藤幹雄エグゼクティブ・ディレクターには、これまで放送などで話したり、書いたりした原稿の整理でお世話になった。また、前回の本(「災害情報が命を救う～現場で考えた防災～」)に引き続いて、近代消防社の三井栄志社長には企画の段階から相談にのっていただいた。編集部の石井政男さんには、本を丁寧に仕上げていただいた。合わせて、お礼を申し上げたい。

　最近の取材を通じて考えていることをまとめて原稿を書いてきて痛感することは、自然災害と縁が切れないこの国で生きていくために、自然災害や防災についての基礎的な知識や知恵を

持つことは、誰にとっても不可欠だということだ。
　時代や社会の変化の中で、そうした知識や知恵も常に新しく鍛え直していく必要があるわけで、これからも、様々な現場と多くの人たちから学びながら考え続けていきたい。

　　　　　　　　　　　　　　　山　﨑　　　登

索　引

●英字

ＢＣＰ（事業継続計画）　10, 23
Ｐ波　100
ＳＡＳ　104
Ｓ波　100

●あ行

伊勢湾台風　3, 69
稲むらの火　136
雨水浸透ます　62
有珠山噴火　221
大阪市浪速区個室ビデオ店火災　242

●か行

学生ボランティア　20
火口周辺警報　211
火砕流　220
火山活動情報　213
火山観測情報　214
火山性微動　216
活火山　224, 232
活断層　40

機能別消防団　268, 269
休火山　224
救急搬送トリアージ　251
緊急火山情報　214
緊急地震速報　94
警戒宣言　129
計画高水位　78
傾斜計　218
ゲリラ豪雨　84, 85, 87
限界集落　11, 19, 187
洪水情報　54, 55
コーディネーター　278, 279, 280
コールトリアージ　248, 249

●さ行

災害用伝言ダイヤル　18
サイクロン　161
砂防えん堤　181
死火山　224
事業継続計画（ＢＣＰ）　10, 23
住宅用火災警報器　240, 241, 242
自助・公助・共助　1, 9
重要文化財建造物　33, 34
首都直下地震　14

新型インフルエンザ　6
新宿区歌舞伎町ビル火災　242, 246
シンポジウム　275
スペインかぜ　8
せき止め湖　185, 186
前兆現象　128, 203
前兆すべり　128, 129

●た行

耐震補強　31
地球温暖化　79, 81
中国四川省大地震　29, 30, 160, 161
中山間地域　187, 188
津波警報　93, 133
津波情報　133
津波注意報　133, 154
定期火山情報　213, 214
東海地震　125
東南海地震　143
十勝沖地震　146, 147
土砂災害警戒情報　174, 175, 206

●な行

南海地震　143
新潟県中越沖地震　12, 117
新潟県中越地震　12, 20
新潟・福島豪雨　70, 72, 73

日本海中部地震　141, 151
能登半島地震　26

●は行

爆弾低気圧　206
ハザードマップ　77, 91, 158, 222
パネリスト　279
パネルディスカッション　278
パワーポイント　295
阪神・淡路大震災　4, 20, 136
避難勧告　56, 198
避難指示　56, 198
避難準備情報　198
噴火警報　211
北海道南西沖地震　136, 140, 151

●ま行

マグマ　218, 221
モニュメント　44

●や行

余震　186

●ら行

臨時火山情報　213, 215

≪著者紹介≫

山﨑　登（やまざき　のぼる）

　昭和29年、長野県大町市生まれ。昭和51年にNHK入局後、盛岡局・佐賀局・長野局で勤務。昭和63年、東京の報道局社会部の災害班に所属。平成3年から「特報首都圏」キャスター。平成10年、東京の報道局社会部で災害班デスク。平成12年、NHK解説委員（自然災害・防災担当）。平成21年、NHK解説副委員長。これまでにイラン地震、阪神・淡路大震災、台湾地震、有珠山噴火、三宅島噴火、東海豪雨災害、新潟県中越地震、ニューオリンズのハリケーン災害、能登半島地震、新潟県中越沖地震、岩手・宮城内陸地震などを取材。京都大学巨大災害研究センター非常勤講師（平成18年4月～平成21年3月）。

　著書に、「災害情報が命を救う～現場で考えた防災～」（近代消防社）、「災害情報論入門」（共著・弘文堂）、「気象・災害ハンドブック」（共著・NHK出版）、「火山に強くなる本」（共著・山と渓谷社）

地域防災力を高める 「やった」といえるシンポジウムを！

平成21年11月7日　第1刷発行

著　者	山﨑　登
発行者	三井　栄志
発行所	株式会社　近代消防社

〒105-0001 東京都港区虎ノ門2丁目9番16号
　　　　　（日本消防会館内）
　　TEL　東京(03)3593-1401　（代表）
　　FAX　東京(03)3593-1420
　　URL　http://www.ff-inc.co.jp
　　E-mail　kinshou@ff-inc.co.jp
　　振替＝00180-5-1185
印刷製本　創文堂印刷株式会社

ISBN978-4-421-00783-1 C2030　　　©printed in Japan, 2009
定価はカバーに表示してあります。
〈乱丁本・落丁本は、お取替えいたします。〉
編集・著作権及び出版発行権あり
無断複製転載を禁ず